沈桂龙
张焮 等·著

"一带一路"视野下的中国学研究

上海社会科学院出版社

前　言

中国经济发展的巨大成就正深刻影响中国学及其相关研究。国际组织和重要智库的诸多研究表明，21世纪以来，亚洲经济在全球经济当中的比重越来越高，东亚是亚洲经济中增长最为快速的重要区域，中国是东亚经济发展中的明星。2009年，中国成为全球第一出口大国；2010年成为世界第二大经济体，同年制造业增加值超过美国成为第一制造业大国；2013年成为世界第一货物贸易大国。中国经济发展的巨大成功使得21世纪成为亚洲世纪变得更加可能，中国也日益成为海外研究的重要对象，研究内容更为广泛和深入。国外学者更大兴趣点已不再局限于历史、文学和语言等领域，当代中国的经济、政治和社会等吸引了国外学者的更多关注。

"一带一路"倡议是中国学及其相关研究的重大变量。2013年秋，中国国家主席习近平在哈萨克斯坦和印度尼西亚，先后提出共建"丝绸之路经济带"和"21世纪海上丝绸之路"的重大倡议。随着越来越多国家与中国签署"一带一路"合作协议或备忘录，"一带一路"倡议成为推动构建人类命运共同体的非常重要的实践平台，也是相关参与国家经贸往来、民心相通、人文交流的重要舞台。随之而来的重大变化是，"一带一路"倡议正对中国学力量的构成及其区域空间分布带来新的影响。这在某种程度上，正以一种新的形式产生不同于古丝绸之路但对中国学同样影响巨大的深远意义。

"一带一路"倡议为何对中国学及其研究带来如此巨大的冲击？人类历史的演变规律已经证明，人类活动半径的扩大与人类交往密度的加大会带来人类文明的不断进步。人类活动半径的扩大得益于科学技术的不断进步，大批远离海洋的内陆国家因为中欧班列的突破，得以首次深度融入全球连通之中；人类交往密度的加大更多源自经贸的持续往来，石油管道与产业链条驱动不同区域的人们更频繁沟通。经济基础对上层建筑的作用不仅在一国内部发生作用，也在国际上形成经贸关系对文化交流的牵引，并在相互作用的过程中加深国家间的认知和了解。

古丝绸之路和海上丝绸之路是"一带一路"的前身，在历史上对中国学的发展产生了重要影响。发端于两千多年前的古丝绸之路以重要经贸物品丝绸为媒介，繁盛于宋代的海上丝绸之路则更加凸显了香料和瓷器的关键角色，这些都彰显了商品和贸易通道的重要性。古丝绸之路和海上丝绸之路作为连通欧亚大陆的重要陆上和海上通道，使得欧洲人对中国的兴趣日浓，对中国的简单了解不断向专业研究转变，欧洲也日益成为中国学的重镇。近代技术的发展和全球基础设施的完善，古丝绸之路和海上丝绸之路在近代出现新的延伸、拓展和连通，使得美国对中国的重视大大加深，对中国政治、经济乃至军事等方面的研究不断增多，美国逐渐成为中国学的主导。

"一带一路"倡议提出的十年是世界中国学不断成熟的十年。"一带一路"是全球化联系持续加强的重要路径，更是人类文明交流互鉴的重要平台。"一带一路"的推进和实践为中国与世界的连通发挥了重要作用，中国学也在此过程中发生更为深刻的变化，一些中国学边缘地带甚至被称为"荒村"的地区正在改变人们的观感，一大批新生代中国问题专家正在崛起。无论出于何种目的，中国的历史、文化、经济、政治、社会等都成为世界各国更多学者的研究焦点，当代中国发生的诸多变化为全球学者提供了极其有价值的研究素材。也正因为上述变化，世界中国学正成为一门更加专业、更为综合和宏观的交叉领域学科，既是国外学者以中国为研究对象的中国学，在具体学科领域运用政治学、经济学、社会学的各种方法开展研究，也是中国学者以海外中国学为分析对象的间接研究，在对中国相关问题深入了解的基础上，综合运用文本分析的各种方法进行再研究。作为上述两种研究的延伸和壮大，中国与世界的关系及其相互影响的研究，也日益成为世界中国学的研究焦点，在国内外学者的互动努力下，逐步呈现出一种全新的话语体系，国内学者在推动和引导世界中国学形成不同于区域国别学的学科特点中正发挥更大作用。

地理空间的发现和联结改变政治经济格局，影响着文化交流和演进。

在"一带一路"倡议十周年之际,研究世界中国学的演变,有着"地理中国学"的韵味。而从一个学科发展的角度看,这个研究非常必要。"一带一路"倡议内含的开放态度和同样十周年的自贸试验区有着同样的战略意义,而世界中国学无论是学科的发展,还是研究的对象,都是基于开放的最大出发点。只有在学科开放和内容开放中,世界中国学才能不断成熟和完善。

沈桂龙
上海社会科学院世界中国学研究所

目 录

导　论　从古丝绸之路到"一带一路":全球连通与中国研究的
　　　　范式变迁 ………………………………………………… 1
　　一、百年未有之大变局与变革中的中国研究 ………………… 2
　　二、古丝绸之路与欧洲汉学 …………………………………… 5
　　三、近代丝绸之路与美国中国学 ……………………………… 8
　　四、"一带一路"与世界中国学 ……………………………… 11

上编　古丝绸之路与传统汉学

第一章　中西相遇:古丝绸之路与游记汉学 ………………………… 23
　　一、丝绸之路的畅通与跨区域贸易的空前繁荣 ……………… 25
　　二、从边缘观察与表述中国:《柏朗嘉宾蒙古行纪》与《鲁布鲁克
　　　　东行纪》……………………………………………………… 28
　　三、整体性中国的呈现:《马可·波罗行纪》……………………… 41

第二章　东风西渐:海上丝绸之路与传教士汉学 ……………………… 47
　　一、16世纪中西海上交往的发展 ……………………………… 47
　　二、传教士与西学东渐 ………………………………………… 52
　　三、传教士的汉学成就 ………………………………………… 61

第三章　东西碰撞:现代世界的兴起与专业汉学 ……………………… 79
　　一、现代世界变革和汉学的确立 ……………………………… 79
　　二、各国专业汉学的兴起与发展 ……………………………… 87

中编　近代丝绸之路与现代中国学

第四章　空间转向：丝路考察与内亚研究 ······ 111
一、中西方"伟大相遇"的终结 ······ 111
二、李希霍芬与中国的地理学研究 ······ 113
三、拉铁摩尔与中国的边疆研究 ······ 118
四、结语 ······ 124

第五章　情报转向：满铁调查部与日本中国学 ······ 126
一、近代日本中国学的转向 ······ 126
二、满铁调查部与情报导向的中国学 ······ 128
三、满铁调查部与日本智库的中国研究 ······ 143

第六章　政策转向：贸易、战争与美国中国学 ······ 148
一、20世纪20年代后："政策导向"研究模式的发轫 ······ 149
二、太平洋战争时期："政策导向"研究模式的初兴 ······ 159
三、冷战对峙时期："政策导向"研究模式的兴盛 ······ 167
四、余论 ······ 180

下编　"一带一路"与世界中国学

第七章　中国方案："一带一路"与经济全球化新阶段 ······ 187
一、从"全球化"到"逆全球化" ······ 187
二、"一带一路"倡议：应对"逆全球化"的"中国方案" ······ 191
三、"一带一路"倡议引领"新型全球化" ······ 199
四、结语 ······ 202

第八章　中国经验："一带一路"与后发国家现代化 ······ 204
一、后发国家现代化：后发优势和后发劣势 ······ 205
二、"一带一路"与后发国家现代化 ······ 209
三、"一带一路"的海外认知 ······ 213
四、结语 ······ 222

第九章 中国贡献:"一带一路"与国际秩序的演进 …………… 223
  一、"一带一路"与变革中的国际秩序:中国实践 …………… 223
  二、"一带一路"与变革中的国际秩序:海外视角 …………… 227
  三、"一带一路"与变革中的国际秩序:中国视角 …………… 232
  四、"一带一路"助力国际秩序改革的理论与实践创新 …………… 238
  五、结语 …………… 245

后 记 …………… 247

导论 从古丝绸之路到"一带一路"：全球连通与中国研究的范式变迁

众所周知，海外关于中国的研究[①]有汉学（Sinology）和中国学（China Studies）之分。在国际上，基本上认为研究古典中国的为汉学，研究当代中国的是中国学，两者有明显的分野。尤其是在欧洲学界，大多认为汉学和中国学是截然不同的两大体系，如伦敦大学亚非学院教授傅熊（Bernhard Fuehrer）就反复强调自己所研究的是汉学而不是中国学。[②]在国内学术界，关于汉学的概念辨析中，又涉及中国传统学术中汉代的训诂之学、民族区域研究中的汉族之学问，以及和西学相对应的国学等，使得问题的讨论更趋复杂。有论者从维特根斯坦的"家族相似"概念出发，认为汉学和中国学是"兄弟关系"；有论者认为中国学的概念更广，以当代中国研究为主题，但也包括传统汉学和国学；[③]还有论者认为汉学和中国学是"异名共体"，内涵完全一样。[④]虽然学术界大体认为汉学侧重古典中国，中国学聚焦现实中国，但汉学和中国学两大概念之间究竟是何种关系，可谓众说纷纭、莫衷一是。

如果我们引入地理学和研究范式的视野，或许能够更好地厘清汉学和中国学这两大概念之间的关系。作为学术上连接中外的天然媒介，中国研究的诞生和发展与东西方的连通程度紧密相关。回溯中外关系史可以发现，历史上东西方的接触往往是以贸易为先导，商贸往来深化后进而出现文

[①] 为避免在汉学和中国学两个概念上作过多文字意义上的纠缠，本书用"海外关于中国的研究"来统称海外专门研究中国的学问。为行文方便，后文简称"中国研究"。
[②] 陆益峰：《他们有个共同的兴趣：中国——访世界中国学论坛上的各国"中国通"》，《文汇报》2006年9月22日。访谈中傅熊向记者强调其"只做自己喜欢的汉学"。
[③] 黄仁伟：《黄仁伟：通过"中国学"更好地认识中国》，《社会观察》2010年第12期。
[④] 阎纯德：《汉学是什么》，《光明日报》2017年6月12日。

化交流的深化,而中外商贸往来的前提条件是商路的畅通。中国研究本身就是中外"互联互通"的产物。一部中国研究的发展史,背后实际上隐含着一部中国和外部世界的"交通史"。①从古丝绸之路到近代丝绸之路,再到"一带一路",中外连通的广度和深度之变化,也深刻影响了不同时期中国研究的取向与发展。在此视野下,所谓汉学和中国学之分,可以视作欧洲对中国的研究和美国对中国的研究这两种不同范式之分。换言之,实际上是欧洲汉学和美国中国学之分。

结合"中外交通史"和中国研究的范式变迁,可以发现欧洲汉学是古丝绸之路带动下以人文学术的方法研究传统中国的学问,美国中国学是近代丝绸之路影响下用社会科学的方法研究当代中国的学问。研究范式上欧洲汉学向美国中国学的转换,一定程度上可以视作中外连通上古丝绸之路转向近代丝绸之路的结果。时至今日,百年未有之大变局中,"一带一路"正在重新连接中国与世界,新时代的中国研究正在呈现出一系列新的特征,也有望在欧洲汉学和美国中国学之外,开创出一种不同于过往的研究新范式。根据其新特征,这种正在孕育的新范式可以被称为世界中国学。

一、百年未有之大变局与变革中的中国研究

当今世界正处于百年未有之大变局。首先,这一大变局最大的一个变量就是中国的崛起,尤其是中国经济的高速增长及其全球辐射越来越强,对世界经济版图的变化带来巨大影响。2019 年 11 月 19 日,英国《金融时报》网站发表文章,分析 2000 年到 2019 年全球贸易的变化发展。文章指出,2000 年时全球大多数国家所进口的商品都来自美国,但在 2001 年中国加入世贸组织后,全球贸易结构很快发生变化。2005 年,中国制造已经占据整个亚洲市场,并且开始在欧洲和非洲市场稳步推进。到了 2019 年,除了美洲为数不多的几个国家所需商品主要从美国进口外,全球大部分国家最重要的

---

① 这里借用了历史学中"中外交通史"的概念。中外交通史所涉范围广泛,相当于中外关系史,研究内容包括中外之间的商贸往来、文化交流、甚至军事战争。之所以用"交通史"而不是"关系史"的概念,更多是因为这一研究尤其强调地理交通(包括交通路线等)是其首先关注的对象。可参见毛瑞方:《从中西交通史到中西文化关系通史》,《史学理论与史学史学刊》2021 年第 1 期。

商品进口国已经变成了中国。文章甚至提出:"中国已经成为全球大多数国家最主要的供应商,贸易正在日益单极化而不是多极化。"①与此同时,以中国为代表的新兴经济体不断发展壮大,正在加速推进世界经济格局的演变。最新数据显示,新兴经济体在全球经济中所占比重已达60%。②金砖国家对世界经济增长的贡献率已经超过50%,远远高于G7等发达经济体对世界经济增长的贡献。③其中,中国对世界经济增长的贡献率长年在30%以上,尤其是"一带一路"不断深入发展,为世界经济注入了新的动能。"一带一路"140多个伙伴成员覆盖了全球2/3的经济体,其中大多数是发展中国家,拥有巨大的发展潜力和增长空间。大批"一带一路"项目实现了中国与伙伴国之间的优势互补,进一步深化了中外贸易往来,既推动了东道国经济发展,也为全球经济复苏注入了新的活力。④

其次,欧美发达国家内部问题不断涌现,"过去的好时光"不再。2008年全球金融危机以来,从美国的"占领华尔街运动",到欧洲的主权国家债务危机、欧盟内部的分裂危机,再到民粹主义甚至极右翼力量在发达国家的兴起,都反映出欧美发达国家内部开始出现了一系列结构性问题。从全球夜间灯光的变化中可以非常直观地看出这种趋势。几年前,美国航空航天局(NASA)先后发布过2012年和2016年两次地球夜间灯光图。⑤对比两次地球夜间灯光图可以发现,欧美夜间灯光都出现了较为明显的减弱趋势,尤其是欧洲的意大利、西班牙和法国,以及美国中部地区灯光减弱非常明显。夜间灯光和经济社会发展状况、人类活动的活跃程度紧密相关。欧美夜间灯光的减弱,说明经济社会发展状况、人类活动的活跃程度已是今不如昔。美国中部地区夜间灯光的变化,更是直接反映出了美国"铁锈地带"的"乡下人

---

① Steve Johnson, "The Great Haul of China, Illustrated," *Financial Times*, November 19, 2019.
② Jorge E. Malena, "'BRICS Plus' can Boost Multilateralism," *China Daily*, June 21, 2022.
③ 中国人民大学重阳金融研究院:《金砖:全球发展的新未来》,2022年6月21日,http://rdcy.ruc.edu.cn/zw/jszy/rdcy/grzl_rdcy/266e277885bd492f99a6606cb9c0b269.htm。
④ 郑青亭:《2021年"一带一路"成绩单:中国与沿线国家货物贸易创8年来新高,一批"小而美"民生项目落地见效》,《21世纪经济报道》2022年3月7日。
⑤ NASA, Earth at Night: Flat Maps, https://earthobservatory.nasa.gov/features/NightLights/page3.php.

的悲歌"。正是因为经济复苏乏力,特朗普时期的美国开始奉行保护主义和孤立主义,实行"美国优先"政策,频频"毁约""退群",退出多边机构和多边协议。第二次世界大战后美国作为主要建设者确立起来的国际秩序和多边机制,正在遭受美国自己的严重破坏。拜登上台后,美国虽然在国际上重回多边主义、重整联盟体系,但美国国内的政治极化和社会撕裂等问题并没有得到有效缓解,重振美国经济依然是步履维艰,也很难扭转美国国力相对衰退的这一颓势。

最后,第四次工业革命正在孕育,科技成为各国竞争的关键性场域。数字科技、人工智能、生物工程、区块链和量子计算等已经成为当今世界科技革命的重点,一旦取得突破势必带来第四次工业革命,进而深刻改变人类社会的生产、生活方式,从根本上影响未来世界的发展。第四次工业革命影响的深度和广度将远超前三次工业革命,很可能会带来颠覆性变革。谁能在新一轮科技革命中占得先机,谁就将领导第四次工业革命的浪潮。中国在一些关键领域已经取得了一定的优势。哈佛大学教授格雷厄姆·艾利森(Graham Allison)和谷歌前执行董事长埃里克·施密特(Eric Schmidt)甚至联合撰文称,中国在5G和人工智能领域已经明显领先于美国,如果美国不能举全国之力率先实现技术突破,未来的技术及其所创造的机遇就会被中国所主导。[1]正因为对中美科技竞争的担忧,特朗普时期美国政府就开始动用国家力量打压华为、大疆等中国科技公司,还有一大批中国机构和企业被美国列入实行出口管制的"实体清单"之中。拜登上台后,美国政府的"实体清单"有增无减,这一态势并没有得到缓解。2022年5月,美国国务卿布林肯更是在对华政策演讲中,强调美国将通过"抱团式"的出口管制、投资审查等方式限制中国在高科技领域的发展,以维持美国的科技优势,甚至公开鼓吹将联合盟友等遏制和打压中国的发展。[2]毫无疑问,未来中美在科技和产业领域的竞争将更加激烈。

总的来说,世界进入了更加复杂的动荡变革期。虽然目前"西强东弱"

---

[1] Graham Allison and Eric Schmidt,"China will Soon Lead the U.S. in Tech," *Wall Street Journal*, December 8, 2021.

[2] Antony J. Blinken, "The Administration's Approach to the People's Republic of China," May 26, 2022, https://www.state.gov/the-administrations-approach-to-the-peoples-republic-of-china/.

的世界格局并未出现根本性的转变,但"东升西降"已经成为一个不可扭转的趋势。对比前述夜间灯光图也可以发现,欧美夜间灯光减弱的同时,金砖国家以及"一带一路"沿线国家的夜间灯光有所增强。①这一方面从侧面印证了在"一带一路"的带动下,沿线国家经济社会的发展取得了一定成效;另一方面,就更深层次而言,揭示出的是人类社会自工业革命以来世界经济重心首次向非西方世界转移。经济上,一批发展中国家的崛起和欧美实力的相对衰退,此长彼消,这必将深刻地影响世界格局的演进。事实上,冷战后美国以实力作为担保,一直维持着的所谓"美国治下的和平"(Pax Americana)已经难以为继。2022年俄乌冲突的爆发,也宣判了美国对世界领导力的大幅下降,意味着美式和平走向终结,战后所确立的国际秩序几近崩塌。百年未有之大变局下,中国的综合国力进入世界前列,国际地位显著提高,国际影响日益彰显。不断走近世界舞台中央的中国,也有望在新的世界体系中发挥更大的作用。

在这一大背景下,中国研究开始进入新一轮的大发展和大繁荣时期,并日益成为一门世界显学。同时,当前的中国研究在立场、方法和取向上,也呈现出了一系列与欧洲汉学、美国中国学有所不同的新特点和新趋势。这或将孕育出一种全新的研究范式,甚至迎来一场不亚于欧洲汉学向美国中国学转换的范式大转移。在探讨可能出现的中国研究新范式前,我们有必要对中国研究发展史上的欧洲汉学和美国中国学两大范式及其大转移做一回顾。

二、古丝绸之路与欧洲汉学

就欧洲汉学而言,从希腊罗马时期对中国最初的论述,到游记汉学的出现,再到传教士汉学乃至专业汉学的诞生,这些对中国的研究都和古丝绸之路有着紧密的联系。希腊时期,沿着古丝绸之路就已经有一些中国的丝绸零零星星流向欧洲。欧洲著述中提到了中国乐于出售丝绸产品,开始用赛

---

① NASA, Earth at Night: Flat Maps, https://earthobservatory.nasa.gov/features/NightLights/page3.php.

里斯人(Seres)称呼中国人。所谓"赛里斯"就是此后英语的"丝绸"(silk)。但因为东西方的接触极为有限,欧洲对于中国的认识很大程度上是基于一些道听途说的信息。如希腊人以为中国人寿命特别长,长寿者可达"三百多岁高龄"。①直到古丝绸之路真正贯通并出现"商旅不绝于途"的盛况之后,欧洲对中国的理解才开始告别"想象"阶段,向真实的中国不断趋近。

元代丝绸之路走向兴盛后,欧亚大陆的经济往来才真正日趋活跃,东西方之间的直接往来开始变得频繁。尤其是随着一些欧洲人抵达中国,撰写了大量和中国相关的游记,游记汉学相应出现。游记汉学最典型的代表《马可·波罗行纪》本身就是古丝绸之路的产物。马可·波罗本人就是沿陆上丝绸之路来到了当时的中国,而传教士汉学可以说是海上丝绸之路大发展的产物。15世纪末"地理大发现"后,海上丝绸之路更趋繁荣。16世纪开始,欧洲的耶稣会士陆陆续续从海路来华。17世纪利玛窦来华就是从海上丝绸之路先到澳门,再经肇庆等地至南京,最后取道京杭大运河进入北京。这些传教士远渡重洋,成为中国儒家经典西传的主力军。传教士从中国寄回欧洲的书信、著作和翻译也成为欧洲研习中国文化的关键材料。当时欧洲的知识阶层也对中国推崇备至。哲学家莱布尼茨就是一位"中国迷"。为了深入研究中国,他几乎通读了当时欧洲出版的各类有关中国的书籍,还和部分来华传教士有深入交往。莱布尼茨曾四处搜集来华传教士的往来通信和文章,并专门收入其编辑整理的《中国近事》(1697年)一书,力图推动欧洲知识界更好地认识中国并吸收中国的长处。②该书是最早以第一手资料向欧洲介绍中国的著作之一。书中,莱布尼茨极力推崇中国以儒学为中心的仁政德治模式和以"礼"为中心的社会关系总则,盛赞中国有"人类最高度的文化和最发达的技术文明",③甚至认为中国的伦理道德和政治学说远胜欧洲。

同时期,海上丝绸之路的繁盛和海上贸易的繁荣更是直接掀起了一场弥漫在整个欧洲的"中国热"。从皇室到贵族再到平民,社会各阶层无一不

---

① 张西平:《西方游记汉学简述》,载张西平编《欧美汉学研究的历史与现状》,大象出版社2006年版,第46页。
② 参见莱布尼茨:《中国近事》,梅谦立、杨保筠译,大象出版社2005年版。
③ 转引自周宁编:《世界之中国:域外中国形象研究》,南京大学出版社2007年版,第3页。

为中国所着迷,竞相追逐中国风尚,疯狂抢购中国商品,争相阅读中国相关书籍。法国国王路易十四(Louis XIV,1638—1715)多次派遣传教士团出使中国。1688年,路易十四还给康熙写了一封亲笔信,称康熙是"最高、最杰出、最有权、最宽宏的君王",自己署名为"你最亲密的好朋友路易"。①更为荒诞的是,1694年一位贫穷到走投无路的法国女人闯进法国宫廷,她自称是"康熙的女儿",为海盗所掳,流落巴黎。"落难的中国公主"引得法国贵族以锦衣玉食竞相供奉。②欧洲开始对中国进行全方位的"赞颂","中国热"也越演越盛。

到了18世纪的启蒙时代,中国更是成为欧洲知识精英心中德政国家的典范。中国的君主政体被视为最佳政体,道德观被视为最完备的道德规范,中国哲学被视为最富理性的哲学。从"欧洲的孔夫子"伏尔泰到重农学派创始人弗朗斯瓦·魁奈(Francois Quesnay,亚当·斯密深受其影响),启蒙哲人们甚至视中国为欧洲的"灯塔"。伏尔泰盛赞中国的政治体系,宣扬孔子学说,认为中国是"世界上最古老、最广阔、最美丽、人口最多、管理得最好的国家"。③魁奈服膺于中国的科举制度,认为中国是"开明专制"的典范。狄德罗也一度是中国风尚的狂热分子。启蒙哲人大多认为中国具有高度的理性文明,中国文化中从理性转化而来的纯粹道德是欧洲人的目标,当时各种关于中国的研究甚至推进了启蒙运动的历史进程。正是在启蒙哲人的影响下,路易十五等君主开始在各个方面效法中国皇帝,如君主在每年春天亲自参加犁地仪式,以求来年有一个好收成,等等。④这一"中国热"也为19世纪初专业汉学的诞生创造了条件。1814年,法国国王路易十八颁令,在法兰西学院创设汉学教授的席位,27岁的雷慕沙(Jean-Pierre Abel-Rémusat,1788—1832)成为首任汉学教授。此后欧洲各个大学纷纷创设汉学教席,专业汉学的时代也由此开启。

从传教士汉学转向专业汉学,是中国研究发展史上的第一次范式转换。

---

① 卫三畏:《中国总论(下)》,陈俱译,上海古籍出版社2005年版,第897页。
② 王海龙:《遭遇史景迁》,上海书店出版社2007年版,第60—63页。
③ 波莫:《伏尔泰》,孙桂荣、逸风译,上海人民出版社2010年版,第149页。
④ 孟德卫:《1500—1800:中西方的伟大相遇》,江文君、姚霏等译,新星出版社2007年版,第144页;谢和耐等:《明清间耶稣会士入华与中西汇通》,耿昇译,东方出版社2011年版,第91页。

专业汉学作为东方学(Oriental Studies)的分支在欧洲确立之后,欧洲汉学作为一种新的典范真正得以出现。欧洲主导着全球中国研究的方法、主题和议题。尤其是19世纪晚期直至第二次世界大战期间,法国一直是全球中国研究的中心。法国学者沙畹(Édouard Chavannes,1865—1918)是"欧洲汉学泰斗",他培养的弟子伯希和(Paul Pelliot,1878—1945)、马伯乐(Henri Maspero,1883—1945)、葛兰言(Marcel Granet,1884—1940)等都是大师级的汉学家。对美国中国研究界的主流而言,在学术上无外乎紧紧追随法国汉学的脚步。20世纪20年代,美国哈佛燕京学社创办时,就试图礼聘伯希和为创始会长,被婉拒后,不得不退而求其次,改聘伯希和的弟子叶理绥(Serge Elisséeff,1889—1975)。欧洲汉学的范式主要以人文学术的方法,尤其是语文学(philology)的方法来研究古典中国,大体属于"书斋里的学问",其基本取向是"从文献看中国"。其特点是从"独特性"出发来研究中国,关注的重点是东西方的不同之处。除了从语言学角度对中国文字、语音等的研究外,关于中国文明的研究很大程度上是把中国作为一个"想象的异域"。启蒙运动及之前,欧洲汉学的典型特征是把中国"乌托邦化",把中国视为高度理性的文明、国家治理的典范,并当作攻击教权、王权,帮助欧洲走出中世纪的重要武器。这种对中国的"工具性美化",让欧洲对中国的倾慕达到了历史顶峰,但也让中国成为一个偏离真实的存在。鸦片战争中西方以胜利者的姿态打开中国国门后,关于中国的各种见闻录中对中国的评价开始从正面转向负面,但欧洲汉学受到东方主义等因素的影响,其研究所呈现出的中国依然是一个近乎"完美的存在"。这一时期,欧洲汉学的新特征是把中国"博物馆化",采取类似于研究埃及学的心态,以一种追思之情来研究现实中"行将消逝"的古老文明。这种研究所带来的直接结果是丝绸之路探险和考古的兴起,与之相伴的是中国文物典籍尤其是大量敦煌文献流失海外,以及泛滥于帝国主义国家的中国文物收藏热。

三、近代丝绸之路与美国中国学

就美国中国学而言,可以说是近代丝绸之路的产物。近代资本主义体系开创全球大连通后,丝绸之路在近代演变为"战争之路"和帝国主义扩张之路,中国被动进入现代。但迟至20世纪初,中国研究依然是欧洲汉学的天下。当时,懂得古汉语,能够阅读中国古代的典籍,研究要使用中文材料,这些依然是研究中国最基本的门槛。甚至到了20世纪30年代,费正清(John K. Fairbank)用英文档案来撰写其研究中国海关的博士论文,都不为主流汉学圈所接受,以致他博士研究生期间两次申请哈佛燕京学社的资助,两次都遭到拒绝。但侧重古典中国的欧洲汉学已经难以满足全球大连通后的现实需求。在东西方贸易不断深化、列强对外扩张等多重因素的刺激下,不同于欧洲汉学,转而聚焦现实中国的新范式迅速兴起。美国成为集大成者,并在第二次世界大战后推动完成了欧洲汉学到美国中国学的范式大转移。

通常认为费正清是美国中国学之父,作为"学术企业家",他以一己之力推动了欧洲汉学向美国中国学的范式转换。但事实上美国中国学有多重起源,除了费正清一脉外,美国国内至少还应包括以欧文·拉铁摩尔(Owen Lattimore)为代表的太平洋学会群体。已有学者提出,美国中国学至少存在两个不同的学术传统:一是以费正清为代表的口岸研究,二是以拉铁摩尔为代表的边疆研究。[①]20世纪20年代,随着"环太平洋经济圈"的形成,美国一些大的财团开始关注自己在环太平洋地区尤其是中国的经济利益,并投入大量的资金支持相关研究。太平洋学会也由此在1925年成立。该学会由一批关心太平洋地区社会经济问题的商界、教育界、宗教界人士发起,其研究重心一直在远东地区,主要研究是美国政府亟须了解的"人口、土地占有和农业技术问题、工业化问题、家庭问题、殖民机构问题、民族运动问题、劳工组织问题、国际政治关系问题、商业和投资问题"。[②]从关注的问题上就可以明显看出,太平洋学会群体关于中国的研究一开始就有明显的当代转向和现实导向,已经开始用社会科学的方法来研究当代中国。其中最为典型的学者就是拉铁摩尔。拉铁摩尔年轻时曾于外国在华洋行工作过一段时间,其间就写过不少和中国有关的研究报告。1926年,他开始实地调研中国西北边疆,并在1928年出版了相应的著作,由此开启了其研究中国边疆的学术生涯。而且早在费正清完成其博士论文之前,拉铁摩尔在1932年就已经出

[①] 张世明:《拉铁摩尔及其相互边疆理论》,《史林》2011年第6期。
[②] 侯且岸:《费正清与中国学》,载李学勤主编《国际汉学漫步(上卷)》,河北教育出版社1997年版,第7—8页。

版了用地缘政治学的方法分析东北亚变局的著作《满洲：冲突的摇篮》。可以说，太平洋学会的成立是美国对中国的研究出现重大转向的标志。这一群体对中国的研究已经从古典中国转向了现实中国，研究路径也从人文学术转向了社会科学，甚至具备了一定的资政功能。

就费正清所开创的学术脉络而言，同样和中外商贸的深度交融分不开干系。费正清本人就极为强调中美贸易的重要性，认为在美国的中国事务上，"国旗和传教士都是追随着商业贸易之后来的，而条约上的特权又都主要是为了促进商业发展"①。费正清在学术上的"精神之父"马士（Hosea B. Morse）就曾在清廷的海关总税务司任职35年之久。马士本人在中西贸易研究上着力甚多，其享誉学界的著作《中华帝国对外关系史》就是以中国海关为核心分析中国的对外关系，而以海关为中心实际上就是以中外贸易为核心。马士另一部影响深远的著作《东印度公司对华贸易编年史》则是直接处理对华贸易的问题。费正清研究中国的开端同样是因贸易问题而起。他于1936年完成的博士论文《中国海关的起源》，在研究议题、方法和观点上都深受马士的影响。其博士论文经修改和补充，在1953年更名为《中国沿海的贸易与外交：通商口岸的开埠（1842—1854年）》正式出版。1949年后，美国中国学虽然因"麦卡锡主义"的破坏一度陷入停滞，但关于中国经济的研究一直在费正清等人的努力下，不断往前推进。正是在费正清的运作下，哈佛大学在1955年得到福特基金会的支持，专门聘请了经济学家亚历山大·艾克斯坦（Alexander Eckstein）主攻中国经济。亚历山大·艾克斯坦也不负所望，很快成为中国经济研究，尤其是研究中华人民共和国对外贸易的权威学者。20世纪60年代，也是在大批商业团体的推动下，美国中国学开始缓慢复苏，逐步打破了保守主义群体关于中国的各种刻板论述，最终推动美国中国学界走出了"麦卡锡时代"的阴影。关于新中国国际贸易的研究，也成为美国对华政策从"遏制并孤立"转向"遏制但不孤立"的关键突破口。

美国中国学的研究范式和欧洲汉学大不相同。从研究对象上来说，这一范式聚焦当代中国而非古典中国，采取社会科学的方法而较少用人文学

---

① 欧内斯特·梅、小詹姆斯·汤姆逊编：《美中关系史论：兼论美国与亚洲其他国家的关系》，齐文颖等译，中国社会科学出版社1991年版，第21页。

术的方法,功用上现实性更强甚至有资政的面向,视角上的转换则是开始从"普遍性"而非"独特性"出发来研究中国。但也必须注意到的是,这种普遍性是西方意义上的普遍性,即以欧美历史经验为尺度来研究现实中国。美国中国学背后的核心架构是现代化理论。该理论预设了人类社会有一条从"传统"到"现代"的线性发展道路,认为现代化是所有国家发展的归宿,所有国家都追求现代化,概莫能外。无论从何种专业、领域切入中国研究,中国的现代化进程是美国中国学无法绕开的一个中心命题。受现代化理论的影响,美国中国学有一个不曾言明的预设,那就是认为中国是一个"受困的现代化者"(troubled modernizer),需要将中国引导至现代化的"正途",强大的西方尤其是美国有能力帮助中国实现"(西方式)现代化",因为一个成功实现"现代化"的中国终将放弃革命意识形态并向美国靠拢。帮助中国实现"现代化"符合美国利益。[1]

这些背后实际上和美国一直以来的"传教士情结"有根深蒂固的关系。美国认为自己是"天选之国",有传播基督教文明的责任,后来又演变成为在全球推广"(美式)自由民主"的责任。从晚清和民国美国一直想让基督教传遍中国每一个角落,再到之后试图在中国推广"(美式)自由民主",都与这一情结相关。美国中国学也内在于这一情结之中,其研究背后也有一股强烈的执念,即以所谓"更加优越的、先进的文明"来"改造中国"。这一思维下,相关研究会天然地认为中国和美式道路相符的部分就是"进步的",反之则是"落后的"、需要"改变的"。毫无疑问,这背后有明显的西方中心主义色彩。

四、"一带一路"与世界中国学

从上述分析可以看出,自专业汉学在欧洲诞生以来,海外中国研究已经经历过一次关键性的"典范大转移"[2],即从欧洲汉学的研究范式转向美国中

---

[1] Richard Madsen, *China and the American Dream: A Moral Inquiry*, Berkeley: University of California Press, 1995, pp.28-52.
[2] 陈珏是较早就汉学"典范大转移"进行论述的学者。陈珏认为存在两次"典范大转移":第一次是从传教士汉学转向专业汉学,第二次是从欧洲汉学转向美国中国学。参见陈珏:《二十世纪欧美汉学的"典范大转移"——以"学派"为例》,《清华大学学报(哲学社会科学版)》2010年第6期。

国学的研究范式。这一轮范式大转移也成就了美国在中国研究上的霸主地位。而随着中国的不断崛起,重新连接中国与世界的"一带一路",正在给全球的中国研究带来一系列新的变化。不管是站在欧美立场上对中国道路进行质疑,还是站在发展中国家立场上对中国经验充满期待,这些研究都呈现出了一些新范式的特征。不论是否定中国还是肯定中国,在新时代的中国与世界背景下,新的中国研究所指向的中国都不再是传统的中国研究框架下的中国。尤其是"一带一路"的理论与实践,正在不断催化中国研究新范式的成型。与欧洲汉学和美国中国学相比,可以较为明显地看出,一种新的范式正在孕育之中,鉴于新的特点,可以称其为世界中国学。发展中的世界中国学未来也将更加成熟,有望成为美国中国学之后全球中国研究的新主流。这种已经初露端倪的新范式和传统的中国研究相比,有四大转向,包括全球转向、实践转向、价值转向和未来转向。

一是全球转向,即从西方中国学到世界中国学。海外中国研究自其诞生以来,很长一段时间内都只是西方中国学,而在"一带一路"的推动下,西方中国学正加速向世界中国学迈进。世界中国学这一新范式最显著的特征在于"世界"二字。此前海外研究中国的力量主要集中在美国、欧洲和日本等国家地区,甚至为西方国家所垄断,只能称其为西方中国学。迟至2008年,美国知名中国问题专家沈大伟(David Shambaugh)还在惊呼中亚、非洲、拉美等地区几乎找不到从事中国研究的专家。[1]但近年来随着中国的不断崛起和"一带一路"的不断深化,世界各国相继成立中国研究机构。在传统的欧美重镇之外,在巴西、阿根廷、南非、斯里兰卡等传统意义上的中国研究"荒村",一大批重量级专家学者开始关注中国、研究中国。尤其是在已经签署"一带一路"合作协议的国家,中国研究更是蔚然成风,并涌现出了一批重量级专家学者。如哥斯达黎加大学教授帕特里西亚·罗德里格斯·奥尔凯梅耶尔(Patricia Rodríguez Hölkemeyer)关于中国政治和文化软实力的研究在国际社会有广泛影响。[2]后因精通中国事务,她从学界进入政界,被任命为哥斯达黎加驻华大使。随着世界化进程不断加深,中国研究开始成为

---

[1] 《中国学研究没有全球化》,《联合早报》2008年9月9日。
[2] 主要观点可参见帕特里西亚·罗德里格斯·奥尔凯梅耶尔:《变动中的世界秩序和中国软实力的崛起》,载潘世伟、黄仁伟、乔兆红编《中国学(第六辑)》,上海人民出版社2015年版。

名副其实的"世界性"学问。从全球中国研究最新成果的集中交流平台——世界中国学论坛上也可以明显看出这一趋势。截至2021年底,该论坛先后迎来2 741人次中外专家,其中近半为海外代表,覆盖全球102个国家和地区。2021年第九届世界中国学论坛外籍代表来自41个国家,其中参会的发展中国家的中国研究专家总人数首次超过发达国家。由此也可见中国研究专家开始真正遍布全球。非西方的新兴的中国研究力量不断发展壮大,正在冲击西方中国学占据主导的原有格局。

全球转向在研究视角上则体现为从研究"中国之中国"转向聚焦"世界之中国"。新时代的世界中国学不再局限于中国国内事务和双边、多边关系,更多从全球视野来分析中国发展及其世界影响,相关成果也不再是"就中国而论中国",而是"跳出中国看中国"。从世界经济和国际秩序两个维度来分析中国崛起成为最典型的两种研究取向。第一个研究取向上,中国经济发展的外溢效应是最热门的研究。尤其是"一带一路"倡议提出后,各国的中国学开始涌现出大量研究中国经济全球影响的著作。相关研究都认为中国经济和全球经济深度融合,中国经济的高速发展已不单单是关乎中国国内发展的问题,同样关乎世界经济的发展。第二个研究取向上,中国崛起对国际秩序的改变则是研究的重点。这一取向在关于"一带一路"的研究上体现得尤其明显,甚至有论者认为"一带一路"致力于构建一个以中国为中心的新的国际秩序。

二是实践转向,即从传统社科研究到智库研究。伴随着中国综合国力的不断增强,和世界各国的联系日益紧密,智库专家正在成为各国研究中国的核心群体。尤其是"一带一路"沿线国家的专家,他们的研究大量聚焦于和中国的经贸关系、战略合作,以及中国道路对本国的现实启示等。对于西方国家而言,在传统的议题之外,开始更多关注中国和西方的竞争甚至对抗,尤其是中美之间在各个领域的全方位竞争成为新的焦点。这些研究很多都直接服务于所在国的外交政策。换言之,在"一带一路"的带动下,各国智库类中国研究都在普遍兴起,并且所占比重在日益上升,重要性在日益凸显。无论强调和中国合作,还是强调和中国竞争,其方法和取向与传统的中国研究有显著差异,这也给中国研究在方法上打开了新的视野,同样会深刻改变全球中国研究的原有格局。

世界中国学中的智库研究方兴未艾。这一研究和作为人文学术的欧洲汉学存在显著差异，这已无须赘言。它和作为区域研究分支的美国中国学亦有着明显的不同。美国中国学虽然和现实政治、对华政策有较为紧密的关联，但在学术体制上从属于社会科学，总体而言依然是学院派。学院派知识分子非常强调理论的效用，写作所预设的目标读者是学术界的同侪。这些研究通常都是在某一理论的指导下去思考问题，甚至将理论视为解释世界的密钥。美国中国学也同样受到西方社会科学理论框架（尤其是现代化理论）根深蒂固的影响。黄宗智就详细批评过中国研究上西方理论和中国现实的脱节，转而倡导一种从实践出发的中国研究。[1]而智库研究是彻头彻尾的实务派，强调从实际出发，注重解决现实问题，目标读者明确指向的是政策制定者。[2]实务派研究在方法上也不再单纯采取之前学院派一般社会科学的方法，而是采用实证性、跨学科和综合性的研究。某种程度上甚至可以说，基于实践的智库类中国研究是非理论甚至反理论的。需要指出的是，智库研究对理论的质疑，并不是要否认理论的重要性，而是强调理论本身必须随着现实的变化而发展。任何理论如果做不到与时俱进，一定会在新的现实面前陷入解释力不足的困境。在对现行西方主流理论的批判和反思中开启实践转向的世界中国学，有望生长出一种新的理论框架。

短期来看，智库类中国研究容易为现实政治和意识形态所影响，但长期而言，实务派研究较少受既有理论和刻板印象的束缚，更容易摆脱美国中国学的"元叙事"，更利于从具体的实践中重新理解现实中国。此外，智库类中国研究还有一些涉及自然科学领域，包括和中国相关的生物学、地理学以及科技领域的研究等。如美国科技界涌现出了大量关于中国科技发展的分析，以及中美科技竞争的研究。[3]这还会带来社会科学和自然科学的碰撞，给中国研究带来新的启发。

三是价值转向，即从西方中心主义到人类命运共同体。价值转向既是

---

[1] 黄宗智：《认识中国——走向从实践出发的社会科学》，《中国社会科学》2005年第1期。
[2] 智库研究和一般社会科学研究的区别，参见房宁：《我们需要什么样的智库学者》，《光明日报》2015年12月30日。
[3] 美国科技界关于中国的相关研究，可参见范英杰、樊春良：《寻求共同基础 推进交流合作——对美国智库和科学界主要科技政策报告的解读与启示建议》，《中国科学院院刊》2022年第2期。

世界中国学的主要特征,也是中国研究全球转向和实践转向的必然结果。如前所述,不论是欧洲汉学还是美国中国学,身上都有着浓厚的西方中心主义色彩。这些研究大多是"没有中国的中国学",旨在展示西方的优越而非真正理解中国。具体而言,第一,否认中国道路的合法性,顽固地认为西方文明更加优越,西方模式是衡量人类文明进步的唯一标尺,并以此来分析中国。第二,罔顾中国内在的延续性,认为历史上中国灿烂辉煌,但这种古文明业已消失,现在只存在于博物馆中;承认当代中国经济成就巨大,但不愿意认同中国的政治体制。第三,排斥中国空间的整体性,在西方学术体制下,关于中国边疆的研究独立于中国研究板块之外,如美国的新疆研究从属于内亚研究,欧洲的藏学、蒙学、满学从属于中亚研究。正因如此,这些研究所得出的结论和真实的中国相去甚远。

西方中心主义笼罩下的中国研究最大的问题在于,它认为中国需要按照所谓"普遍价值"进行"改造",但是这一"普遍性"视角在当下已经陷入了自洽性危机之中。一些欧美精英已经承认西方主流理论难以解释中国崛起。《纽约时报》在2018年就提到,中国共产党用"(西方)教科书"上断言必然失败的政策,成功领导中国经济持续增长了40年。与此同时,大批发展中国家的中国研究专家和各国的年轻一代,也不再全盘接受西方中心主义的各类既定观点。尤其是各国年轻一代正在成为中国研究的中坚力量。老一辈"中国通"成长于中外隔绝时期,冷战影响根植于其无意识之中。新一代"中国通"不少都有在华学习、生活或工作的经历,中文水平更高,对华认知更加全面和客观。尤其是1995年后出生的"Z世代",正在成为各国攻读中国研究学位的主力。他们获取信息的主要渠道是互联网,和其他对华认知已经定型的群体相比,对中国充满偏见的西方主流媒体对他们的影响力已经明显衰退,因此他们对华态度更加开放,更愿意了解真正的中国。

摆脱西方中心主义的绝对笼罩后,中国研究呈现出更加开放的态势。不论是从空间上还是代际上,越来越多的专家学者开始客观理性地认识中国、研究中国,肯定中国的声音也在不断壮大。《国际青年眼中的中国与世界》调查报告显示,国际青年特别是发展中国家青年对中国普遍抱有好感,这一比例达64%,认为"中国经济发展推动全球经济发展"的受访青年比例为62%,认为"他国从中国经济发展中获得了利益"的比例为51%。发展中国家的年轻一代,对中国国内治理的认可度高于发达国家。国外的年轻一代更加认可人类命运共同体理念,支持本国加强与中国的外交关系。调查还显示,对中国的了解越多,对中国的好感度就越高。①可以说,世界中国学正在有意识地克服西方中心主义的弊病。当然,这只是新学术发展的第一步。对成长中的世界中国学而言,还需克服西方和中国的二元对立,既要超越西方中心主义,又不陷入中国中心主义,进而孕育出一种以人类命运共同体为指向的新时代的中国研究。

四是未来转向,即从"以中国为对象"到"以中国为方法"。中国研究是专门以中国为分析对象的学问,在学科体系中属于区域研究的分支。而区域研究长期游走于各学科专业的边缘,但正因为其非主流性,往往能够通过研究对象的丰富性和复杂性,发现西方"正统理论"的问题与不足,从而为探索新的理论框架打开空间。过往的区域研究也孕育出了不少新的学术成果,对西方主流理论构成了重大挑战,甚至发展出了新的理论范式。如萨米尔·阿明(Samir Amin)等人所提的依附论、伊曼纽尔·沃勒斯坦(Immanuel Wallerstein)所提的世界体系理论等,都与他们对拉美的研究、对非洲的研究所打开的新视野密切相关。

早在 20 世纪 80 年代,美国权威"中国通"李侃如(Kenneth G. Lieberthal)就感叹过,中国研究对主流政治学发展的学术贡献微乎其微。此后,美国学者裴宜理同样指出过中国研究还停留在套用西方理论的阶段,尚未从理论的"消费领域"转换为理论的"生产领域",意指中国研究原创性不足。②同样是区域研究,关于拉美、非洲等地区的研究,已经"生长"出了一系列原创性理论,其影响力早已辐射至整个西方学术界。问题的症结或许就出在美国中国学这一研究范式上。当前在全球中国研究中占据主导地位的美国中国学范式,实际上是冷战的产物和"历史终结论"的表征。如前所述,此类研究是在欧美主流理论的框架下,以一种居高临下的视角,把中国作为"普遍理论"的检视对象进行分析。符合西方主流理论的中国实践和经验,被认定是"正

---

① 任鹏:《中国影响力受到国际青年普遍认可——〈国际青年眼中的中国与世界〉报告发布》,《光明日报》2021 年 10 月 20 日。
② 裴宜理:《半个世纪的伙伴:美国的中国研究与中华人民共和国》,载周晓虹主编《中国社会与中国研究》,社会科学文献出版社 2004 年版,第 133—142 页。

确的",而不符合西方主流理论的实践和经验则被判定为"错误的"、需要更正的。此种范式下的中国学本质上是高度意识形态化的研究。这从 China Studies 的中译名中也可以窥得端倪。除了标准的中国学这一概念外,中文学术界早在 20 世纪初期就广泛采用了另一译名——"中国问题研究",与之相应的是 China Expert 被中译为"中国问题专家",这种译法流传至今,依然在不自觉中普遍使用。这一阴差阳错的中译名背后,暗含着一层未曾明言的意味,那就是此类研究往往把中国视作一个"问题"或一种"症候",是一个用以证明西方理论普遍性的具体案例。在此意义上,"以中国为对象"的中国学实际上就是前文所述的"没有中国的中国学"。

在中国研究领域,要真正实现从理论的"消费领域"转换为理论的"生产领域",势必需要突破美国中国学的研究范式。就当前而言,在"一带一路"的推动下,新时代的世界中国学正在呈现一种和美国中国学所主导的"中国问题研究"不一样的气象。资本主义世界体系兴起以来的两百多年历程中,除了极少数国家成功跻身高收入国家行列外,绝大多数发展中国家被锁定在全球产业链的低端和全球经贸体系的底层,迟迟无法实现现代化,"穷国越穷富国越富"。而中国发起的"一带一路"倡议,以互利合作的方式,给广大后发国家带来了一种摆脱贫困、迈向现代化的全新可能。正是在"一带一路"实践和理念的推动下,各国中国学也呈现出了一种未来转向。

这一未来转向最核心的观点就是不再视西方道路为人类社会现代化的唯一路径,视中国道路为现代化的替代性方案,借中国研究来探寻对本国发展的有益启示。正如塞尔维亚前总统鲍里斯·塔迪奇(Boris Tadić)所说,现代化不等于西方化,中国正在给"现代化"的概念赋予新的内涵,为其他国家树立了榜样。[①]中国被视为多元现代化的探索者,中国研究开始呈现出某种"未来学"的新趋向。当前不少发展中国家的专家学者,尤其是对中国取得显著成就和综合国力有客观认识的中国问题专家,开始就所在国的发展道路提出一些和过去不同的主张。尤其是"一带一路"沿线国家的中国学,正在超越传统的国际关系范畴,呈现出"未来学"的态势。一些专家学者开始

[①] 鲍里斯·塔迪奇在第九届世界中国学论坛的演讲。可参见王珍、夏斌、杨瑛:《世界的中国,赋予"现代化"新内涵》,《解放日报》2021 年 10 月 19 日。

从中国道路、中国经验乃至中国方案中，探索一种面向未来的、不同于现有发展模式的新图景，以中国的发展为蓝图，构想本国的未来。他们把中国的发展视为一种推动自身工业化、现代化的机遇，甚至"越来越多的国家视中国为学习的榜样"。探寻中国道路对本国发展的有益启示，正在成为一些国家中国研究的热门议题。中国道路正在成为一些国家专家学者乃至战略界思考本国发展的重要思想资源。

正因如此，西方认为和中国的竞争涉及朝向未来的"道路之争"。这实际上也从反面说明了世界中国学的未来转向。西方中国学中随处可见一种论调，认为中国道路是西方道路的挑战者、威胁者，认为中国正在以一种柔性的、经济的方式重构世界秩序，"一带一路"是其中的关键所在。尤其是美国中国学上，大多认为"一带一路"是中国挑战第二次世界大战后所确立的以美国为中心的世界秩序，进而构建一个以中国为中心的世界秩序的重要计划。尤其是在第四次产业革命的前夕，中国科技特别是数字技术正在不断进步，"一带一路"的蓬勃发展又能为新技术的突破以及产业化带来极大的便利，未来中国极有可能引领新一轮产业革命。西方中国学所担忧的是，"一带一路"成为中国对外模式输出的重要平台。

事实上，"一带一路"并不是为了建立一个以中国为中心的新的霸权体系，而是致力于建设一个更加公平合理的国际秩序。未来"一带一路"的成功，必将冲击现行国际秩序中海权/陆权的结构，带来一种海、陆并举的新格局。其革命性远不只为诸多远离海岸线的内陆国家地区带来新的发展机遇，更主要的是其构建的不再是资本主义体系中的"中心-边缘"世界体系，而是一种互联互通、平等合作共赢的世界体系。正因为这一革命性，从"一带一路"相关的中国实践、中国经验中也有望生长出一种新的发展理论，引领广大后发国家走上现代化之路，从中国小康迈向世界大同，最终实现的是人类命运共同体的构建。

在"一带一路"的推动下，不论是欧美已成建制的中国研究，还是发展中国家正在兴起的中国研究，均在呈现出一系列和过往研究不一样的特质。不管是站在欧美立场上对中国进行攻击，还是站在发展中国家立场上对中国充满期待，这些研究背后所指向的中国都不再是传统的中国学框架下的中国。在可以预见的未来，在世界中国学这一新范式下，中国研究则有望从

"以中国为对象"升级为"以中国为方法",从知识、话语、理论的"消费领域"升级为"生产领域",成为一门从中国出发,反思既有西方主流理论、探索新发展理论的学问。中国将不再是欧洲汉学中充满东方主义意味的"独特性"存在,亦不会是美国中国学中以欧美道路为标尺分析的"普遍性"存在,而是从中国特色的"独特性"生发出的新的"普遍性"存在。中国不再是作为"对象"而是"方法",即从中国道路看人类社会的未来发展。

(张焮,上海社会科学院世界中国学研究所副研究员)

上 编
古丝绸之路与传统汉学

第一章　中西相遇：古丝绸之路与游记汉学

　　世界上的文明形态多种多样，然就影响之广度和深度而言，当以以中国为核心的东亚文明与以西欧为核心的西方文明对人类历史发展所起之作用最巨。中国位于欧亚大陆的东端，西欧则居于欧亚大陆的西部，横亘其间的高耸巍峨的崇山峻岭与广袤无垠的沙漠戈壁，为东西两种文明的接触和交流设置了难以逾越的天然障碍。人类发展和进步的历史，就是直面困难、挑战困难、战胜困难的历程。尽管中西之间的交通受到严苛地理环境的制约，但是经由不同的中介力量，产自中国的丝绸、瓷器等物产依然能够远销欧洲，引起西欧社会各阶层对于那个神秘的遥远东方国度的极大兴趣，并将其所了解的与中国相关的知识形诸文字。可是，由于早期中西之间缺少直接的接触，西方文献对于中国的认识和表述，不仅记载疏略，而且内容多属传闻之辞，想象多于事实，夸张扭曲之处所在多有。例如，产自中国的丝绸曾经在古希腊、罗马社会的上层引起了很大的轰动，但是最终运达欧洲的丝绸经过了数次转手贸易，时人缺少获取中国丝绸知识的可靠渠道，故而这一时期的相关文献对于中国丝绸的描述，与实际情况存在着很大的偏差。古罗马时期的著名作家老普林尼（盖乌斯·普林尼·塞孔都斯，Gaius Plinius Secundus，23—79）在其所著《自然史》中，告诉读者其所了解到的这种来自中国的神奇织物的生产工艺：

　　　　人们在那里所遇到的第一批人是赛里斯人，这一民族以他们森林里所产的羊毛而名震遐迩。他们向树木喷水而冲刷下树叶上的白色绒毛，然后再由他们的妻室来完成纺线和织布这两道工序。由于在遥远的地区有人完成了如此复杂的劳动，罗马的贵妇人们才能穿上透明的衣衫而出现于大庭广众之中。赛里斯人本来是文质彬彬的，但在这件事情上却显得野蛮。他们不与别人交往,坐等贸易找上门来成交。①

文中的"赛里斯人",是古希腊、罗马时期西方对于中国人的称呼。从中不难看出,当时西方世界认知的中国人生产丝织品的工艺流程和丝绸交易的方式,与真实情况的落差不可以道里计。最为其所熟稔的丝织品尚且如此,西方知识谱系中其他涉及中国之处的可靠程度就可想而知了。

从13世纪初期开始,随着东西方各种政治势力渐次臣服于崛起于草原的蒙元帝国,欧亚大陆的绝大部分区域在历史上第一次统合于一个单独的政治实体之中,西欧与中国之间实现了直接的接触与交流,西欧知识界对于中国的认识和表述上升到了一个新的高度。

具体来说,就是在这一时期,来自西欧的使节、商人、旅行者怀着不同的目的,不仅来到蒙古统治下的中国边缘地带,还深入中华文明的核心区域,亲身感触到了中国的政治、经济、文化、社会风俗等方方面面。其中一些人在返回欧洲之后,将其旅居中国期间之见闻撰为游记,成为相当长一段时期内西方了解中国最为主要的来源,深刻地影响到了中国或者中国人的形象在西方社会的传播。这批西人游历中国的游记,是作者本人依据亲身经历撰写而成,不仅内容的可靠性有了很大的提高,而且涉及的范畴也有了很大的开拓。因其主要是以游记的形式出现,有些学者在梳理西方汉学发展历程时,将13世纪初以降直至晚明耶稣会士来华间西方知识界对于中国的描述与研究,归纳为"游记汉学"②,是为西方汉学研究的第一个历史阶段。③这

---

① 普林尼:《自然史》,李铁匠译,上海三联书店2018年版,第70页。古希腊、罗马时期西方知识谱系之中有关中国的表述,参见李勇:《西欧的中国形象》,人民出版社2010年版,第70页;邹雅艳:《古希腊罗马时期西方的中国形象》,《天津大学学报(社会科学版)》2012年第6期;刘招静:《〈曼德维尔游记〉里的中国——"普遍史"视角的考察》,《世界历史》2019年第1期。需要指出的是,因为缺少直接的接触,古代中国在很长一段历史时期中对于西方的了解也存在想象与事实并存的情况,相关论述参见庞乃明:《亦真亦幻大秦国:古代中国的罗马帝国形象》,《世界历史》2017年第5期。

② "游记汉学"这一学术概念,最早是由张西平先生提出,相关论述参见张西平:《西方游记汉学简述》,载张西平编《欧美汉学研究的历史与现状》,大象出版社2006年版,第44—69页。

③ 目前,有关西方汉学发展历史的分期问题,存在二阶段划分法、三阶段划分法、四阶段划分法以及多阶段划分法等诸种不同观点。张西平提出"游记汉学""传教士汉学""专业汉学",以及周振鹤再将"专业汉学"分为"学习介绍性汉学"(1814年法兰西学院正式设置汉学讲座至1890年《通报》创刊)、"研究型汉学"(1890年之后)。有关汉学史分期的讨论,参见李雪涛:《日耳曼学术谱系中的汉学——德国汉学之研究》,外语教学与研究出版社2008年版,第3—6页。

一时期,西方基督教世界凭借某些到过东方之人所写的游记,对中国开始有所了解。因为个人际遇与时代背景的差异,这些游记中与中国有关的内容,经历了从边缘表述和想象中国到呈现整体性中国的转变。

一、丝绸之路的畅通与跨区域贸易的空前繁荣

早在中国的汉、唐时期,欧亚大陆上就存在着一条东起中国的洛阳、长安,经河西走廊、西域沙漠绿洲,深入中亚、西亚,最终到达欧洲地中海沿岸的商业贸易路线。中国与西方之间依靠这条被后世称为"丝绸之路"①的商路,保持着相当密切的商品交换和文化交流。9世纪后半叶至10世纪初,大唐帝国与阿拉伯帝国——维系陆上丝绸之路畅通的东西两大政治势力——都先后走向解体。中国北方先后经历了唐末藩镇割据,五代纷争,北宋与辽、西夏对峙,战事频仍,朝代兴替无常。丝绸之路另一端的阿拉伯帝国,阿拔斯王朝(750—1258)内部的权力斗争加剧,教派之间的冲突此起彼伏,农民和手工业者的起义不断,国家走向分裂割据的境地。东西方两大帝国的衰落,使得欧亚大陆内部,尤其是丝绸之路沿线绿洲地区的管制陷入了无序的状态,交通阻滞,商旅的安全性也得不到很好的保证,原本繁荣的陆上丝路贸易也逐渐走向沉寂。

13世纪初,蒙古乞颜部首领铁木真(1162—1227)飙起于北方草原,不仅统一了蒙古各部,建立了大蒙古国,而且不断向外扩张,统治范围东起太平洋,西至黑海和聂伯河,南至印度洋,横跨欧亚大陆。这一地域空前辽阔的世界性帝国的出现,结束了欧亚大陆内部分裂割据的局面,陆上丝绸之路绝大部分区域的历史迈入了一个被称为"蒙古和平"(Pax Mongolica)②的时期。这一时期相对稳定的政治环境,使得欧亚大陆上丝绸之路的安全性得

---

① "丝绸之路"这一概念,最早由德国地理学家费迪南·冯·李希霍芬(Ferdinand von Richthofen,1833—1905)于1877年提出,19世纪末20世纪初被译介到中国,自20世纪30年代起为中国学术界接纳,传播范围渐广。有关这一概念在近代中国的传播与接纳,参见邬国义:《"丝绸之路"名称概念传播的历史考察》,《学术月刊》2019年第5期。

② 有关"蒙古和平"的讨论,参见斯蒂芬·S.戈斯、彼得·N.斯特恩斯:《世界历史上的前近代旅行》,苏圣捷译,商务印书馆2015年版,第120—122页;Peter Jackson, *The Mongols and the West, 1221-1410*, Harlow: Pearson Longman, 2005。

到很大的提升。更为重要的是,蒙元的统治者为了保证庞大疆土上各区域的有效联系,巩固统治效力,设置了贯通欧亚大陆的"站赤"体系。蒙元统治者在征服各地的过程中,就极为重视洲际驿站系统的建设。据《蒙古秘史》①记载,成吉思汗去世之后不久,承继其位的窝阔台(1186—1241)就与察合台(1183—1241)、拔都(1209—1256)开始筹划设立横跨欧亚的驿站系统:

> 斡哥歹(笔者按,即窝阔台)合罕又降旨说:"成吉思合罕辛苦建立的国家,应该让它安宁,使百姓有所措手足。承继了罕父的现成的大位,这就不应该再使百姓受苦。……使臣来往,路远行迟,给予居民的累赘很多。现在可经常由各千户出站户和马夫,在各地设立驿站,使臣来往可以不惊扰百姓,沿着驿路前来。这些事情是察乃、不刺合答儿二人提出的,这都是对的,但是应当告知察阿歹兄(笔者按,即察合台)。派人去问察阿歹兄的意见,请他决定是否可以。回答是完全同意。他说:'照那样做吧!'又察阿歹兄使人来说:'我由此地设立驿路,又从此地遣使往巴秃(笔者按,即拔都)那里,使巴秃由那里设立驿路到我这里取得联系!'又派人来说:'全国设立驿路,这是一件极好的事情!'"②

察合台当时所居之处为阿里麻里(今新疆霍城),而拔都已远征至欧洲中部一带,可见窝阔台时期创制的驿站系统已经将欧亚大陆连起来。③

蒙古征服之后的13世纪欧亚大陆内部,据历史学家志费尼(1226—1283)所著《世界征服者史》记载:"造成一片和平安定的环境,实现繁荣富强,道路安全,骚乱止息;因此是有利可图之处,哪怕远在西极和东鄙,商人都向那里出发。……跟他们做买卖所得的利益,人所共知。"④大都(今北

---

① 《蒙古秘史》,又名《元朝秘史》,原名《脱卜赤颜》,蒙古文原意为"历史"。该书著者不详,约成书于元太宗窝阔台时期,详细记载了成吉思汗的祖先世系及相关传说、成吉思汗和窝阔台汗时期的事迹,是了解蒙元帝国早期历史最为重要的文献。
② 策·达木丁苏隆编译:《蒙古秘史》,谢再善译,中华书局1956年版,第274页。
③ 赵汝清:《从亚洲腹地到欧洲:丝路西段历史研究》,甘肃人民出版社2006年版,第261页。有关蒙元时期欧亚大陆陆路商路的概况,参见德山:《元代交通史》,远方出版社1995年版,第1—177页;周清澍:《蒙元时期的东西陆路交通》,载元史研究会编《元史论丛》第4辑,中华书局1992年版,第9—30页。
④ 志费尼:《世界征服者史》,何高济译,内蒙古人民出版社1985年版,第90页。

京)作为蒙元帝国的都城,各国商旅辐辏,是当时国际商贸活动的一大中心。《马可·波罗行纪》中的相关记载,极为生动地描写元大都国际贸易之繁荣:

> 汗八里城内外人户繁多,有若干城门即有若干附郭。此十二大郭之中,人户较之城内更众。郭中所居者,有各地往来之外国人,或来入贡方物,或来售货宫中。……凡卖笑妇女,不居城内,皆居附郭。因附郭之中外国人甚众,所以此辈娼妓亦夥,计有二万余,皆能以缠头自给,可以想见居民之众。外国巨价异物及百物之输入此城者,世界诸城无能与比。盖各人自各地携物而至,或以献君主,或以献宫廷,或以供此广大城者,或以献众多之男爵骑尉,或以供屯驻附近之大军。百物输入之众,有如川流之不息。①

蒙元时期,除了陆上丝绸之路的重新畅通,随着造船技术的进步、指南针和罗盘的应用,以及海洋知识的增长,海上丝绸之路的商贸活动在两宋时期的基础之上有了更进一步的发展。这一时期,中国与东亚、东南亚、印度洋、阿拉伯海、非洲东海岸一带的国家保持着频繁的商贸与人员往来。其中,泉州、广州、明州(今浙江宁波)、漳州是最为重要的对外贸易港口。由泉州出发的海外航线可达占城、三佛齐、阇婆、渤泥、菲律宾、印度蓝无里、故临及阿拉伯半岛、亚丁湾与非洲东部的弼瑟罗、层拔等地;广州的国际航线,向东可至摩逸、菲律宾,向西可达大食诸国(阿拉伯半岛以东至波斯湾)、西天诸国(印度、巴基斯坦等地)、中南半岛、马来半岛,甚至是非洲桑给巴尔岛。②明州的海外航线,除了传统上的日本、高丽,元时还可通往东南亚、南亚诸国。③

海上丝绸之路在这一时期空前繁荣,无论是来华经商人员,抑或是中国

---

① 沙海昂注:《马可·波罗行纪》,冯承钧译,上海古籍出版社2014年版,第192—193页。有关元大都在古丝绸之路上重要地位的讨论,参见罗炤:《元朝"丝绸之路"与元大都》,载北京市社会科学院历史研究所编《北京史论坛2014》,燕山出版社2015年版,第107—124页。
② 李军:《宋元"海上丝绸之路"繁荣时期广州、明州(宁波)、泉州三大港口发展之比较研究》,《南方文物》2005年第1期。有关元代对外交通之概况,参见冯承钧:《中国南洋交通史》,商务印书馆2017年版,第59—67页。
③ 刘恒武、马敏:《元代庆元港在对外贸易中的地位》,《中国港口》2014年第9期。

出海贸易的船只和人员,数量非常之多。双向的贸易,不仅为参与其中的普通商人带来了大量的财富,刺激国内的农业和手工业商品生产,还为元朝政府带来了大量的赋税收入。因此,蒙元较为鼓励海外贸易,并在东南沿海一带广设市舶司,管理海外贸易,征收商税:

> 元自世祖定江南,凡临海诸郡与蕃国往还互易舶货者,其货以十分取一,粗者十五分取一。以市舶官主之,其发舶回帆,必著其所至之地,验其所易之物,给以公文,为之期日。……每岁招集舶商于番邦,博易珠翠香货等物,及次年回帆,依例抽解,然后听其货卖。①

根据时人的观察,东南沿海这些设置市舶司的港口,对外商贸活动极其活跃。如泉州,入元之后,不仅成为"梯航万国"之要地,而且"蕃货远物、异宝奇玩之所渊薮,殊别别域富商巨贾之所窟宅,号为天下最"②。同样,元代的广州亦是"蕃舶凑集""视昔有加焉"。③浙东的宁波,更是一番"是邦控岛夷,走集聚高舶。珠香杂犀象,税入何其多"的繁盛景象。④

二、从边缘观察与表述中国:
《柏朗嘉宾蒙古行纪》与《鲁布鲁克东行纪》

13世纪三四十年代,成吉思汗的孙子拔都奉窝阔台之命率军西征,短短数年之中,先后歼灭了罗斯、波兰、匈牙利等国,将蒙古的统治区域拓展至中东欧一带。面对突然出现在眼前的强大敌人,基督教世界对其一无所知,除了恐慌之外,毫无他法以应对之。马修·帕里斯(Matthew Paris,1200—1259)曾经相当无奈地哀叹:"时至今日,没有任何途径可接近他们,他们也

---

① 宋濂等:《元史·食货二》,中华书局1976年版,第2401页。
② 吴澄:《吴文正公集·送姜曼卿赴泉州路录事司序》,载《元人文集珍本丛刊》,台北新文丰出版公司1985年版,第262页。
③ 《虞集全集·送常伯昂序》,王颋点校,天津古籍出版社2007年版,第573页。
④ 袁桷:《清容居士集·定海县重修记》,王颋点校,浙江古籍出版社2015年版,第512页。有关元代海外贸易的概况,详参陈高华:《元代的海外贸易》,《历史研究》1978年第3期;喻常森:《元代海外贸易》,西北大学出版社1994年版,第102—132页。

未曾离开过自己的国家,所以无法通过人类的普遍交往了解他们的习俗或人们。……他们闪电般地攻入基督教世界,烧杀抢掠,使每个人胆战心惊,无比恐惧。"①现实世界的威胁,迫使基督教世界不得不主动寻求获取尽可能详细的与蒙古有关的情报或知识,了解蒙古人的真实目的与风俗习惯。为此,教廷曾先后派遣审温·列边阿答(Simeon Rabban Ata)、安德·龙如美(André de Longjumeau)、阿思凌·隆巴儿底(Ascelin of Lombardia)出使蒙古。柏朗嘉宾(Jean de Plan Carpin,1182—1252)与鲁布鲁克(Guillaume de Rubrouck,约1220—1293)二人的蒙古之行,同样是发生在这一时代大背景之中。

(一)《柏朗嘉宾蒙古行纪》

柏朗嘉宾出生于意大利中部城市佩鲁贾(Perugia),与方济各(Francesco di Assisi,1182—1226)关系亲近,同为天主教托钵修会方济各会(Order of Friars Minor)的创始人。②1221—1239年,他担任萨克森修道院院长及省教长之职。1245年,教皇英诺森四世(Innocent IV)在法国里昂召集宗教会议,主题是"找到一种对付鞑靼人、其他反宗教分子及迫害基督教百姓的办法"。最后他派遣柏朗嘉宾等人前往蒙古汗廷,劝谕蒙古停止对基督教世界之征伐,并借机了解蒙古的真实情况,为教会制定应对之策提供可资参考的信息。关于这一点,柏朗嘉宾在其所撰游记的卷首,相当清楚地交代了此行之目的:

> 选择首先出使鞑靼人,是因为我们害怕即将有一种来自这一方向的危险威胁上帝的教会。……为了能够根据教皇陛下的命令而实现上帝的意志,为了替基督教效劳,我们至少要真正洞察这些民族的意图和计划,以将之揭示于基督教徒们。为了不使前者的突然入侵会使后者像过去多次由于人类的罪孽而造成的那种处于措手不及的境地,以及为了使基督教诸民族不会遭到大规模的杀戮,我们就难以钟爱自身了。③

---

① 转引自李兆庆:《王者的荣耀:拖雷家族》,中国国际广播出版社2019年版,第296页。
② 方济各会,因成员之间互称"小兄弟",故亦名"小兄弟会",提倡苦行,要求成员节欲守贫,以乞食为生计。13世纪末,意大利人约翰·孟德高维诺(Giovanni da Montecorvino,1247—1328)奉教皇之命来华传教,该会自此传入中国。
③ 柏朗嘉宾著,贝凯、韩百诗译注:《柏朗嘉宾蒙古行纪》,耿昇译,商务印书馆2018年版,第16页。

1245年4月,柏朗嘉宾自里昂束装启程,经布雷斯瓦(Breslau,今波兰弗罗茨瓦夫)、乞瓦(Kiev,今乌克兰基辅),于1246年4月抵达拔都设于伏尔加河沿岸之幕帐,自此由拔都所派之人一路护送至位于蒙古高原中心的哈剌和林。8月,柏朗嘉宾与同属方济各会的班努瓦(Benoît)参加了贵由(1206—1248)在哈剌和林举行的"忽里勒台",亲眼见证了蒙古大汗的登基典礼,并于此后递交了英诺森四世致贵由之信札。同年冬,柏朗嘉宾返程复命,于1247年11月回到里昂。柏朗嘉宾回到法国之后,根据个人在蒙古途中的亲身观察与其在旅途中从遇到的基督徒处听到的见闻,写成报告,呈交给教廷,即是本章将要讨论的《柏朗嘉宾蒙古行纪》(以下简称《蒙古行纪》)。[1]

柏朗嘉宾的游记涉及的范围比较广泛,包括蒙古的地理位置、气候条件、服饰、住宅、经济生活、婚姻状态、宗教信仰、饮食方式等方方面面。但是因为此前蒙古在西征过程中残酷的征服行动给基督教世界带来的震撼和伤痛,加之不同文明之间本身的差异,柏朗嘉宾对于以上诸多方面的描述较为负面。例如言及蒙古的疆域和自然禀赋,他尽管承认蒙古统治的地域范围空前辽阔,但是更为强调"该地区贫瘠到了难以用言辞表达的程度"[2]。再如,对于蒙古人及其社会风俗,《蒙古行纪》中,柏朗嘉宾一方面说他所接触到的蒙古人"互相尊重,彼此之间非常好客","也非常刻苦耐劳";另一方面,则是激烈地批评他们"是人类中最为盛气凌人和不可一世者,鄙视所有人,丝毫不尊重他人,无论是贵人与否","格外贪婪和吝啬,这是一些最为贪婪地向别人索求东西的无耻之徒",[3]甚至说"列举他们的陋俗恶习太费笔墨,我们确实无法将之一一记录下来"[4],简直可以说是罄竹难书了。在蒙古社会日常生活习惯方面,《蒙古行纪》则是从基督教世界的价值观和立场出发,完全没有考虑蒙古的自然条件限制和固有的社会风俗习惯:

---

[1] 《柏朗嘉宾蒙古行纪》,又名《蒙古史》(*L'Ystoria Monglorum*)。有关《柏朗嘉宾蒙古行纪》一书的资料来源、版本与译本情况,法国汉学家韩百诗(Louis Hambis, 1906—1978)进行过详细的介绍,参见柏朗嘉宾著,贝凯、韩百诗译注:《柏朗嘉宾蒙古行纪》,第9—15页。
[2] 柏朗嘉宾著,贝凯、韩百诗译注:《柏朗嘉宾蒙古行纪》,第20页。
[3] 同上书,第31—33页。
[4] 同上书,第33页。

  他们的食物是用一切可以吃的东西组成的。实际上,他们烹食狗、狼、狐狸和马匹的肉,必要时还可以吃人肉。所以,当他们举兵进犯契丹皇帝臣民们的一座城市时,由于他们围城的时间拖延太久,鞑靼人自己的给养也匮缺,已经粮绝草尽,没有任何可吃的东西了,于是便从十个人中选择一位供大家分吃。他们甚至还把母马生驹时分泌的液体及其马驹同时吞噬。更有甚者,我们还发现这些人吃虱子。他们确实曾说过:"既然它们吃过我儿子的肉和喝过他的血,难道我不应该把它们吃掉吗?"我们甚至还发现他们捕鼠为食。[1]

  13世纪,突然出现在基督教世界的蒙古人及其采取的残忍的军事征服政策,给后者带来了巨大的震撼和深深的恐惧,当时的基督教世界普遍以一种近乎妖魔的形象来描述这群来自遥远东方的蒙古人。《蒙古行纪》中诸如蒙古人杀人分食、吃虱子之刻画,无疑使得蒙古野蛮落后的形象在当时基督教世界的认知中更加刻板。

  前文提到,洞察蒙古人的"意图和计划",为基督教世界寻求应对之策,是柏朗嘉宾此番出使蒙古的目的之一。职是之故,《蒙古行纪》用了相当多的篇幅来描述和分析蒙古帝国的权力架构、军事征服过程、军事组织方式和战争策略。在柏朗嘉宾看来,蒙古帝国的强大与其皇帝集权的权力组织架构息息相关,这一权力组织架构同时是高度军事化的:

  鞑靼人的皇帝对所有人都具有非凡的权威。任何人都不敢在由皇帝为他指定的地点之外的任何地方居住。皇帝本人为那些大首领们指定驻扎地,大首领们又为千户长们指定驻地,千户长又为百户长、百户长为十户长依次指定驻地。另外,虽然皇帝为臣民时时处处都做了规定,无论是去进行征战、是活还是死,他们都不会制造障碍而只能俯首帖耳地服从。[2]

---

[1] 柏朗嘉宾著,贝凯、韩百诗译注:《柏朗嘉宾蒙古行纪》,第33页。
[2] 同上书,第45页。

柏朗嘉宾使行哈剌和林的时代,蒙古帝国统治的疆域、管理的族群已经相当庞大,既有数量众多的中国北方汉人,也包含蒙古人、吐蕃人、西域色目人以及中亚、中东欧复杂的族群,不同地域与族群的政治传统是复杂且多元的。面对复杂的族群政治,在血腥的征服之后,蒙古帝国并没有将自己固有的统治模式完全套用在治理其他族群的过程中,而是采用"因俗而治"的方法。然而,柏朗嘉宾并没有认识到蒙古统治方式的多元与灵活,而是将之简化为皇帝-大首领-千户长-百户长-十户长的政治架构,把蒙古描述成一个皇帝集权的高度军事化国家。《蒙古行纪》中类似这样的表述,所在多有,可以说是开近代欧洲知识界"东方专制"论断之先声。

曾经令基督教世界闻风丧胆的蒙古军队的组织方式、战争策略是柏朗嘉宾使行途中最为看重的方面。《蒙古行纪》中详细叙述了当时蒙古军队内部的组织与管理方法、武器装备、作战方法以及对待俘虏之法。柏朗嘉宾的观察细致入微,例如对于蒙古军队攻打城池的方法,书中载:

> 他们以下列方式攻占城堡。如果城堡已有准备,他们就把城池团团围住,在需要的时候还可以修一道围墙,以至于使任何人既不能入城,也不能出城。他们再用锋利的武器和箭猛攻,昼夜不停地战斗,以使堡寨的占据者们不得休息。但鞑靼人自己则可以休息,因为他们把自己的部队分成了小股而轮番战斗,以避免过分疲乏。如果他们这样还攻夺不下城堡,便投射希腊火硝。他们有时甚至还会把已杀死人的肉体脂肪熔化后泼到房舍上去。如果火引着了这些油脂,燃烧起来是无法扑灭的。[①]

柏朗嘉宾花费大量笔墨介绍蒙古军队的装备和战争策略,是为了让当时的基督教世界对于侵入欧洲的蒙古人有尽可能详备和准确的认识,为将来可能发生的军事冲突做好准备。在这种强烈的现实关怀的驱使下,《蒙古行纪》特辟一章,柏朗嘉宾根据其所观察到的蒙古军事方面的特质,就当时基督教世界如何应对蒙古的军事威胁,提出针对性的建议。例如,柏朗嘉宾

---

① 柏朗嘉宾著,贝凯、韩百诗译注:《柏朗嘉宾蒙古行纪》,第56—57页。

认为蒙古军队的组织架构是保障其战力强大的重要原因,于《蒙古行纪》中建议基督教世界效法蒙古,进行军事改革:

> 必须像鞑靼人那样地组织军队,要由千夫长、百夫长、十夫长和大首领来统率和划分军队。完全如同鞑靼人那样,这些大首领们绝对不要亲自参加战斗,而是应该监视和组织军队。应该发出通令,部队无论是在战斗中或在其他地方都要共同前进,完全要有组织地行动。①

因为柏朗嘉宾是经中欧、中亚到达位于蒙古高原中心的哈剌和林,没有亲身涉足过当时处于蒙古统治下的中国北部,他所接触到的只有为数有限的居住在哈剌和林的汉人工匠和僧道,对于中国的了解较为有限。总体来看,《蒙古行纪》中有关"中国"——更准确地说应该是"契丹"——的叙述并不是特别准确。《蒙古行纪》载:

> 契丹人都是异教徒,他们拥有自己特殊的字母,似乎也有《新约》和《旧约》,同时也有神徒传、隐修士和修建得如同教堂一般的房舍,他们经常在其中进行祈祷。他们也声称拥有自己的圣人,崇拜唯一的一尊神,敬重我主耶稣基督,信仰永恒的生命,但却从不举行任何洗礼。他们敬重和崇拜我们的《圣经》,爱戴基督徒,经常大量施舍。他们表现为通融之士和近乎人情。他们不长胡须,面庞形状非常容易使人联想到蒙古人的形貌,但却没有后者那样宽阔。他们所操的语言也甚为独特。世界上人们所习惯从事的各行业中再也找不到比他们更为娴熟的精工良匠了。他们的国土盛产小麦、果酒、黄金、丝绸和人类的本性所需要的一切。②

较之以往,柏朗嘉宾对于中国所作的描述有了很大的突破,对于中国人的外貌、语言和经济生活状况的描述,大体上与事实相差不远。根据韩百诗

---

① 柏朗嘉宾著,贝凯、韩百诗译注:《柏朗嘉宾蒙古行纪》,第68页。
② 同上书,第39—40页。

的考证,柏朗嘉宾此处所指的"如同教堂一般的房舍",应该是汉人的寺院一类的建筑物,而所谓"《新约》和《旧约》",大概是宗教文献。① 然而必须承认的是,因为柏朗嘉宾没有亲身到过中国文明的核心区域,《蒙古行纪》中的相关描述总体上显得含混不清,有些地方依旧难脱夸张之旧习。首先,当时蒙古统治下的中国北方,佛、道的势力最大,儒学虽不能与之前同日而语,但亦在延续,三类人在外观上有着明显的差异,而《蒙古行纪》中将之笼统地概括为"异教徒",对所描述的宗教经典、宗教建筑不加甄别,混作一团,使得当时的基督教世界误以为中国人信仰的是同一种宗教。其次,尽管蒙元时期的中国存在一批信仰基督教的中国人,但是数量毕竟有限,柏朗嘉宾在《蒙古行纪》中说中国人"敬重我主耶稣基督"和"崇拜我们的《圣经》,爱戴基督徒,经常大量施舍",显然不符合实际情况。柏朗嘉宾此处故意夸大中国人对于基督教的热爱,或许是为了吸引教廷派遣传教士前往东方传教,亦未可知。

(二)《鲁布鲁克东行纪》

在柏朗嘉宾返回欧洲之后不久,多明我会(Dominican Order/Order of Preachers)② 会士安德烈、阿思凌(即昂塞伯)也曾接受教廷的派遣,先后出使蒙古汗廷,并在返程之后将所搜集到的与蒙古有关的信息汇报给罗马教廷与欧洲上层社会。比较可惜的是,安德烈等人并没有留下其使行蒙古的文字记录,今人无由获知其对当时蒙古或中国的具体观察与认知。在13世纪的基督教世界中,《鲁布鲁克东行纪》(以下简称《东行纪》)是继《蒙古行纪》之后又一部涉及中国知识的完整游记。较之柏朗嘉宾,鲁布鲁克的《东行纪》在表述中国的准确性方面有了进一步的提高,涉及的内容也有所扩展。

鲁布鲁克生于法国北部的佛兰德斯(Flanders),为方济各会士,后来进入法兰西国王路易九世(Louis IX,1214—1270)的宫廷服务。1249年春,鲁布鲁克随路易九世及欧洲十字军东征埃及,战败被俘,后随残部抵达巴勒斯坦的托勒密。1252年2月,鲁布鲁克携带路易九世致拔都之子撒里

---

① 柏朗嘉宾著,贝凯、韩百诗译注:《柏朗嘉宾蒙古行纪》,第115页。
② 多明我会,又名"多米尼克派",由西班牙人多明我(St. Dominic,1170—1221)于1217年创立,是天主教托钵修会的主要派别之一。该会非常热衷于传教事业,并极力排斥所谓宗教异端,后世臭名昭著的宗教裁判所,即曾为其主持。明崇祯四年(1631),多明我会会士安吉·高奇(Ange Cocchi)自菲律宾抵达福建福安县传教,建立教堂,吸收信众,该会自此传入中国。

答(?—1256)和蒙古大汗蒙哥(1209—1259)的信札,沿着柏朗嘉宾此前返程的路线,前往蒙古汗廷。鲁布鲁克此次出使,并未明确说明其真正目的,《东行纪》的卷首部分仅交代说:"不管我是采取何种方式,既然在我向你告辞时,你吩咐我把在鞑靼人中的见闻向你报告,而且还告谕我说,不要怕写长信,所以我按你对我的吩咐办。"①据这部游记的中文译者何高济先生推测,鲁布鲁克克服种种困难前往蒙古汗廷,"可能带有一种窥探蒙古人动向的目的",是产生于"当时欧洲正在进行所谓的十字军战争,蒙古人的兴起使教皇和欧洲的君王意识到这股可怕的力量的存在,他们需要摸清蒙古人的情况,以便决定能否和蒙古人联合起来共同对付伊斯兰教势力"②这一时代大背景之中。

鲁布鲁克自君士坦丁堡启程出发,首先到达撒里答的营帐,向其呈交路易九世所致之信札,撒里答随后派员护送鲁布鲁克抵达其父拔都之营帐,再由该处一路向东,最终于1253年、1254年之交抵达蒙古的营帐。在觐见蒙哥,递交路易九世所致信札之后,鲁布鲁克并没有西返,而是继续向东,前往哈剌和林。鲁布鲁克曾经同蒙哥数次会面,并于其间提出继续留在蒙古当地传播福音的请求,但最终未获允许。鲁布鲁克在哈剌和林逗留一段时间以后,于1254年8月启程,返程复命。经过一年多长途跋涉,鲁布鲁克于1255年到达地中海沿岸的的黎波里,计划由此地横渡地中海,返回法国面见路易九世。然而,的黎波里当地方济各会的主教不允许他继续前往法国,而是将其带至阿克里,命令他在该地将出使蒙古的见闻记录下来,再派员呈交给法国的路易九世。鲁布鲁克在阿克里撰写的这份出使蒙古期间的见闻录,即是《东行纪》。③

尽管时代背景都是蒙古军队巨大的军事威胁,主题也都是围绕着基督教世界所知甚少的蒙古而展开,但是与柏朗嘉宾的《蒙古行纪》不同的是,鲁布鲁克的《东行纪》并没有将重点集中于蒙古的军事。书中,除了描述其与

---

① 鲁布鲁克著,柔克义译注:《鲁布鲁克东行纪》,何高济译,商务印书馆2018年版,第184页。
② 同上书,第166页。
③ 有关鲁布鲁克出使蒙古的时代背景,尤其是柏朗嘉宾返回欧洲后至鲁布鲁克前往蒙古前基督教世界与蒙古的交往,以及《东行纪》的版本情况,美国汉学家柔克义(William Woodville Rockhill, 1854—1914)在为该书英文译注本所作之序言中,进行了比较详细的梳理,参见鲁布鲁克著,柔克义译注:《鲁布鲁克东行纪》,第168—180页。

撒里答、拔都、蒙哥等蒙古上层统治者的直接接触，鲁布鲁克重点介绍了蒙古人的日常生活，诸如蒙古包的样式及组装方法、食用肉食的方式、"马奶子"的制作方法、衣料的来源、狩猎方式、男子发式、妇女妆容及其在社会分工中扮演的角色、婚丧风俗、法律制度等方方面面。《东行纪》中有关这些方面的描述细腻生动，例如蒙古人的宴饮仪节，《东行纪》载：

> 当他们聚会畅饮的时候，他们首先把酒洒向主人头上的那个像，然后依次洒其他的像。接着一名仆人拿着杯子和酒走出屋外，三次向南方洒酒，每次都下跪，那是向火献祭；再就是东方，那是祭空气；又向西祭水；向北方则是向死者献祭。主人举杯在手欲饮，他先倾洒些在地上，如果他是乘马饮酒，那他饮前先洒点在马颈或马鬃上。①

以上描述的蒙古社会的宴饮仪节，是基于蒙古对于自然的崇拜和敬畏的悠久传统，与当时基督教世界的宴会社交迥然不同，而鲁布鲁克在《东行纪》中除了细致地呈现这一仪节，并没有从基督教价值观和欧洲社会传统出发来对蒙古的宴饮仪节进行价值评判。这与柏朗嘉宾在《蒙古行纪》中的做法存在着根本的差别。

再如，柏朗嘉宾和鲁布鲁克都在其游记中描述过蒙古人的饮食，前文曾提到柏朗嘉宾对于蒙古饮食的描述相当负面，而鲁布鲁克在其《东行纪》中尽管说蒙古人"不加区别地吃一切死去的动物"②，但总体上没有带有浓重的感情色彩：

> 在夏天，只要有忽迷思，即马奶子，他们就不在乎其他食物。所以在这时如碰巧有牛马死去，他们便把它切成细条，挂在太阳下通风的地方弄干，因此肉很快失去盐分而变成没有怪味的干肉。他们用马的内脏制成腊肠，比猪肉的味道更佳，但他们是生吃。剩下的肉他们留下过

---

① 鲁布鲁克著，柔克义译注：《鲁布鲁克东行纪》，第191页。
② 鲁布鲁克认为蒙古人吃死去动物不是毫无理由的，而是存在现实原因，那就是以游牧为业的蒙古，"那么多的羊群牛群，必然会有很多牲口死去"。参见鲁布鲁克著，柔克义译注：《鲁布鲁克东行纪》，第193页。

冬。……一头羊的肉可供五十或一百人食用;他们把肉切得很薄,放在盘里用盐水浸泡,因为他们没有别的佐料。然后他们拿特制的尖刀或叉子,颇像我们吃煮梨或苹果用的刀叉,把肉按照客人的多寡分给每人一口或两口。在这之前,还没有上肉,主人先挑选他看中的,如他给人一片肉,那么按照习惯,接受的人要自己吃掉它,不可以给别人。但是,如果他不能吃完,那他得把肉随身带走,或者把它交给随身的仆人,由仆人保存。①

柏朗嘉宾对于蒙古人杀人分食、吃虱子的描述,给基督教世界营造出一种蒙古野蛮落后的印象,而《东行纪》中的相关描述更加接近单纯的客观陈述,读者可以从中看出鲁布鲁克的好恶倾向。较之《蒙古行纪》,《东行纪》中的蒙古人,不再是杀人如麻、黑面獠牙的战争狂魔,也不尽是四处劫掠的野蛮之徒,而是另一种有血有肉的人类,与其他族群一样,有好有坏。

鲁布鲁克与他的前辈柏朗嘉宾一样,蒙古之行的终点为蒙古高原中心的哈剌和林,没有亲身到过中原一带,《东行纪》中对于汉地中国所作之描述,大体上基于其在哈剌和林接触过的中国人以及在该地之听闻。②尽管如此,《东行纪》中对于中国的认识与表述,仍然有了相当大的突破。鲁布鲁克最为重要的贡献,是第一次向基督教世界明确说明其古典文献中记载的"赛里斯人"或"丝儿人",正是现在已被蒙古部分征服的"契丹人"。③《东行纪》载:"大契丹,我认为其民族就是古代的丝人。他们生产最好的丝绸(该民族把它称为丝),而他们是从他们的一座城市得到丝人之名。"④鲁布鲁克关于"丝人"之名源于中国一座城市的观点仍属无根之谈,他从何获取这种信息不可得知,但《东行纪》已经准确无误地认识到中国(契丹)人-丝绸-赛里斯

---

① 鲁布鲁克著,柔克义译注:《鲁布鲁克东行纪》,第193页。
② 《东行纪》记载,哈剌和林城中除了蒙古大汗的宫殿区,其余城区分为两个部分,其中之一是"契丹人(中国人)的城区,他们全是工匠",而在这两个城区之外,尚有"十二座各族的偶像寺庙,两座清真寺"。(鲁布鲁克著,柔克义译注:《鲁布鲁克东行纪》,第282页)由此可以推测,鲁布鲁克在哈剌和林所能接触到的中国人应该主要是汉人工匠、和尚、道士之流。
③ 有关西方古典文献时代"赛里斯人"或是"丝儿人"之表述及其语源,参见Gościwit Malinowski:《"赛里斯—中国"语源新探》,王承丹译,《中华文化论坛》2020年第3期;艾田蒲:《中国之欧洲》,许钧、钱林森译,河南人民出版社1994年版,第7—8页。
④ 鲁布鲁克著,柔克义译注:《鲁布鲁克东行纪》,第244页。

人(丝儿人)之间的关联性,厘清了长期以来赛里斯人模糊不清的形象。

除此之外,鲁布鲁克还在《东行纪》中向当时的基督教世界描述了一些他亲眼观察到或是亲耳听到的与中国相关的信息,其中既包括南宋的地理位置、中国人的生理特征,也涉及中国人的某些生活方式:

> 该国土内有许多省,大部分还没有臣服于蒙古人,他们和印度之间隔着海洋。这些契丹人身材矮小,他们说话时发强鼻音,而且和所有东方人一样,长着小眼睛。他们是各种工艺的能工巧匠,他们的医师很熟悉草药的性能,熟练地按脉诊断;但他们不用利尿剂,也不知道检查小便。这是我亲眼所见。他们有很多人在哈剌和林,按他们的习惯作法,子承父业。①

因为是亲眼所见,鲁布鲁克对中国人的生理特征、中医诊疗方法和蒙元时期匠户制度的描述与实际情况并无任何差别,既无夸张之处,也不包含好恶褒贬。《东行纪》中这些有关中国的记述,给当时的基督教世界传递了较为精确的"中国知识"。

至于当时在蒙古统治下中国通行的纸币,以及中国文字的书写方式,鲁布鲁克也将其载入游记当中。《东行纪》载:"契丹通行的钱是一种棉纸,长宽为一巴掌,上面印有几行字,像蒙哥印玺上的一样。他们(即契丹人)使用毛刷写字,像画师用毛刷绘画。他们把几个字母写成一个字形,构成一个完整的词。"②纸币在宋代中国即已出现,元世祖中统元年(1260),元政府正式发行中统宝钞,建立了完整的纸币流通制度。《东行纪》中所言之纸币,应该是大蒙古国时期发行的"博州会子"或"交钞"。

鲁布鲁克本身是天主教方济各会的会士,深厚的宗教背景使得他在出使蒙古期间特别注意所看到的宗教现象。13世纪之后,随着蒙古对西藏的征服,藏传佛教也开始随着蒙古征服的步伐传播到各地。鲁布鲁克亲身接触过藏传佛教的僧众,并与之进行过交流。《东行纪》较为详细地向基督教

---

① 鲁布鲁克著,柔克义译注:《鲁布鲁克东行纪》,第244页。
② 同上书,第270页。

世界介绍了藏传佛教僧众的装扮、宗教仪式等方面的内容:

> 和尚都剃光了头,穿上红色袍子,同时他们从剃头那天起就戒绝肉食,一百或二百成群居住。他们进寺之日,摆上两条板凳,然后他们坐在设坛的地方,对着坛,手捧经卷,有时就把经卷放在凳子上。他们在寺里都光着头,默默念经,保持安静。……他们到任何地方都手拿一串有一百或二百的念珠,像我们的念珠一样,口里总是不断地念:"阿弥陀佛。"其中一人向我解释说,那意思是:"神,你知道。"……他们到任何地方都穿上相当紧身的红色衣袍,像法兰克人那样有腰带,而且他们在左肩上披一件袈裟(pallium),绕到胸部和右背,像四旬斋时助祭所披的法衣(casula)。①

上文提到,柏朗嘉宾在《蒙古行纪》中将当时中国的宗教混作一谈,相关的描述相当含混不清。而鲁布鲁克在《东行纪》中,比较准确地向当时的基督教世界描述了其所看到的藏传佛教的相关情况。

《东行纪》在深化基督教世界认识中国方面的另一大贡献是提供了有关西藏和女真方面的情况,此前欧洲对这两个生活在中国境内的族群所知甚少。鲁布鲁克的东方游历止步于哈剌和林,没有涉足过西藏,故而《东行纪》中对于西藏地理位置、社会风俗的记载来自传闻。鲁布鲁克认为西夏(唐兀)一侧,社会风俗较为奇特:

> 这支民族有吃他们已死父母的风俗。他们为虔诚之故,不给他们的父母找墓穴,而把他们葬在肚里。不过,因为各族都认为这是恶行,他们已把这种做法抛弃。但他们仍然用他们父母的头盖制作精美的杯子,所以每逢用这种杯子喝酒时,他们在欢乐中不忘父母。这事是一个眼见的人告诉我的。②

---

① 鲁布鲁克著,柔克义译注:《鲁布鲁克东行纪》,第239页。
② 同上书,第242—243页。

至于已经被蒙古征服的金朝女真人,鲁布鲁克则是在哈剌和林亲眼见过与高丽人一道前来的女真人,并仔细描述了他们的冠服:

> 他们身材矮小,像西班牙人那样黑黑的,穿的衣袍像教会助祭的法衣(supertunicale),只是袖子窄些。他们头戴一顶像主教法冠的帽子,前面比后面略矮,而且它并不是尖顶,却是方顶,由黑色硬麻布制成,擦得亮亮的,在太阳光下像镜子或擦亮的头盔那样闪光。鬓角上有两条用同样材料制成的长带,系在法冠上,刮风时带子像两只角,从鬓角往上竖。当刮猛烈的大风时,他们把带子从鬓角盘绕在法冠上,活像头上戴着一个圆箍;它真是件漂亮的头饰。每当大使臣入朝宫廷,他都携着一块擦得光亮的大约一腕尺长、半掌宽的象牙板。他每次跟汗或某个大臣谈话,总是望着那块板,好像上头有他要说的话,而且他不左右张望,也不面对跟他讲话的人。同样,当朝见君王和退朝时,他只望着他的板,从不看别的什么。①

《东行纪》中看到的女真人和高丽人头上所带的像是"主教法冠"的头饰,应该就是宋、金、元时期官场流行的幞头,而他所看到的大臣所带的"大约一腕尺长、半掌宽的象牙板",正是中原王朝官员的"笏"。从鲁布鲁克的描述来看,当时东北女真上层在蒙元时期已经相当汉化了,与中原士大夫无异。

虽然柏朗嘉宾与鲁布鲁克两次出使蒙古仅仅相距七年的时间,但无论是在表述中国的准确性方面,还是在所呈现的与中国相关的知识的丰富程度方面,《东行纪》均比《蒙古行纪》有了相当大的进步。透过鲁布鲁克的笔端,中国的形象在当时基督教世界中开始清晰起来,西方古典文献记载中那个形象模糊、介于传说与真实之间的"丝儿国",即是西方人能够亲自接触到的"契丹"。尽管两者相隔遥远,中国的地理位置、人群语言、宗教信仰、生理特征和经济活动的真实情况,已经开始进入基督教世界的知识系统内部。

---

① 鲁布鲁克著,柔克义译注:《鲁布鲁克东行纪》,第 243 页。

三、整体性中国的呈现:《马可·波罗行纪》

无论是柏朗嘉宾的《蒙古行纪》,抑或是鲁布鲁克的《东行纪》,因为它们的作者东行止于蒙古高原中心的哈剌和林,未曾涉足过中国文明的核心地区,所以这两部游记对于中国的表述,或是基于作者在哈剌和林与中国工匠、僧侣的亲身接触,或是转述他人的传闻之辞。《蒙古行纪》和《东行纪》中与中国有关的内容,大体上可以视作从边缘对中国的表述或想象。尽管它们在相当大的程度上丰富了当时基督教世界有关中国(当时称作"契丹")的认识,但是它们提供的信息是不系统的。中国虽然已经不是那个介于传说与事实之间的遥远的东方国度,但形象仍然很笼统,它的疆域有多大? 政治架构是怎样的? 民众的物质生活状况如何? 这些基督教世界迫切需要知道的信息,《蒙古行纪》《东行纪》没有提供,也没有能力提供。这样一种情况,直至13世纪末《马可·波罗行纪》的出现,才有了根本的改变。

马可·波罗(Marco Polo,1254—1324)出身于意大利威尼斯的一个商人家庭,他的伯父、父亲和叔父均以经商为业。波罗家族的商业活动不仅仅局限在意大利,还曾在君士坦丁堡与克里米亚东南岸的索尔得亚一带进行贸易,设立过商业据点。1260年,马可·波罗的父亲尼柯罗·波罗与叔父马菲奥·波罗从威尼斯出发,到钦察汗国贩卖货物,接着一路向东到达察合台汗国,然后再跟随旭烈兀(1217—1265)派往元朝的使臣继续东行,最终于1265年抵达元上都(今内蒙古锡林郭勒盟正蓝旗)。居留上都期间,尼柯罗、马菲奥兄弟受到元世祖忽必烈(1215—1294)的接见。据马可·波罗后来说,忽必烈命令尼柯罗、马菲奥兄弟二人返回欧洲,通知教皇派遣有能力"证明基督教为最优之教,他教皆为伪教"之传教士百人前往中国,并携带耶路撒冷基督墓上之灯油一同前来。[①]

尼柯罗、马菲奥兄弟返回意大利之后,并没有即刻返回上都复命,而是在意大利居留了很长一段时间。1271年,尼柯罗、马菲奥兄弟启程,并携带年轻的马可·波罗一道出发,前去忽必烈处复命。经过近四年的长途跋涉,

---

① 沙海昂注:《马可·波罗行纪》,第11页。

他们最终于1275年夏抵达上都,马可·波罗自此开启了长达十七年的中国岁月。其间,通晓多种语言的马可·波罗获得了忽必烈的赏识,奉命出使各地,足迹遍布元朝统治下的绝大部分中国地区。1291年,趁着护送阔阔真(Cocacin)公主前往伊利汗国与阿鲁浑汗(1258—1291)成婚的机会①,马可·波罗与父亲、叔父自泉州出发,经海道返程,于1295年回到故乡威尼斯。次年,热那亚组织舰队进攻威尼斯,马可·波罗参加了家乡的舰队,但战败被俘。狱中,他将游历东方各地的见闻讲述给同为被俘之人,善于撰写骑士小说的作家鲁斯谦诺(Rustichello)将其记录下来,即是在后世广为流传的《马可·波罗行纪》。②因为这部著名的游记当中确实存在一些夸大事实、自吹自擂的内容,因此马可·波罗是否真实存在,马可·波罗本人是否真的到过中国,以及该书的真伪,长期以来受到中西学术界的广泛质疑。最后经过元史专家杨志玖(1915—2002)的仔细考证,找到了马可·波罗到过中国的切实证据,《马可·波罗行纪》的内容也大体属实。③

成书于13世纪中期的《蒙古行纪》《东行纪》对于中国的表述较为片段化,不够系统,除了柏朗嘉宾和鲁布鲁克二人的学识素养有限,最主要的原因是在他们出使蒙古的时代,蒙古正处于与南宋的对峙拉锯中,统治区域仅涵盖中国北方的金朝和西夏故境。更为重要的是,在贵由、窝阔台和蒙哥的时代,蒙古统治策略大体上还维持着草原或内亚本位,所以蒙古帝国的政治中心位于草原。在这种情况下,以朝见蒙古大汗为主要使命的柏朗嘉宾和鲁布鲁克,自然就止步于哈剌和林,对于中国的认识较为有限,没有办法将

---

① 伊利汗国虽然远在西亚,但是一直遵循迎娶蒙古卜鲁罕部女子为王后之传统。1290年,阿鲁浑汗王后去世,元世祖忽必烈下令将卜鲁罕部女子阔阔真配与阿鲁浑。1292年,阔阔真抵达伊利汗国都城大不里士(今为伊朗东阿塞拜疆省会),时阿鲁浑汗已经过世一年,阔阔真后嫁于阿鲁浑之子合赞(1271—1304)。

② 有关20世纪以来中国对于《马可·波罗行纪》的介绍与研究,参见邬国义:《马可·波罗及〈游记〉在中国早期的传播》,《学术月刊》2012年第8期;杨志玖:《马可·波罗在中国》,载《杨志玖文集》,中华书局2015年版,第149—174页。

③ 对于马可·波罗是否游历过中国的质疑,参见 Herbert Franke, "Sino-Western under the Mongol Empire," *Journal of the Royal Asiatic Society*, Vol.6(1996), pp.49-72; Frances Wood, *Did Marco Polo Go to China?* London: Secker & Warburg, 1995。杨志玖根据在《永乐大典》中保存的一则元代公文,证明马可·波罗确实来过中国,《马可·波罗行纪》确有所本。参见杨志玖:《马可·波罗在中国》,载《杨志玖文集》,第96—119页。关于马可·波罗来过中国这一议题的最新讨论,参见 Hans Ulrich Vogel, *Marco Polo was in China: New Evidence from Currencies, Salts and Revenues*, Leiden: Brill, 2013。

一个整体性的中国呈现给当时的基督教世界。到了马可·波罗时期,不仅南宋被蒙元彻底征服,疆域上实现一统,而且蒙元统治的草原或内亚本位已经松动,统治的重心也转移到人口众多、经济富庶的农耕文明区,大都变成了蒙元新的政治中心。蒙元帝国自身统治策略的转变,使得在这一新的历史时期前来的马可·波罗能够深入中国文明的核心区域,并在其游记中间尽可能完备地描述他的所见所闻,一个整体性的中国开始浮现在当时基督教世界的知识谱系之中。

《马可·波罗行纪》对于整体性中国的呈现,首先就体现在马可·波罗介绍的中国区域非常广大:从西到东依次为叶尔羌(中心在今新疆喀什一带)、于阗(今新疆和田)、培因(今新疆策勒)、车尔成(今新疆若羌)、罗布卓尔、哈密、沙州(今甘肃敦煌)、肃州(今甘肃酒泉)、甘州(今甘肃张掖)、凉州(今甘肃武威)、黑水城、天德、察罕脑儿、上都;向北则是亦集乃(今内蒙古额济纳旗)一直到哈剌和林;从大都向西南则是涿州、太原、平阳、西安、关中一带,从关中再向西南则是利州、成都、西藏,从西藏向东则是建昌、丽江、大理,自淮安向南则是宝应、高邮、泰州、扬州、南京、镇江、巢湖、苏州、杭州、衢州、信州、泉州、福州。马可·波罗所述及的区域,包含了自西向东、从南到北的绝大多数区域,使当时的基督教世界可以借此了解中国内部的地理概况。马可·波罗在谈到每一个地域的时候,还会简要概述各个地方的历史与风土人情,在为西方读者呈现一个整体中国的同时,能够使其了解到疆域辽阔的中国内部的多样性。例如,《马可·波罗行纪》在言及山东东平之处,云:

> 沿途在在皆见有不少环墙之城村,外颇美观,内甚繁盛。居民是偶像教徒,人死而焚其尸,臣属大汗,使用纸币,执商工业,适于生活之百物悉皆丰饶。……中定府是一极大之城市,昔日曾为国都,大汗曾用兵力征服。此城为此地一带最大之城,有商人无数经营大规模之商业,产丝之饶竟至不可思议。此外有园林,美丽堪娱心目,满园大果。应知此中定府城所辖巨富城市十有一所,商业茂盛,产丝过度而获利甚巨。[1]

---

[1] 沙海昂注:《马可·波罗行纪》,第 270 页。

除了介绍东平府城乡风貌、经济活动与物产和社会风俗,《马可·波罗行纪》还介绍了元世祖中统三年(1262)曾经波及当地的李璮(?—1262)之乱:

> 大汗曾命其男爵一人,名李璮将军(Liytan sangon),率军约八万骑,戍守此城及此州境。此将守境无几时,遂谋叛,并劝此州绅耆共叛大汗。于是彼等共推李璮为主,而举叛旗。大汗闻讯,遣其男爵二人,一名阿术(Eguil),一名茫家台(Mangatay),率骑兵十万及步兵甚众,往讨。惟此次叛事极为严重,盖李璮与此州及附近从叛之人,数逾十万骑,且有步兵甚众也。虽然如是,李璮与其党大败,讨叛之二男爵大胜。①

《马可·波罗行纪》在描述中国区域的过程中,将当地的经济活动、社会风俗与区域的历史事件结合起来,为西方读者提供了丰富的历史信息,也加深了其对中国之了解。

马可·波罗在其游记中对于整体性中国的呈现,其次体现在书中较为完整地描述了蒙元帝国的权力构造。上文提到,无论是柏朗嘉宾的《蒙古行纪》,还是鲁布鲁克的《东行纪》,其对于蒙古权力结构的关注,本质上都可归为草原或者是内亚本位,突出蒙古大汗在蒙古军事体系中的绝对权威。在忽必烈改变统治策略,将政治的重心转向中国农耕文明地区之后,蒙古人以及蒙古统治方式的核心要素,仍然在蒙元政治中发挥着相当重要的作用。其中,以"怯薛"为代表的蒙古宿卫群体,既是蒙古大汗最为倚重的政治力量,也是维持蒙古政治特权的重要途径。②马可·波罗敏锐地注意到了这一点,《马可·波罗行纪》概述了由蒙古上层组成的宿卫与蒙元皇帝的亲密关系:

> 大汗之禁卫,命贵人为之,数有一万二千骑,名称怯薛歹,法兰西语

---

① 沙海昂注:《马可·波罗行纪》,第270—271页。
② 有关"怯薛"在蒙元政治中扮演的重要角色,参见屈文军:《元代怯薛新论》,《南京大学学报(哲学·人文科学·社会科学版)》2003年第2期;刘晓:《元代怯薛轮值新论》,《中国社会科学》2008年第4期。

犹言"忠于君主之骑士"也。设禁卫者,并非对人有所疑惧,特表示其尊严而已。此一万二千人四将领之,每将各将三千人。而此三千人卫守宫内三昼夜,饮食亦在宫中,三昼夜满,离宫而去,由别一三千人卫守,时日亦同,期满复易他人。①

对于这群围绕在蒙元皇帝身边的蒙古上层,马可·波罗介绍说他们得到的待遇极其优渥,每年赐给衣服各十三次,"每次袍色各异,此一万二千袭同一颜色,彼一万二千袭又为别一颜色,由是共为十三色",不仅衣服的数量多,而且比较珍贵,"上缀宝石、珍珠及其他贵重物品","彼等服之,俨同国王"。②除此之外,《马可·波罗行纪》中还详细描述了蒙古大汗游猎、巡幸、"四皇后"等具有内亚草原属性的制度。

蒙元统治的区域极其广阔,除了草原和内亚地区,还包括人口众多、经济繁盛的汉地,后者为帝国的运作提供了绝大多数的农业和手工业产品。为了管理这一区域,蒙元延续了此前中原王朝的治理方式。马可·波罗也充分认识到了这一点,《马可·波罗行纪》在介绍了元朝的蒙古属性之后,也向当时的基督教世界介绍了蒙元在汉地的制度安排:

> 大汗选任男爵十二人,指挥监察其国三十四区域中之要政。……此十二男爵同居于一富丽之宫中,宫在汗八里城内。宫内有分设之房屋亭阁数所,各区域有断事官一人、书记数人,并居此宫之内,各有其专署。此断事官及书记等承十二男爵之命,处理各区域之一切事物。事之重大者,此十二男爵请命于君主决之。
>
> 此十二男爵权力之大,致能自选此三十四区域之藩主。迨至选择其所视为堪任之人员以后,入告于君主,由君主核准,给以金牌,俾之授职。……其名曰省,此言最高院所是已。③

以上所说的十二男爵,应是元代中书省、枢密院、御史台的高级别官员,

---

① 沙海昂注:《马可·波罗行纪》,第175页。
② 同上书,第182—183页。
③ 同上书,第198—199页。

而所谓"三十四区域",则是十二个行省与二十二个廉访司。这基本上是蒙元为管理原来金朝、南宋区域内事务而沿用的中原王朝的政治制度。

《马可·波罗行纪》涉及的内容非常丰富,并不止于以上谈到的两点,还向当时的基督教世界介绍了中国的"偶像崇拜"(佛教、道教)与富庶的经济等很多方面的内容。概言之,这部游记给西方呈现出一个疆域辽阔、人群多样、政治多元、经济富庶的完整中国的形象,更加激发了处于中世纪末期的欧洲对于这一东方国度的强烈好奇和向往。

(耿勇,上海社会科学院世界中国学研究所助理研究员)

第二章　东风西渐：海上丝绸之路与传教士汉学

自古以来，不同文明之间的交流互鉴始终是推动人类文明进步的重要力量，而在过去的几个世纪中，东西方之间的交流达到了前所未有的高峰。其中，海上丝绸之路和传教士汉学在这一进程中发挥了重要的作用，将东方的智慧和文化传播到了西方，促进了中西方世界的相互了解和交流。

海上丝绸之路，是古代中国与外国交通贸易和文化交往的海上通道，也称"海上陶瓷之路"和"海上香料之路"。这条海上航线形成于秦汉，兴于唐宋，转变于明清。15世纪以降，葡萄牙、西班牙等国家的航海家开辟出从欧洲直达印度和中国的新航道，发展对东方的直接贸易。这种贸易带来了巨大的繁荣，拓展了以中国丝绸为主要输出品的古代海上丝路的原有外延，也带动了文化和知识的交流。

在这一过程中，传教士汉学发挥了重要的作用。随着新航路的开辟，大批传教士跟随商队通过海上丝绸之路抵达东方，致力于传播基督教信仰，掀起在华传教的第三次浪潮。同时，以耶稣会士为主的传教士在华传教的过程中，一方面将西方思想和科学技术引介到中国；另一方面对中国的语言、文化、历史和哲学展开了深入的研究，将中国的文化引入欧洲，欧洲逐渐兴起了一股"中国热"的潮流。他们的努力使得中国的知识和智慧被西方所接纳，并对西方的文化和思想产生了深刻影响。

一、16世纪中西海上交往的发展

（一）16世纪以前海上丝绸之路的概况

中国古代通过海上航路与外部世界建立了较为密切的经济和文化联

系。具体而言,主要有黄渤海航线、东海航线、南海航线等三条主要航线:

黄渤海航线①:魏晋以后,登州海道②也发展成为经贸往来的重要通道。唐代中期,日本遣唐使由朝鲜半岛中部直接横渡黄海,在登州、楚州等地登陆。

东海航线:隋唐时期,中日交通的主线逐渐南移至东海航线,这一线路也被称为"东方海上丝路"。在此时期,越州(今浙江绍兴)、明州(今浙江宁波)成为与朝鲜、日本等交流贸易的重要港口。③随着大运河和长江航运的开发,扬州在对外贸易中占据了举足轻重的地位。

南海航线:南海航线始自广州、泉州等地,经中南半岛和南海周边国家地区,穿过马六甲海峡,进入印度洋,抵达东非、西亚和欧洲部分地区,航程以及连通的国家地区数量远远多于黄渤海航线、东海航线。南海航线是中国古代对外往来的海上大通道。

汉代时期,中国货物也已通过南海和印度洋航线传至东南亚、南亚等地,甚至远达欧洲。④《汉书·地理志》称之为"徐闻、合浦航线"。这一路线是陆上丝绸之路的一种补充形式,且其运输的主要大宗货物也是丝绸,因此,这一海上通道亦被称为"海上丝绸之路"。东汉桓帝延熹九年(166),一位罗马商人自称受"大秦王安敦"的派遣,"自日南徼外献象牙、犀角、玳瑁,始乃一通焉"⑤。

至隋唐时期,东西方的贸易往来更加密切,而双方往来交通最为便捷的方式就是航海。"安史之乱"之后,唐帝国逐渐丧失了对西域等地的控制,陆上丝绸之路受到影响而渐趋滞塞,海上丝绸之路随之成为中国对外贸易的

---

① 黄渤海航线主要是中国北方地区与日、韩等国家和地区之间人员经贸往来的通道。早在先秦时期,中日之间即经由对马海峡、朝鲜半岛和辽东半岛等地产生了一定的交往。中国北方人民由"日本海环流路",经朝鲜半岛东海岸,进入日本列岛。详参木官泰彦:《中日交通史(上)》,陈捷译,商务印书馆1931年版,第1—5页。

② 登州海道,又可称为黄海海道。此条海道从登州(今山东蓬莱)、密州板桥(今山东胶州)、琅琊(今山东青岛)等出发,向北横渡渤海到达辽东半岛南端,沿海岸线到达鸭绿江口(今辽宁丹东附近),再沿着朝鲜半岛西海岸线南下,经江华湾、唐恩浦口等地,到达朝鲜半岛最南端,再经对马岛到达日本列岛。

③ 丁正华:《论唐代明州在中日航海史上的地位》,《中国航海》1982年第2期。

④ 陈炎:《略论海上"丝绸之路"》,《历史研究》1982年第3期。

⑤ 按,"大秦王安敦"指罗马帝国皇帝马可·奥勒留·卡鲁斯(Marcus Aurelius Carus),282—283年间在位。

重要通道,贾耽《皇华四达记》称之为"广州通海夷道"①。这一时期,航海和造船技术有所发展,由过去的沿岸梯航发展为直航,通航范围也得以进一步扩大,由广州经南海、印度洋到达波斯湾各国的航线,是当时世界上最长的远洋航线。船只经过南海驶入红海、波斯湾,在输出丝绸、瓷器、茶叶等商品的同时,从外国进口各类香料及珍宝。广州港是这一贸易路线的始发港,外国商人云集,唐廷在此设立了专门管理海外贸易的机构"市舶司"。

宋元时期,中西之间的海上贸易达到新的高峰。为了增加财政收入,两宋政府采取鼓励海上商业活动的政策,陆续在广州、泉州、明州、杭州、密州等东部港口城市设立市舶司,管理和规范航海贸易。这一时期,中外商船的交往更为频繁便捷,大量瓷器、丝绸等商品出口至阿拉伯、苏门答腊、印度、越南、柬埔寨、菲律宾等地。在沿袭唐代航线的基础上,宋代的海上交通范围进一步拓展至东非、北非沿岸的多个国家。此外,从苏门答腊横渡印度洋到达阿拉伯南部的新航线也被开辟。②元朝时期,朝廷也十分重视海外贸易的经营,航海的技术、规模与范围都超过前代。这一时期,泉州港的贸易地位有了很大提高,被旅行家马可·波罗称为"世界上最大的港口之一"。由于宋元时期瓷器逐渐取代丝绸,成为中国对外出口的主要货品,因此,人们也把这一航线称作"海上陶瓷之路"。此外,又由于输入中国的商品主要是降真香、沉香、檀香等香料,因此,这一航线亦有"海上香料之路"之名。

明朝初年,郑和"七下西洋"是世界航海史的一次壮举。根据茅元仪《武备志》中所录的地图"自宝船厂开船从龙江关出水直抵外国诸蕃",郑和所率领的船队从南京出发,沿中国东南海岸航行,穿越马六甲海峡、印度洋,最后抵达西亚和非洲东岸。郑和"七下西洋"将中国古代航海业和航海技术推向顶峰,在宣扬明朝国威、稳定东南亚秩序的同时,大大加强了东西半球的联系和中外文明交流,拉开了15世纪世界早期全球化的序幕,"清晰地标志着一个海洋新时代的开始"③。还值得注意的是,马六甲海峡作为中国与印度洋地区的贸易中转地,其重要地位逐渐凸显出来。

---

① 张凯一:《"广州通海夷道"研究》,硕士学位论文,中国海洋大学,2015年。
② 曲金良主编:《中国海洋文化史长编·宋元卷》,中国海洋大学出版社2013年版,第302页。
③ 万明:《全球史视野下的郑和下西洋》,《中国史研究动态》2019年第2期。

(二) 16 世纪海上航路的开辟

15 世纪以前,欧洲商人无法直接与中国、印度进行贸易,必须经过东地中海周边地区①,东西方贸易受到阿拉伯中间商的层层盘剥,大大压缩了双方商人的利润空间。因此,欧洲商人迫切希望发展对东方的直接贸易,开辟出从欧洲直达印度和中国的新航道。

15 世纪初叶以后,随着欧洲航海技术的逐步成熟,欧洲航海者开始在海上航行与全球贸易中占据优势地位,葡萄牙、西班牙等航海家们开启了"地理大发现"的时代,在世界范围内大规模开展探索新航路的活动,以寻求贸易伙伴、追求商业利益。1488 年,葡萄牙人巴托罗缪·迪亚士(Bartolomeu Dias,1450—1500)到达非洲南端的好望角。1492 年至 1501 年间,意大利航海家哥伦布在西班牙王室的支持下,先后 5 次横渡大西洋,开辟了欧洲通往美洲的新航路。1498 年,葡萄牙航海家瓦斯科·达·伽马(Vasco da Gama,1469—1524)绕过非洲好望角抵达印度西南海岸的卡里库特(Calicut),"达·伽马具有划时代意义的远航使航海业达到顶点"②。至 15 世纪后半期,欧洲至印度的航线基本开通。1519 年至 1522 年,在西班牙国王的支持下,葡萄牙贵族费尔南多·麦哲伦(Fernando de Magallanes,1480—1521)率领船队完成环球航行,开辟出环球的海上航道。

15 世纪末 16 世纪初,葡萄牙开始逐步向印度洋、太平洋地区展开扩张活动,寻求和占领黄金、香料与宝石的出产地,并控制东西方海上贸易的通道。1510 年,葡萄牙又占领了印度果阿(Goa,明时称之为"小西洋"),1511 年,葡萄牙占领马来半岛的马六甲(《明史》称之为"麻六甲""满剌加",当时为明朝的附属国),开辟了通向"香料之国"的海上贸易通道。

(三) 葡萄牙等与中国的早期接触和贸易

这一时期,葡萄牙、西班牙航海家们对中国的了解甚少,"对于 16 世纪的葡萄牙人来说,'印度'一词不仅指印度斯坦半岛,而且指整个东方世界,从

---

① 据方豪考证,当时东西方贸易主要借助于四条交通要道:第一,由印度沿海至波斯湾,经过幼发拉底、底格里斯河谷地,抵安蒂奥基亚,到达地中海东海;第二,由印度、波斯湾、底格里斯河、美索不达米亚、亚美尼亚、小亚细亚,从黑海东南岸渡海至君士坦丁堡;第三,由印度至亚丁,经过阿拉伯半岛、开罗,到达亚历山大港;第四,经中亚细亚的撒马尔罕、布哈拉、里海北岸,渡海到君士坦丁堡。详参方豪:《中西交通史》,岳麓书社 1987 年版,第 655 页。

② 徐萨斯:《历史上的澳门》,黄鸿钊、李保平译,澳门基金会 2000 年版,第 1 页。

好望角直到日本,以及太平洋中的各个群岛"①。而《马可·波罗行纪》在西方世界的广泛传播,使得欧洲人对中国的富庶和繁荣充满幻想,刺激了他们到中国寻求财富的热情,他们希望能够与中国之间建立大宗贸易关系,进入中国市场,获取高额的利润,因此,中国成为葡萄牙等远航的优先目标,他们积极拓展由印度果阿等地到中国的贸易航线②。

16 世纪中叶,葡萄牙、西班牙、荷兰等国家的船队先后出现在中国东南海域,开始探索欧洲与中国之间的贸易线路③。这一时期,广州成为中国对外贸易的主要港口,对外交往航线主要有以下三个航向:第一,从欧洲到广州;第二,从日本到广州;第三,从拉丁美洲到菲律宾,再到广州。当时,葡萄牙商人将广州的屯门称为贸易岛,"所有前往广东这一中华王国极西滨海省份的外国人必须执行当地的命令停泊该处"④。

为实现进一步扩大贸易的目标,葡萄牙多次尝试与中国官方建立联系。⑤1517 年,葡萄牙驻满剌加总督佐治·达尔伯喀克(Jorge de Albuqnerqnt)派遣托马斯·皮来资(Thomas Priez)率商船到达广州,请求觐见中国皇帝,并希望能够实现中葡之间的通商,这是中葡之间的第一次官方接触⑥。但是,中葡之间的最初接触并不如意,正德十六年(1521)8 月至 9 月间,中葡之间爆发屯门之战,中国收回被葡萄牙盘踞的屯门(今深圳后海湾、内伶仃岛及香港青山一带)等地,其后,明廷再次厉行海禁政策。在此形势下,葡萄牙商船转至福建漳州、宁波双屿港等地进行走私贸易。至 1546 年,朱纨任提督闽浙

---

① J.H.萨拉依瓦:《葡萄牙简史》,李均报、王全礼译,中国展望出版社 1988 年版,第 142 页。
② 果阿位于古吉拉特与马拉巴尔海运的中点附近,最初是波斯和阿拉伯商人到印度境内的一个商业中心和交通枢纽,16 世纪,果阿为葡萄牙人占领。葡萄牙以此作为进行殖民活动的东方基地,以实现控制印度洋航线进而垄断东西方贸易的目的。详参何芳川:《澳门与葡萄牙大商帆:葡萄牙与近代早期太平洋贸易网的形成》,北京大学出版社 1996 年版,第 13 页。
③ 明正德九年(1514),葡萄牙人首次出现在中国东南海域,乔治·欧维士(Jorge Alvares)乘船抵达广东东莞县屯门,进行香料贸易。
④ 周景濂:《中葡外交史》,商务印书馆 1991 年版,第 9 页。
⑤ 参见黄庆华:《中葡关系史:1513—1999(上册)》,黄山书社 2006 年版,第 6 页。
⑥ 李福君:《葡萄牙与中国的第一次官方接触》,《历史教学》1994 年第 1 期。另据胡宗宪《筹海图编》卷十三记载:"正德丁丑(1517),予任广东佥事,署海道事,蓦有大海船二只,直到广州怀远驿,称系佛郎机国(葡萄牙)进贡,其船主名甲必丹,即报总督陈西轩公金,临广城。以其人不知礼,令于光孝寺习礼三日,而后引见。查大明会典。并无此国入贡,具本参奏,朝廷许之,起送赴部。时武庙(即武宗)南巡,留会同馆者将一年。"

海防军务,大力整顿海防,葡萄牙商人在闽浙沿海地区的活动再次受到重创。其后,葡萄牙将上川岛和浪白澳等地作为经营的重点。嘉靖三十二年(1553),葡萄牙人借口航海途中遭遇风暴,通过贿赂地方官员的方式,获准在澳门晾晒贡物。其后,他们"筑室建城,雄踞海畔,若一国然",至此,澳门由一个各国贸易船只停泊的商业港口转变为葡萄牙在东方的贸易据点。葡萄牙占领澳门后,中葡之间的经济贸易量急剧攀升,以中国丝绸为主要输出品的古代海上丝路的外延大大拓展,传统的商业贸易模式也随之发生改变。①

二、传教士与西学东渐

在欧洲的殖民扩张过程中,传教活动与贸易扩张密不可分、相辅相成。据学者统计,"可以笼统地说,晚明以来到达中国的西洋人主要有三种:一是传教士,二是商人,三是外交官"。其中,来华传教士和商人的数量占据绝对优势。教会和传教会不遗余力地为欧洲殖民者的海外活动提供支持,并发挥了至关重要的作用。葡萄牙、西班牙"派遣有知识、有经验、有'圣德'的人员,用教会信仰及'善良风化',训练当地土著"②,"教会的支持对伊比利亚人的扩张,或者说对整个近代西欧的扩张,都具有某种决定性的作用"③。

需要指出的是,天主教教会如此热衷于东方的传教活动,除了实实在在的贸易利益以外,其原因还在于教会"欲圣教之福音传布于东方民族"的夙愿。④"作为教会、社会和国家相互渗透的结果,国王们认为他们的责任是扩展这种信仰。但是武器只适用于国王,而不适用于圣人。"⑤

(一) 16 世纪以前中国的天主教传教活动

在 16 世纪耶稣会传教士进入中国之前,已有天主教其他教会的传教活动。早在唐贞观九年(635),基督教聂斯托利派(Nestorians,即景教)传入中

---

① 张天泽:《中葡早期通商史》,姚楠、钱江译,中华书局香港分局1988年版,第109—131页。
② 赵永生:《"保教权"的来历和侵略作用》,《信鸽》1964年第1期。
③ 王加丰:《西班牙、葡萄牙帝国的兴衰》,三秦出版社2005年版,第224页。
④ 徐宗泽:《中国天主教传教史概论》,上海书店1990年版,第163—164页。
⑤ 邓恩:《从利玛窦到汤若望——晚明的耶稣会传教士》,余三乐、石蓉译,上海古籍出版社2003年版,第6页。

国,其后,得到唐廷的认可,在中国境内传教,《唐大秦景教流行中国碑》《序听迷失所经》《一神论》等文献对于景教在华传教经历有过记述。①至武宗年间,随着灭佛政策的推行,景教也受到牵连,在中国境内绝迹。②

　　元朝时期,中西方交流呈现出前所未有的盛况。欧洲各国商人、使节、传教士、旅行家等陆续来华。当时,来华传教的主要是方济各会。至元二十六年(1289),意大利方济各会士约翰·孟德高维诺(Giovanni da Montecorvino)奉教皇之命赴华传教,至元三十年(1293)到达大都,先后在大都建立三座教堂,成为中国第一个天主教区的创始人。皇庆二年(1313)他又在泉州建一所教堂,设立主教区,在杭州、南京、扬州、临津、济宁等地也有传教活动。此外,来华传教的方济各会士弗里亚尔·鄂多立克(Friar Odoric)、乔瓦尼·达·马黎诺里(Gioveanni da Marrignolli)等在返回欧洲后,分别撰著《鄂多立克东游记》《马黎诺里游记》,记述他们在华期间的见闻。

　　元朝灭亡后,天主教在华的活动遭受重创。明朝前期,对外采取闭关政策。而随着中亚帖木儿帝国的崛起以及奥斯曼帝国的持续扩张,中西间陆上交通路线被阻断,使得在华天主教活动销声匿迹。③

　　(二)新航路开辟与在华传教的初步尝试

　　16世纪开始,随着新航路的开辟,大批传教士跟随商队通过海上丝绸之路抵达东方进行传教活动。葡萄牙人试图垄断在中国等地的传教权,竭力排挤其他修会到东方传教。为缓解葡萄牙和西班牙之间的利益冲突,在教皇的调解下,西班牙、葡萄牙于1494年6月签订了《托尔德西里亚斯条约》,以佛得角以西370里格(约合2 056千米)处划界,史称"教皇子午线",此线以东新"发现"的土地属于葡萄牙,以西的土地划归西班牙。此外,罗马教廷还授予西班牙、葡萄牙保教权(Royal Patronage),使得这两个国家的传教士获得在非天主教国家传播天主教的特权。

　　1533年,葡萄牙在果阿设立主教区,统辖从好望角一直伸展到日本的大

---

①　朱谦之:《中国景教》,东方出版社1993年版,第112—129、223—230页。
②　张星烺指出:"五代与北宋时,基督教在中国必已完全扫灭,盖是时中国史籍,无有道及大秦寺及大秦僧者也。"参见张星烺编注:《中西交通史料汇编(第1册)》,朱杰勤校订,华文出版社2018年版,第182页。
③　江文汉:《明清间在华的天主教耶稣会士》,知识出版社1987年版,第1页。

片区域,凡是到东方传教的传教士都得经葡萄牙国王的允准,并须服从葡萄牙的管辖。1576年,葡萄牙在澳门成立主教区(澳门旧属果阿大主教区管辖),兼领中国内地、安南和日本等地。西班牙在亚洲的传教活动则以菲律宾作为根据地,多明我会、方济各会、奥斯定会(Order of St. Augustine)等托钵修会传教士是其在菲律宾传教的主要力量,而耶稣会等教派传教士也陆续汇集于此地。除葡、西之外,欧洲其他国家也参与了在亚洲的传教活动,以扩张其在远东的影响力。1653年,在法国国王路易十四的支持下,法国成立巴黎外方传教会(Missions Étrangères de Paris,M.E.P),专对中国和印度支那地区派遣传教士。

不过,16世纪后半期,葡、西等在华传教活动开展得并不顺利。1556年,葡萄牙多明我会士加斯帕·达·克路士(Gaspar da Cruz)由海路到达广州传教,数月后即遭驱逐。1575年,西班牙奥斯定会士马丁·德·拉达(Martin de Rada)率使团自菲律宾出使福建,他们提出希望明王朝允许西班牙传教士进入中国内地进行传教,以及获得一处类似澳门的商埠,以便同中国进行贸易。拉达这次访问最终以失败告终,返回菲律宾后,他将此次出使的经历以报告的形式保存下来,撰写了《出使福建记》和《记大明的中国事情》①。1581年,菲律宾成为主教区,加大了在东方传教的力度。此后,菲律宾的方济各会士曾多次试图进入中国内地传教,但均无功而返。

总体而言,克路士、拉达等开创了明清传教士研究中国的先河,但不可忽视的是,他们对中国的观察和认识还较为粗疏,甚至存在一些讹谬之处。②

(三)在华传教的第三次浪潮与耶稣会"适应政策"的推行

16世纪开始,随着新航路的开辟,大批传教士跟随商队通过海上丝绸之路抵达澳门,再进入内地传教,掀起在华传教的第三次浪潮,其规模和影响均超过之前两次。在此次浪潮中,耶稣会士在人数和传教影响上,均超出其他教派,因此,这一时期亦被称为"耶稣会士时代"。

耶稣会(The Society of Jesus)是由西班牙贵族依纳爵·罗耀拉

---

① 拉达在报告中对汉语有一些消极的评价,他认为汉语是"最不开化的和最难的,因为那是字体而不是文字。每个词或每件事都有不同字体,一个人哪怕识得一万个字,仍不能什么都读懂"。详参C.R.博克舍编注:《十六世纪中国南部行纪》,何高济译,中华书局1990年版,第210页。

② 吴孟雪、曾丽雅:《明代欧洲汉学史》,东方出版社2000年版,第115页。

(Ignatius Loyola,1491—1556)于1534年所发起创立的。当时,罗马教会面对宗教改革的冲击,教会中的有识之士主张从内部改革教会,同时希望能够以此获得一个更加靠近耶稣的地位。耶稣会最显著的特征是宗教和政治理念上的保守性,主张效仿军队编制,组织严密,成员选拔非常严格,纪律森严,要宣誓绝财、绝色、绝意以及绝对效忠教皇,维护"教皇绝对权力主义"。他们主张"在欧洲失去的,在海外补回来",正是在这种理念的驱动下,耶稣会士大力发展海外传教活动,成为"地理大发现"后到远东开展天主教传教事业的主要力量。

与其他教会不同的是,耶稣会士受过良好的教育,并在传教过程中掌握了一定的汉语能力,因此他们对中国的认识和研究水平远远超出克路士、拉达等。为尽可能降低传教过程中的阻力,耶稣会在传教策略上保留一定的灵活性,主张针对各地的历史和文化,因地制宜,制定相应的传教策略,后人多将这一策略称为"适应政策"。我国著名历史学家陈垣对传教士的这一策略进行总结,大体上有以下六个方面:"奋志汉学,赞美儒教,结交名士,排斥佛教,介绍西学,译著华书。"[①]下文通过对重要耶稣会士的传教经历进行梳理,分析在华"适应政策"的确立和推行过程。

1. 在华"适应政策"的规划和摸索阶段

明代前中期,朝廷严禁传教士进入内地开展传播天主教的活动,传教士多采用非法偷渡的手段尝试进入中国内地,但基本无功而返。这些在华传教的先行者在初步接触中国社会后,意识到中国传教不能采取"一手拿着十字架,一手拿着宝剑"的传统传教方法,逐渐摸索出一条适应中国国情的传教策略。

(1) 方济各·沙勿略

方济各·沙勿略(St.Francis Xavier,1506—1552)是耶稣会的首批教友。1540年,他接受依纳爵·罗耀拉的训令,远赴东方传教。1541年,沙勿略抵达印度果阿,其后,辗转至新加坡、马六甲等地。1549年,至日本传教,并学习日语。1552年8月,抵达广东省上川岛。由于当时明朝厉行海禁,他数次尝试进入中国内地均未能成功。是年底,病死于该岛。

---

① 陈垣:《基督教入华史略》,载《陈垣史学论著选》,上海人民出版社1981年版,第188页。

沙勿略在南亚、东南亚、日本等地的传教过程中积累了大量实践经验，他的传教经历和成果激发了日后来华的耶稣会士的传教热情，成为后来传教士积极效仿的范例。值得注意的是，他高度注重在中国传教工作的重要性，曾在与其他教士的信函中指出："如谋发展吾主耶稣基督的真教，中国是最有效的基地，一旦中国人信奉真教，必能使日本唾弃现行所有各教学说和派别。"[1]他制订了在中国传教的详细计划，出于降低传教阻力的考虑，倡导在中国采取"适应当地习俗"的传教策略，适应当地的文化传统，要求传教士学习当地语言和文化，十分重视东方国家上层人士在传教活动中的作用，主张运用西方的知识和科学技术为传教活动开辟道路。这使得罗耀拉的策略变成具有可操作性的实际措施。沙勿略的这一传教理念为耶稣会士"适应政策"提供了一定的指导。

（2）范礼安

意大利籍耶稣会士范礼安（Alessandro Valignano，1539—1606）是继沙勿略之后，又一位对天主教在中国传播有重要影响的人物。万历二年（1574），范礼安被派往东方传教，先后在印度、中国澳门、日本等地传教共32年（1574—1606），曾任耶稣会东方总巡察使。他积极支持并推动中国的传教事业，认为"进入中国这样一个与西方文化截然不同、有着自身完备的文化和制度的庞大国家进行传教"，应当取用审慎、明智、渐进的步骤，主张在中国进行传教，"最要之条件，首要熟悉华语"，并准许中国的耶稣会士改穿儒服。

2. 在华"适应政策"的实际践行阶段

由于沙勿略、范礼安等始终无法进入中国内地，因此，他们所倡导的"适应政策"始终处于规划和准备阶段，其主要工作是培训传教士学习汉语，接触中国传世文献等。这一时期，虽然耶稣会、方济各会、奥斯定会等相继对华派遣传教士，但是，始终难以在中国内地扎根。[2]直至万历八年（1580）以

---

[1] 许明龙主编：《中西文化交流先驱：从利玛窦到郎世宁》，东方出版社1993年版，第2页。
[2] 《中外文学交流史》根据《在华耶稣会士列传及书目补编》对1600年以前入华耶稣会士的数量进行粗略统计："入华耶稣会士（包括准备进入中国传教而未能如愿的耶稣会士）共有77人，其中葡萄牙籍40人、西班牙籍19人、意大利籍11人、中国籍6人、比利时籍1人。"详参赵振江、滕威：《中外文学交流史：中国-西班牙语国家卷》，山东教育出版社2015年版，第5页。

后,传教士才得以稍稍打开僵局,而在罗明坚、利玛窦等进入中国内地后,"适应政策"才得以实际践行。

(1) 罗明坚

意大利籍耶稣会士罗明坚(Michele Ruggieri,1543—1607)被视为"传教士汉学时期"西方汉学的实际奠基人之一。[1]万历七年(1579),他奉派到达中国澳门,万历十六年(1588),由澳门返回罗马,在华传教时间约9年。他在较短的时间内较为娴熟地掌握了中文,可以阅读部分中文书籍,中文能力的提高大大推动了他的传教事业。他在澳门建立了"经言学校",并开始用中文为澳门的中国人宣教。万历十二年(1584),他与利玛窦获准进入中国内地,定居于广东省肇庆,并在肇庆建立了"仙花寺",开始传教工作。

罗明坚高度重视书籍在传教过程中所起的作用。他在对中国语言文字的研究方面,在中国典籍的西译方面,在以中文形式从事写作方面,在向西方介绍中国制图学方面,都开创了来华耶稣会士之先,为以后的西方汉学发展做出了重大贡献。此外,他与利玛窦一起编写了《葡华辞典》以帮助入华传教士学习汉语,还用汉语撰著了《天主圣教实录》,使天主教本地化迈出了关键的一步。

(2) 利玛窦

意大利耶稣会士利玛窦(Matteo Ricci,1552—1610)是天主教中国传教活动的开拓者和奠基者,是中西文化交流史上最著名的传教士之一。他学识广博,具有较高的语言天赋,记忆力超强,曾在罗马学院学习神学与哲学,掌握了拉丁文、希腊语、葡萄牙语和西班牙语,并对数学、天文学颇有造诣。万历六年(1578),利玛窦被派往东方传教,是年9月到达印度果阿,并在印度等地进行传教。万历十年(1582)利玛窦抵达澳门,在肇庆居住6年,至万历三十八年(1610)病卒于北京,在华时间长达28年之久。万历二十九年(1601)以后,利玛窦长居北京,并建立了"南堂"。

在华传教期间,利玛窦以"西方僧侣"的身份,将"适应当地习俗"的传教策略推向极致。利玛窦采用的是"驱佛近儒"的手段进行传教。谢和耐对这一策略评述称:"他们所传授的欧洲科学知识以及对佛教的公开仇视又帮助

---

[1] 张西平:《西方汉学的奠基人罗明坚》,《历史研究》2001年第3期。

他们以其正统的教理赢得文人界部分人的好感……当时的政治和文化形势有利于利玛窦关于天主教和出自他个人对中国经典解释的儒教之间相似性的论点,使他更加坚信其归化政策的基础。"①

他自称因"仰慕中国的文化政治而来"②,坚持用"汉语著述"的方式来传播天主教教义,并把基督教演绎成一种类似于能兼容儒教的伦理体系。他将天主教的教义融入中国的传统经典文献中,将《中庸》《诗经》《尚书》等关于"帝"的记载阐释为等同于天主教的"天主"。他行事较为谨慎,主要精力集中于学习汉语和中国的礼节习俗等,身穿佛教僧侣的服饰,以博得中国人尤其是士大夫、官员的信任。他在士大夫中建立了良好声誉和关系,先后结交了瞿太素、徐光启、李之藻和杨廷筠等官员和社会名流。

利玛窦是第一位阅读中国传世典籍并进行钻研的西方学者,带有十分浓厚的东西文化交流的色彩。他对中国文明进行高度赞赏,认为除了还没有沐浴"我们神圣的天主教信仰"之外,"中国的伟大乃是举世无双的","柏拉图在《共和国》中作为理论叙述的理想,在中国已被付诸实践"。他还发现中国人非常博学,"医学、自然科学、数学、天文学都十分精通",但是,他也认为"在中国人之间,科学不大成为研究对象"。他用自然科学知识来博取中国人的好感,无意之间成为西方自然科学知识的传播者。他制作的世界地图《坤舆万国全图》是中国历史上第一幅世界地图,"言天下有五大洲",打破了中国人"天圆地方"的固有地理观念。他和徐光启等人翻译的欧几里得《几何原本》等书带给中国许多先进的科学知识和哲学思想,传播欧洲较为先进的天文学、数学、物理学、地理学等科学技术知识,客观上将西学引进了中国。

(3) 其他传教士

据统计,明末清初入华传教的耶稣会士达 900 余名,代表性人物包括龙华民(Niccolo Longobardi,1559—1654)、陆若汉(Joao Rodrigues,1561—1633)、毕方济(P. Francois Sambiasi,1582—1649)、艾儒略(Giulio Aleni,1582—1649)、熊三拔(Sabatino de Ursis,1575—1620)、罗雅谷(Giacomo

---

① J.谢和耐:《中国文化与基督教的冲撞》,于硕等译,辽宁人民出版社1989年版,第22页。
② 裴化行:《天主教十六世纪在华传教志》,萧濬华译,商务印书馆1951年版,第242页。

Rho，1593—1638）、高一志（又名王丰肃，Alfonso Vagnone，1568—1640）、阳玛诺（Emmanuel Diaz，1574—1659）、邓玉函（Johann Schreck，1576—1630）、汤若望（Johann Adam Schall von Bell，1592—1666）、柏应理（Philippe Couplet，1622—1693）等。除耶稣会以外，多明我会、方济各会和奥斯定会等教派也相继派遣传教士进入中国传教。传教士是中西文化交流的主要使者，中国的大量信息通过传教士的著述、信函、报告等传入欧洲，使得欧洲人对中国产生了较为真切、具体的认识。

1687年，路易十四委派"国王的数学家"洪若翰（Jean de Fontaney，1643—1710）、张诚（Jean François Gerbillon，1654—1707）、白晋（Joachim Bouvet，1656—1730）、李明（Louis-Daniel Le Comte，1655—1728）、刘应（Claude de Visdelou，1656—1737）等赴华，身兼传教、科学考察以及弘扬法国国威的使命，在传播西方科学知识方面，比其他国家的传教士更为积极主动。葡萄牙在华"保教权"被打破，法国传教士在华影响力大为增强。其后，又有一百二十多名法国耶稣会士入华，其中有数学家、天文学家、地理学家、生物学家以及人文科学学者。[1]在此形势下，法国逐渐取代葡萄牙成为欧洲汉学的中心和东西方文化交流的主要承担者，从而将法国乃至欧洲的"中国热"推向高潮。

3."礼仪之争"

1700年前后，在华天主教教士之间发生了"礼仪之争"。所谓"礼仪"，主要指中国传统文化中的"敬孔"和"祭祖"。长期以来，主要由葡萄牙支持的耶稣会与主要由西班牙支持的托钵修会等围绕着在华传教的"礼仪"问题展开一些争论，其背后涉及传教策略、教义阐释、教区划分等方面，本质上是关于天主教"华化"的分歧。

以利玛窦为代表的耶稣会士多认为，中国人的祖先崇拜只是尊敬祖先的世俗仪式，只要不掺入世俗祈求、崇拜等迷信成分，本质上就与天主教教义不相违背，这一传教策略也被称为"利玛窦规矩"。而方济各会、多明我会等部分"激进"的传教士反对耶稣会的"适应"策略，主张维护天主教的"纯正性"，反对将中国典籍中的"上帝"类比为天主教中的"天主"（GOD），并禁止

---

[1] 杜赫德编：《耶稣会士中国书简集：中国回忆录》，大象出版社2005年版。

中国的天主教信徒参加"敬天""祭祖""祀孔"等礼仪活动。从根本上而言,利玛窦等的"合儒""补儒"并未能真正融合东西方两种完全异质的文化,借助儒家学说传播天主教的策略,在推动传教事业深入发展的同时,孕育着潜在的危机。

17世纪以后,随着方济各会、多明我会等修会的传教士进入中国,不同国籍、修会传教士的利益冲突激化,"礼仪之争"也愈演愈烈,给耶稣会等在华传教事业造成重创。1643年,多明我会士黎玉范返回欧洲,向罗马教廷传信部报告,指责耶稣会宽容中国信徒,允许他们"祭祖""祀孔",引起罗马教廷介入。教皇英诺森十世、亚历山大七世均先后牵涉其中,教廷对于中国人"祭祖""祀孔"等活动的态度也迟疑未定。1687年,路易十四派遣法国耶稣会士白晋以修订历法的名义赴华,在北京建立法国耶稣会。该会成员大多反对所谓"利玛窦规矩",此后,"礼仪之争"急剧激化。

这场争论最初主要表现为天主教各修会之间原本较为纯粹的宗教学术分歧,后来逐渐发展到康熙帝与教皇之间关于中国天主教徒在"敬天""祭祖""祀孔"等一系列祭祀礼仪问题上的争执,最终演变成为清帝国和梵蒂冈教廷之间的主权政治之争。明清统治者和徐光启、李之藻等中国政治精英之所以会接受天主教,很大程度上是受到西方先进的自然科学的吸引,能够为其所用,而其底线则是要求传教士尊重中国的礼俗,遵守中国的法令制度,不致引起社会上的动乱。因此,当清廷与教廷的矛盾激化后,朝廷对传教士活动的限制措施也日渐严厉。至清雍正时期,朝廷甚至颁布禁教的法令,将不尊重和不适应中国文化传统的传教士驱逐出境,表明中国社会宁肯不要西方的科学知识,也不愿接受西方的价值观念的传统态度。乾隆、嘉庆、道光时期,部分传教士虽仍受到很高礼遇,但不能在华展开传教,天主教在中国只能采取地下传播的形式。

不过,朝廷的禁令在地方上并非都被严格地执行,并且在此过程中,朝廷也往往会留用一部分从事科技、测绘工作的耶稣会士,如明清之际的汤若望、南怀仁等。1644年至1775年间,清朝负责天文历算的钦天监监正几乎全为耶稣会士。再如,清康熙年间雷孝思(Jean-Baptiste Regis, 1663—1738)神父等参与测绘的《皇舆全览图》,使得耶稣会士对中国政治制度、文化传统、地理人文、礼仪习俗等进行了深入研究和探析,并深入中国各个区域,研究民情民俗、历史掌故、物产工艺等情况。在接近两个世纪的时间内,通过耶稣会士的著述、书信等,有关中国的大量信息被传播到西方世界,西方人这才开始真切、深入地认识到中国内地的实际状况。

三、传教士的汉学成就

汉学作为一门学科诞生于 1814 年[①],而在此之前的两个多世纪里,以耶稣会士为主的传教士在华传教的过程中,将西方思想和科学技术引介到中国,同时将中国的文化引入欧洲,欧洲逐渐兴起了一股"中国热"的潮流。众多传教士"大都聪明特达之士",有着在中国长期生活的经历,对中国的社会生活和文化习俗有着较为真切的感受和深入的研究,影响力大大超过了"游记汉学",在西方汉学学术史上有着关键的地位,也深刻地影响了欧洲思想史的发展。

(一) 中国概况的介绍和研究

中国概况的介绍和研究是西方传教士汉学的重要方面,主要包括中国的历史、地理、自然条件、政治制度、社会文化等方面。早在古希腊时期,"历史之父"希罗多德在《历史》一书中即已记载过中国的大体方位。中国被称为"秦"(Chin)、"秦奈"(Sina)或"赛里斯"(Seres)等,但是对中国具体状况并无深入的认识。至蒙古帝国时期,中西方的陆上通道被打通,《马可·波罗行纪》在欧洲的流行,增进了欧洲对中国的了解,也激发了当时欧洲人"探寻契丹"的热情。当时欧洲人没有"中国"这一概念,还不能将地理上的"契丹"与"中国"或"赛里斯国"联系起来。哥伦布至死仍然坚信他所发现的地区就是亚洲的东海岸,亦即"契丹"(Cathay)。总体而言,17 世纪以前欧洲对中国地理概况的认识是较为混沌的,甚至有很多主观臆想和失实之处。

自 16 世纪后半期开始,随着来华传教士日益增多,他们深入中国内地传教,十分注重搜集中国山川地貌、行政建制、资源物产、宗教礼仪、风俗民情等方面的资料,对于中国地理的认识大为深化,相关领域的研究专著陆续

[①] 是年 12 月,法兰西学院设置了"汉语和鞑靼——满语语言与文学"讲座主席的职位,这一事件标志着西方学院式汉学的正式诞生。

出现。

1570年,多明我会士克路士以葡萄牙文出版了专著《中国志》,该书被视为"欧洲第一部专门讲述中国的著作"[①],后由博克舍译为英文,收录在1937年于伦敦出版的《十六世纪中国南部行纪》中。克路士在书中提到长城、中国与周边主要邻国之间的关系。

1585年,西班牙奥斯定会士胡安·冈萨雷斯·德·门多萨(Juan González de Mendoza)对关于中国的报告、文件、信札、著述进行系统搜集和整理,包括克路士的《中国志》、拉达的报告以及传教士们带回欧洲的中文文献等,编著了《中华大帝国志》(Historia del Gran Reino de la China),这是欧洲第一部系统介绍中国的百科全书式著作,内容涵盖中国地理、历史、政治、经济、文化等诸多方面,在一定程度上代表了当时西方汉学的最高水平。该书最初以西班牙文刊行,一经问世,很快就在欧洲引起轰动,先后被翻译成欧洲多种语言,"成为继《马可·波罗行纪》之后欧洲人了解中国的重要门径"[②]。

1603年,耶稣会士鄂本笃于万历三十年(1602)自印度亚格拉启程,经中亚,越过帕米尔高原,进入中国西北地区,实地确定了"契丹"就是"中国",《马可·波罗行纪》所记载的"汗八里"为北京。

利玛窦在华近三十年,先后到过华北、江南等地区,晚年撰写了《利玛窦中国札记》,金尼阁(Nicolas Trigault,1577—1628)在归国途中对利玛窦日记进行翻译和整理,并将他本人在华所见所闻补充进去。1615年,《利玛窦中国札记》的拉丁文版本在欧洲出版,该书以日记的体裁,记述了利玛窦在中国传教的亲身经历和见闻,其中第一至三章集中记载了中国地理、疆域、物产、风土人情等概况,为之后的欧洲"中国热"打下了坚实的基础。利玛窦对中国地理方面的认识也有两大发现:第一,他发现开封境内有犹太人;第二,他进一步确认了《马可·波罗行纪》所载的"契丹"即指中国(在此之前,欧洲人多认为契丹在中国以北)。

金尼阁是第一个撰写了系统的中国历史著作《中国史编年》(Annales

---

① 雷蒙·道森:《中国变色龙——对于欧洲中国文明观的分析》,常绍民、明毅译,中华书局2006年版,第36—37页。
② 张国刚:《从中西初识到礼仪之争——明清传教士与中西文化交流》,人民出版社2003年版,第154页。

Requ iSenen sis)的西方人。陆若汉于1628年曾深入中国内地进行考察,在他所著的《日本教会史》一书中对中国政治、军事制度、州县划分以及社会结构等方面进行较为深入的阐述。

葡萄牙耶稣会士曾德昭(Alvaro Semedo,1586—1658)曾于1613年至1636年在华传教,在归国途中,他根据自己在华多年传教过程中实地见闻,撰写了《大中国志》(*Relatio de magna monarchia Sinarum, ou Histoire universelle de la Chine*),对中国政治制度、宗教民情、文化传统、社会结构、语言文字、民族状况以及耶稣会士在华传教事迹等方面进行记述,该书在欧洲出版后,先后被译为多种文字。

顺治十三年(1656),奥地利耶稣会士白乃心(Jean Grueber)等受耶稣会总会长的委派,于顺治十五年(1658)来华,其后由陆路进入西藏,经尼泊尔、印度返回罗马。白乃心等人搜集了沿途各国政治、宗教、民宿等方面的资料,并将部分资料交给德国耶稣会士基歇尔(Athanasius Kircher,1602—1680)。值得注意的是,白乃心是第一个向欧洲讲述中国西藏情况的欧洲人。基歇尔在白乃心所搜集资料的基础上汇编出《中国宗教、世俗和各种自然、技术奇观及富有价值的实物资料汇编》(*China Monumentis qua sacris quà profanis, Nec non varris Naturae & artis spectaculis, aliarumque rerum memorabilium argumentis illustrata*),简称《中国图说》(*China illustrata*)。该书出版于1667年,语言为拉丁文,全书内容包括中国人的偶像信仰、自然条件、政治制度、物产资源、城市与建筑、文字等方面。

1696年,法国传教士李明在巴黎出版了《中国近事报道》(旧译《中国现势新志》,*Noveaux mémoires sur l'état présent de la Chine*),简称《中国新志》。其后陆续被译为荷兰文、英文、意大利文、德文等多种语言,影响甚广。该书收录了李明在华期间与法国要人之间的通信汇编,他以自己在华七年间的亲身经历,对康熙年间的中国作了详尽的介绍,内容涉及自然地理、语言文字、风俗宗教等方面,为欧洲人了解东方提供了少有的第一手资料。其中,史料价值较大的是对北京城地理位置、城区规模和城市面貌的描述。他记述称,北京城分鞑靼城、中国城两部分,建有完善的城墙,街道宽直,住家多四合院。在该书中,李明将北京城和巴黎进行对比,他指出北京城的人口规模达到两百多万,巴黎的城区面积可能还没有鞑靼城的一半大,还不到整个北京城的四分之一。当时,欧洲人普遍认为巴黎是世界上最大、最发达的城市,李明对于北京城规模和发展程度的描述,在欧洲文化界造成巨大震动。

17世纪末至18世纪上半叶,欧洲一直流行着"中国热",欧洲人对中国政治和文化传统充满赞许和向往。在此期间,法国耶稣会士让·巴普蒂斯特·杜赫德(Jean-Baptiste Du Halde)在汇编《耶稣会士书简集》的同时,编撰了《中华帝国全志》(全名为《中华帝国及其鞑靼地区地理、历史、编年、政治与自然概述》,*Description Geographique, Historique Chronologique, Politique et Physique de L'empire de la Chine, et de la Tartarie Chinoise*)。该书于1735年在巴黎出版,共四卷,详细记述了中国的地理、历史、科学技术、社会文化、政治传统,对中国15个省份的地理状况进行介绍,并附有各省的地图以及重点城市的平面图,向欧洲人展现出一个全面真实的中国。这部百科全书式的巨著在18世纪的欧洲影响深远,成为当时欧洲人获取中国认识的重要来源,被视为"法国汉学三大奠基作之一"①。杜赫德本人未到过中国,他主要利用的是在华耶稣会士提供的丰富资料,因此,《中华帝国全志》实际上汇集了百余年间耶稣会士对中国的见闻、观察和研究,"可以说是自1585年门多萨的《中华大帝国志》出版以来150年间欧洲人了解中国的一个全面总结"②。

除了以上这些影响较大的西方早期的中国地理文献,在西方还流传着一些颇有影响的中国地理的著作。比如捷克耶稣会士严嘉乐(Karel Slavíček,1678—1735)所著的《北京内外城图说》,法国耶稣会士宋君荣(Antoine Gaubil,1689—1759)的《广州城图说》《北京志》《和林方位考》,俄国东正教传教士亚金甫(1777—1853)的《中国及其居民、风俗和教育》以及美国公理会士卫三畏(Samuel Wells Williams,1812—1884)的《中国地志》等。③

---

① 另外两部重要的汉学名著是《耶稣会士书简集》和《中国杂纂》,转引自计翔翔:《西方早期汉学试析》,《浙江大学学报(人文社会科学版)》2002年第1期。
② 张西平:《莱布尼茨思想中的中国元素》,大象出版社2010年版,第91页。
③ 何辉:《西方世界关于中国地理的知识和观念的来源(上)——16世纪至19世纪初的一些重要文献》,《国际公关》2015年第4期。

(二) 中国语言文字的研究

16世纪以前,欧洲对中国的语言文字了解甚少。马可·波罗、柏朗嘉宾和鲁布鲁克等在所著游记中对中国语言文字略有涉及。随着中西海上交通路线的开辟,大批传教士陆续来华传教,对中国语言文字开始有了较为深入的认识。①

克路士于1570年出版《中国志》,他在该书中指出,中国的书写文字没有"固定的字母",而是"用文字来标明每件事物"。他同时注意到中国境内汉语口语存在着很多方言,彼此之间可能难以理解,而书写文字却是共用的。②他对汉语的描述成为后世对中国语言文字研究的重要资料。

1. 创办汉语培训学校

意大利耶稣会士范礼安在澳门传教期间,曾强调中国传教活动"最重要之条件,首重熟悉华语"③。在他的影响下,罗明坚和利玛窦等传教士开始学习中文。1572年,耶稣会士在澳门建立了第一所培养远东传教士的初级学校。1580年,罗明坚等在学校里又成立了一个教学习所,利玛窦称之为"圣玛尔定经言学校"。1590年起,耶稣会规定凡入华传教的耶稣会士,一律要先在澳门学习中国语言文字和礼仪。1594年,范礼安等将澳门圣保禄公学升格为大学规格的圣保禄学院,该校是第一所对传教士进行汉语培训的高等学府。利玛窦为了帮助传教士尽快掌握汉字,还摸索出一套奇特的"记忆迷宫"体系。曾德昭和安文思等则建议根据汉字字形与字义之间的关系来记忆汉字。在早期传教士的努力下,相当一部分传教士的中文达到了较高水平,为他们在华传教提供了很大的助力,也为他们了解中国文化、促进中西文化交流提供了必要条件。

2. 编撰汉语学习教材、字典

为了帮助传教士准确掌握汉字发音,耶稣会士在汉语学习过程中,逐渐摸索出一种用拉丁字母拼读汉字的特殊方法,"使之成为传教士学习汉语的

---

① 罗常培:《耶稣会士在音韵学上的贡献》,《历史语言研究所集刊》1930年第1本第2分册;尹斌庸:《利玛窦等创制汉语拼写方案考证》,载王元化主编《学术集林》卷四,上海远东出版社1995年版。

② C.R.博克舍编注:《十六世纪中国南部行纪》,第112页。

③ 费赖之:《在华耶稣会士列传及书目》,中华书局1995年版,第21页。

便宜法门,由此发展出一整套汉字注音方案"①,也开启了中文拉丁音化的历程。

1575年,西班牙奥斯定会士拉达对泉州地区的闽南话进行研究,编著出闽南语、西班牙语相对照的字典《华语韵编》(*Arte Y Vocabulario de la lengua China*)。1580年,耶稣会士罗明坚、利玛窦等合作编写了《葡汉辞典》,以中原官话(以南京话为主)和欧洲语言相对照,以帮助入华传教士学习汉语,被视为汉语拼音的早期方案。②1598年,利玛窦与郭居静编撰了一部中葡对照词典《平常问答词意》,首次尝试使用拉丁字母为汉字注音。其后,金尼阁著有《西儒耳目资》,为专程帮助西洋人学习汉语、汉字的罗马字注音字汇。罗常培将这一套拼音系统称为"利—金方案"。此后,耶稣会士先后编撰多部双语、多语字典,据王力达统计,1575年至1800年间,传教士曾先后编撰60多部汉语、双语及多语字典,如曾德昭的《字考》、白晋的《法汉小字典》、马若瑟的《耶稣会士适用之拉丁语汉语对照字汇》和《汉语西班牙语成语》、孙璋的《汉蒙法语字典》、汤执中的《法汉字典》等。③

3. 研究汉语

与之前来华传教士相较,耶稣会士在自身学养、在华传教时间以及学习汉语的条件和方法等方面具有明显优势,因此,耶稣会士对汉语的掌握程度以及对中国文化的理解水平明显高于之前的传教士,先后出现了罗明坚、利玛窦、金尼阁、曾德昭、安文思、马若瑟等汉学大师,对汉字起源和发展过程、语音、语法等方面进行了较为系统、深入的研究,所取得的成就远超欧洲既有水平。

(1) 汉字的起源和发展

耶稣会士对汉字的起源问题进行了一些推测,他们多认为汉字拥有悠久的使用历史。曾德昭在《大中国志》一书中对汉字的起源和发展历程进行过简要梳理,他认为汉字的使用历史"超过3700年"④。此外,他著有《字考》

---

① 张国刚等:《明清传教士与欧洲汉学》,中国社会科学出版社2001年版,第257页。
② 杨福绵:《罗明坚、利玛窦〈葡汉辞典〉所记录的明代官话》,《中国语言学报》1995年第5期。张西平认为,罗明坚是"传教士汉学时期"西方汉学的真正奠基人之一。
③ 王立达编译:《汉语研究小史》,商务印书馆1963年版,第12页。
④ 曾德昭:《大中国志》,何高济译,上海古籍出版社1998年版,第39页。

两卷,包括葡汉字及汉葡字字汇各一卷。陆若汉在《日本教会史》中对汉字的起源、象形、指事、会意等汉字形成方式、汉字书写特点以及汉字在日本、朝鲜等地的使用状况等进行了相关探讨。

(2) 汉语语音和语法

汉语语音和语法研究是来华传教士的另一个重要贡献。他们在掌握汉语的基础上,尝试使用印欧语系的语法框架研究汉语,开创了欧洲汉语语法研究的先河。

较早开展这一方面工作的是在菲律宾传教的多明我会士,他们用拉丁语的语法框架来分析汉语语法,主要成果包括高母羡(Juan Cobo)的《汉语文法》、万济国(Francisco Varo)的《华语官话语法》等。

17世纪后期开始,耶稣会士也陆续开展汉语语法的研究,较为重要的成果有卫匡国(Martino Martini)的《中国文法》和马若瑟(Joseph de Prémare)的《汉语札记》(*Notitia Linguae Sinicae*)。①卫匡国的《中国文法》并未刊行,长期以手抄本的形式在欧洲流传,该书对汉语单音节发音和语法规则进行阐述,在相当长一段时间内,汉学家将这部专著作为基础汉语的教科书。②马若瑟对汉语语法的研究更为精进,他拥有很高的汉语素养,不仅精通汉语语言的听、说、读,还能用中文著书立说,对中国古代文学与典籍更是如数家珍。凭着几十年的学术积淀和治学经验,马若瑟在1728年撰著《汉语札记》。在该书中,他"把自己在学习和研究汉语的过程中所摸索出来的经验方法,贯穿在对中国古代语言的介绍和分析中"③,开创性地编制了一个中国文学典籍分类表,在此基础上探析汉语语法,将汉语白话口语(谚语、熟语和成语等)与文言(选取四书五经、先秦诸子散文及唐宋诸家的经典表述)加以区分并分别论述。除汉语语法以外,该书内容还兼及汉语音韵、修辞、文学以及历史文化等方面,代表早期来华传教士汉语研究最高成就。④

---

① 张西平等:《西方人早期汉语学习史调查》,中国大百科全书出版社2003年版,第131—166页。
② 白佐良:《卫匡国的〈中国文法〉》,白桦译,《国际汉学》2007年第1期。
③ 张西平等:《西方人早期汉语学习史调查》,第166页。
④ 李真:《马若瑟〈汉语札记〉研究》,商务印书馆2014年版。

1615年,利玛窦《中国传教史》在欧洲出版,该书出版前,经过金尼阁的修改。在该书中,利玛窦指出中国各地方言发音有着很大差异,但是,语言的书写形式却完全相同;同时,他指出中国书写文字在日本、朝鲜等国家也被广泛使用。

1625年,曾德昭到西安考察了《大秦景教流行中国碑》,在《大中国志》中对中国语言文字的词汇、语音、语法等方面的概况进行介绍,并就中国文字的象形特点和造字规律进行初步探究。

德国耶稣会士基歇尔的《中国图说》对中国语言也有较为集中的介绍,首次在欧洲出版了汉字和拉丁文发音的对照表,以及汉字的图形等,对欧洲的早期中国语言观产生了重要影响。

英国学者韦伯综合参考了传教士在欧洲出版的有关中国的书籍,撰写了《论中华帝国的语言可能是原始语言的历史性论文》,指出中文作为中国的母语或自然语言(Mother Tongue or Natural Language),是人类最初的语言,一直保留着其古老的纯洁性而没有任何变化。

(三)儒家经典的西传

将中国古典文献翻译为欧洲语言,把中国儒家学说传入欧洲是来华耶稣会士的重要任务,这一工作始于16世纪末。1592年,西班牙多明我会士高母羡将《明心宝鉴》翻译成西班牙文,辑录孔子、孟子、荀子、老子、庄子等哲学家的论述,被用作青少年启蒙教育、道德教育重要读本和个人修身励志经典。罗明坚返回欧洲后,根据自己对中国文化的理解,将儒家典籍《大学》的部分内容译成拉丁文,在罗马公开发表。1593年,利玛窦将"四书"翻译为拉丁文,并在欧洲流行。此外,葡萄牙传教士郭纳爵(Ignatius da Costa)也曾将《大学》译为拉丁文。殷铎泽的《中国的政治道德学》一书中也附有《中庸》的译文。1687年,柏应理、殷铎泽、恩理格、鲁日满等撰著的《中国哲学家孔子》在巴黎出版,副标题是"'四书'直译"。该书从传播福音的初衷出发,对儒家"四书"进行译介。

此外,传教士雷孝思、宋君荣、卫方济(Francois Noel,1651—1729)、刘应、马若瑟、巴多明(Dominique Parrenin,1665—1741)、钱德明(Jean-Joseph-Marie Amiot,1718—1793)等先后参与"四书"、《易经》等中国传统经典文献

的翻译工作。①

除了对儒家经典进行翻译以外,耶稣会士以本身所具有的宗教、哲学、科学知识和观念为基础,来研究儒家学说,形成一种独特的思想体系。他们之所以热衷于研究儒家思想,一方面是希望借助儒家"不语怪力乱神"的理性精神,为传播天主教提供一定的空间;②另一方面是希望为欧洲寻找更为理想的模范,借助研究中国经典,进一步探讨中西文化的共同问题。

罗明坚于1580年前后,完成了西方人的第一部中文专著——《天主圣教实录》,首次用中文表述西方世界的宗教观念,对中国宗教和文化进行阐释。

利玛窦迈出了中西方文化碰撞与融合的第一步。1593年,他将"四书"翻译为拉丁文,并在欧洲出版,这是西方翻译的第一部中国经典文献。他清楚地认识到与西方政教分离的体制不同,中国政治文化的重要特点是政教合一,因此,在中国传教,就必须走"合儒"的路线。他通过文献考据学的方法,论证"儒""耶"本为一家的观念,突出了原儒文化的宗教性质,对程朱理学主要采取批评的立场,强调"儒""耶"之间在伦理上具有一致性,以达到他"以耶补儒"的目的。

利玛窦"以耶补儒"的论证思路为众多来华传教士所继承。天启六年(1626),金尼阁在杭州刊印了拉丁文版本的《中国五经》(*Pentabiblion Sinense*),所谓"五经"包括《诗经》《尚书》《礼记》《易经》《春秋》,并进行了简要的注解,名为"中国第一部神圣之书",成为最早在中国本土刊印的中国经籍翻译本,其后,在欧洲出版,并被翻译成多种语言。柏应理等在《中国哲学家孔子》一书中,继承了利玛窦对新儒家的批评,认为新儒学在本质上是一种唯物主义的哲学,背离了孔子"敬天"的"自然理性"传统。这本书在欧洲产生了广泛的影响,孟德卫(David E. Mungello)认为这本书是"耶稣会士在中国适应的最高成就"③。与利玛窦、柏应理等不同的是,李明对程朱理学"采取一种同情式的描述"。曾德昭并未过多关注儒家的道德观,他对儒家"崇拜上帝和

---

① 林金水:《〈易经〉传入西方考略》,载《文史》第29辑,中华书局1988年版。
② 刘小珊:《明中后期中日葡外交使者陆若汉研究》,博士学位论文,暨南大学,2006年,第212页。
③ 转引自张西平:《儒学在欧洲的早期传播初探》,载张西平《传教士汉学研究》,大象出版社2005年版,第139—142页。

敬天的传统"有着较为浓厚的兴趣。他认为,中国文化主要关注社会生活层面的伦理事件,其不足在于"对真正的上帝缺乏完全的了解"①。

不过,也有部分传教士对利玛窦的"以耶补儒"进行了质疑和反对,其中,较为重要的研究是龙华民所著的《论中国人宗教的几个问题》,他在该书中指出儒家学说"是一种纯粹的唯物论","中国人将此理解作事物的存在、实质和实体,认为存在着一种无限的、永恒的、不是创造的和不会毁灭的、无始无终的实体。它不仅仅是天、地和其他形物的自然本原,而且是道德、习惯和其他精神之伦理本原",进而否定了儒家学理与天主教义之间具有可通融性。②该书是"礼仪之争"中反对耶稣会"适应政策"的重要论著。③此外,陆若汉受龙华民的影响,也成为"最强烈反对把中国古代传说与基督教传说相结合的人之一",反对利玛窦等将"天主""灵魂""天使"等天主教术语与儒家学说进行附会。④

传教士将儒家学说译介到欧洲,对欧洲思想界产生了一定的影响。德国哲学家莱布尼茨即受到儒家学说的影响,并对儒家的伦理学进行了高度评价,认为儒家在"立身处世之道更进步"⑤。此外,18 世纪法国的启蒙运动也受到儒家学说的影响,伏尔泰崇拜孔子,并借助儒家学说反对教会神学。

(四)《易经》的西传

在中国古代经典文献中,《易经》尤其受到传教士的青睐,成为"中学西传"的重要组成内容。众多传教士对《易经》的翻译和研究投入了很大的热情。

法国传教士刘应较早进行《易经》的翻译工作。其后,法国耶稣会士雷孝思在冯秉正(Joseph-Anne-Marie de Moyriac de Mailla, 1669—1748)和汤尚贤(Pierre-Vincent de Tartre, 1669—1724)翻译的基础上,将《易经》翻译为两卷本的拉丁文译本,并命名为《易经——中国最古之书》(*Y-King*,

---

① 张西平:《儒学在欧洲的早期传播初探》,载张西平《传教士汉学研究》,第 139—142 页。
② 转引自刘小珊:《明中后期中日葡外交使者陆若汉研究》,博士学位论文,暨南大学,2006 年,第 213 页。
③ 《龙华民〈论中国人宗教的几个问题〉(节选)》,杨紫烟译,《国际汉学》2015 年第 1 期。
④ 谢和耐:《中国与基督教——中西文化的首次撞击》,耿昇译,上海古籍出版社 2003 年版,第 18 页。
⑤ 沈福伟:《中西文化交流史》,上海人民出版社 1985 年版,第 449 页。

antiquissimus Sinarum Liber quem ex Latina Interpretatione）。此外，巴多明、马若瑟等先后将《易经》翻译为法文。

除了翻译《易经》之外，传教士们还积极对《易经》进行解读和阐发。葡萄牙耶稣会士曾德昭是最早向欧洲介绍《易经》的传教士，他在《中华大帝国史》中指出，《易经》是一部论述自然哲学的著作，通过"奇数和偶数……拼合文字和书写符号"来预测未来，测算旦夕祸福，并进而发展成为道德和思辨的科学，是"道德和政治的融合"，宋明理学的哲学家即借助对《易经》的阐释、解读，来重新恢复儒家的"道统"。

卫匡国也十分重视《易经》，他在《中国上古史》一书中第一次向西方指出伏羲是《易经》最早的作者，介绍了《易经》的卦爻等基本内容。他认为《易经》"是中国第一部科学数学著作"，并第一次向欧洲展示了"六十四卦图"，从而使西方人对《易经》有了较为直观的印象。他进一步向欧洲人解释道，每一个爻都可以分为阴爻、阳爻，前者被认为代表着隐蔽和不完全，后者则指示着公开和完全。阴爻、阳爻这两种符号进行排列结合，又构成了 8 个"三重的符号"(trigram)，分别代表着天、地、雷、风、水、火、山、泽。将这 8 个符号进行排列组合又产生 64 种形态各异的"六线形"(hexagram)，它们则分别象征和预示着自然和社会的种种演变与发展趋势。

其后，以法国耶稣会士白晋为代表的索隐派(Figarism)则将《易经》研究进一步推向深入。白晋把《易经》视为与柏拉图、亚里士多德的理论一样合理、完美的哲学，他通过索隐考据的方法，在《易经》等儒家经典之中寻找《圣经》的迹象，从而论证《易经》以"先知预言"方式表达了基督教教义，进而认为"中国文化是基督文化的一支"[①]，从而弥合了中西文化交流中所出现的冲突。

（五）中国地图的绘制和西传

地图也是欧洲认识中国的重要资料。早在公元 2 世纪，克罗狄斯·托勒密(Claudius Ptolemy)所绘世界地图中即已出现了中国（即所谓"丝国"）。《马可·波罗行纪》在欧洲流行，该书对中国地理的描述，也成为当时中国地

[①] 白晋等认为中国文化是基督文化的一支，是由诺亚的其中一个儿子闪(Shem)的后代所创立的，这样在中国远古文化中就有西方文化的遗痕，因而，《易经》的内容与《旧约》存在相似之处。详参张西平:《〈易经〉在西方早期的传播》，《中国文化研究》1998 年第 4 期。

图绘制的重要资料。

随着传教士在华掀起第三次传教热潮，他们通过各种途径将在东方搜集或绘制的部分地图资料带回欧洲，增进了欧洲对中国的认识。1574年，西班牙派驻菲律宾总督基多·拉维查理士（Guido Lavezares）向西班牙国王菲利普二世进奉一幅中国《古今形胜之图》，现藏于塞维利亚（Sevilla）印地亚斯总档案馆，这是目前所知最早传入欧洲的中国境域地图。该图以简练的文字和图形简明扼要地绘出中国历史沿革和地理形势的概况，内容较为丰富，有利于促进欧洲对中国地理形势的认识。

1584年，刘易斯·若尔热·德·巴尔布达（Luiz Jorge de Barbuda）的《中国新图》是欧洲第一幅刊印传世的单幅中国地图，载录了明代两京十三省等内容，[1]周振鹤称之为"欧洲人绘制中国地图的奠基之作"[2]。同年，欧洲地理学家奥泰留斯复版了《世界地图集》，其中包括一幅中国地图，这是欧洲出版的第一幅中国地图，据传由曾在华传教的葡萄牙耶稣会士卢乔其绘制。[3]

罗明坚曾绘制出《中国地图集》手稿，它被认为是欧洲第一部较为详细的中国地图集，内容涵盖各省的行政建构、产业分布、山川河流、城市聚落、矿产资源等方面。[4]值得注意的是，罗明坚在《中国地图集》中对中国地方行政制度（省—府州—县）和卫所制度进行了较为详细的记述。尽管罗明坚上述记述主要是由中国图文资料转译而来的，[5]但是，这方面的信息是之前欧洲所绘中国地图资料中所未有的，在西方汉学史上具有重要的学术价值，为

---

[1] 黄时鉴：《巴尔布达〈中国新图〉的刊本、图形和内容》，《中国测绘》2009年第6期。

[2] 周振鹤：《西洋古地图里的中国》，载郑培凯主编《九州学林》，复旦大学出版社2003年版，第202—224页。

[3] 何辉：《西方世界关于中国地理的知识和观念的来源（下）——16世纪至19世纪初的一些重要文献》，《国际公关》2015年第5期。

[4] 1989年意大利国家档案馆馆长罗萨多（Eugenio Lo Sardo）通过对意大利罗马国家档案馆所存中国地图手稿的研究，初步判断手稿的作者为罗明坚。详参Eugenio Lo Sardo, Il primo Atlante della Cina dei Ming. Un inedito di Michele Ruggieri, in Bollettino della Società Geografica Italiana, 1989；张西平：《罗明坚〈中国地图集〉在西方汉学史上的重要贡献》，《北京行政学院学报》2019年第1期。

[5] 意大利学者认为罗明坚的《中国地图集》受到明代《广舆图》的影响，近来，汪前进对该地图集与相关文献进行比对分析，指出罗明坚《中国地图集》的主要内容参引自《大明一统文武诸司衙门官制》。详参汪前进：《罗明坚编绘〈中国地图集〉所依据中文原始资料新探》，《北京行政学院学报》2013年第3期；宋黎明：《中国地图：罗明坚和利玛窦》，《北京行政学院学报》2013年第3期。

以后的西方汉学发展做出了重大贡献。

1655年,意大利耶稣会士卫匡国通过实地考察和文献整理,编绘出《中国新地图集》,并于阿姆斯特丹刊印。该图集包括1幅总图、15幅分省图,另附朝鲜半岛与日本国图幅。该图集的一个鲜明特色是释图文字比较详细,对中国自然地理、行政区划(省、府、州、县、卫所等)、人口、城市聚落、民情风俗、物产资源等进行阐述。欧洲地理学界把该图集视为地图绘制史上的里程碑,费迪南·冯·李希霍芬(Ferdinand von Richthofen,1833—1905)称这部地图集是"我们所拥有的一本最完整的中国地图著述"。

自17—18世纪以来,利玛窦的《坤舆万国全图》、艾儒略的《万国全图》和南怀仁、蒋友仁的《坤舆全图》逐步在中国传播后,动摇了中国"天圆地方"的传统地理观念。清康熙四十七年(1708),康熙帝"谕传教士分赴内蒙古各部、中国各省,遍览山水城郭,用西学量法,绘画地图",于五十七年(1718)初步完成康熙《皇舆全览图》,耶稣会士费隐(Xavier Ehrenbert Fridelli,1673—1743)、雷孝思、马国贤、白晋、杜德美、冯秉正等参与其中。绘图工作以三角测量法与天文观测相结合的方式进行,采用梯形投影法绘制,制图技术居于当时世界领先水平,地理范围基本涵盖清帝国全境。[①]其后,奥地利传教士费隐将康熙《皇舆全览图》的手绘本寄回法国。法国地理学家根据费隐寄送的地图以缩小的比例尺复制编成《中国总图》,后由杜赫德收录在《中华帝国全志》中。

此外,1718年,法国耶稣会士雷孝思著有《中国全图》中国刻本,包括1幅全图、34幅分图。此外,他曾将一幅中国人绘制的有关中国与里海之间各国的地图寄往法国。1750年,法国耶稣会士钱德明向法国寄过一份关于长江三角洲至湄公河的地图,上边注有许多中文地名和注释。法国耶稣会士冯秉正在给法国神父的长信中,附寄了台湾岛和澎湖列岛的地图。

---

① 翁文灏:《清初测绘地图考》,《地学杂志》1930年第3期;杜赫德:《测绘中国地图纪事》,葛剑雄译,载中国地理学会历史地理专业委员会《历史地理》编辑委员会编《历史地理》第2辑,上海人民出版社1982年版,第206—212页;冯宝琳:《康熙〈皇舆全览图〉的测绘考略》,《故宫博物院院刊》1985年第1期;秦国经:《18世纪西洋人在测绘清朝舆图中的活动与贡献》,《清史研究》1997年第1期;韩昭庆:《康熙〈皇舆全览图〉空间范围考》,载中国地理学会历史地理专业委员会《历史地理》编辑委员会编《历史地理》第32辑,上海人民出版社2015年版,第289—300页。

（六）中医的西传

西方先进的医学是传教士在华传教的有力手段。在此过程中，随着传教士对中医的认识逐渐加深，并将中医介绍到欧洲，引起了极大关注。

1. 西方传教士对中医的评价

"因为种族、环境和习俗，当各自的文化价值观被展示出来的时候"，传教士对中医的认识和评价出现较大分歧。由于传教士对中医治疗有着近距离的深入观察，或者对中医疗效有过亲身体会，因此，传教士对中医多持肯定态度。

早在1575年，西班牙奥斯定会士拉达到访福建期间，搜集大量中文书籍，接触到中医的部分内容，他肯定了中医的价值："他们像草本学家一样从经验知道草药的本性，并像我们在迪斯科里德（Dioscorides）书里那样对草药加以描绘。"[①]利玛窦也是较早接触中医的传教士，他指出"中国的全部医术就都包含在我们自己使用草药所遵循的规则里面"。不过，他也敏锐地注意到了中国传统文化中重视科举、轻视医学和数学的现象："这里没有教授医学的公立学校，每个想要学医的人都有一个精通此道的人来传授……在这里每个人都很清楚，凡是希望在哲学领域成名的，没有人会愿意费劲去钻研数学或医学。结果是几乎没有人献身于研究数学或医学，除非由于家务或才力平庸的阻扰而不能致力于那些被认为是更高级的研究。钻研数学和医学并不受人尊敬。"[②]

除利玛窦以外，钱德明也对中医进行过深入研究，他指出："中国人的大部分医书是一些处方或诊断法编成。这些处方或方法经过无数次的实践验证。在确定一些总原则和基本标准之后，便讲发生病变的人体各部分的疾病。著书人对此讲得详细，并带有病理分析，体现了中国古代医学比较完整的医疗系统。"[③]法国耶稣会士方德望曾亲身体验过中医的治疗，他高度赞赏中医的疗效："中国医生不只在抚脉诊断方面有非凡的本领，他们用药也极

---

① C.R.博克舍编注：《十六世纪中国南部行纪》，第210页。按，还需要指出的是，拉达对中国占星术、天文学、算学、律法和经学等评价很低，认为"所有别的方面都不值一顾"。
② 利玛窦、金尼阁：《利玛窦中国札记》，何高济、王遵仲、李申译，中华书局1983年版，第34页。
③ 转引自曹增友：《传教士与中国科学》，宗教文化出版社1999年版，第369页。

有效果。"①

部分传教士对中医的评价有臧否。传教士巴多明认同中国医生具有较为高明的医术,在治疗实践中也取得了一定的成就。但是,他强调中国医生普遍缺乏理论知识和病理学分析,医学知识缺乏系统性,并且儒家学说对解剖学和医学的深入发展造成了一定阻碍。1820 年,英国伦敦会士马礼逊(Robert Morrison,1782—1834)与李文斯顿(John Livingstone)购买一处藏有 800 余卷中医药书籍和诸多中草药的中医书馆(Chinese Medical Library),并聘请中医药专家讲解相关知识,他们希望"可以对现今西方所掌握的、能减轻人类痛苦的手段再做点补充"②。

此外,还有一些传教士对中医的评价很低,并质疑中医的科学依据。德国基督教路德会士郭士立(Karl Friedrich August Gützlaff,1803—1851)于 1837 年出版《中国人的医术》,对中医的诊脉和草药知识进行梳理,但他认为"(中医)对解剖的无知,外科的无能,在急救时几乎毫无用处"③。更有部分传教士认为中医中充斥着大量的江湖骗子和庸医。

2. 诊脉

诊脉是中国古代医学特有的一种诊法。利玛窦曾对中医的诊脉大加赞赏:"他们按脉的方法和我们的一样,治病也相当成功。"曾德昭的《大中国志》对中西医治疗方法差异进行比较,还重点阐述了诊脉,但对诊脉的学理基础并未进行进一步深究。1671 年,波兰籍耶稣会士卜弥格(Michael Boym,1612—1659)著有《中国诊脉秘法》,翻译了魏晋时期著名医学家王叔和所著的《脉经》,对脉学进行系统阐述,引起欧洲文化界的广泛关注,被译为欧洲多种文字。1652 年,他又撰著《中国医药概说》一书,指出诊脉不仅可以诊断病情,还可以预测病情的发展趋势。李明在其专著中指出诊脉在中医治疗中的重要地位:"应该承认,他们已取得有关脉搏方面的特殊知识,这使中国人闻名于世界。黄帝创立医学已有四千多年,从那至今,中国人始终

---

① 转引自曹增友:《传教士与中国科学》,第 367 页。
② K. Chimin Wong and Lien-teh Wu, *History of Chinese Medicine*, Shanghai: The Mercury Press, 1936, p.307.
③ 转引自陶飞亚:《传教士中医观的变迁》,《历史研究》2010 年第 5 期。

视脉搏学为整个医学的基础。"①

3. 针灸

针灸是中国一种特有的治疗疾病的方式，主要包括针法和灸法两类，不采用任何药物。卜弥格、钱德明、巴多明等曾向欧洲介绍了针灸的状况。特别是巴多明认为针灸不放血，也不用吃任何药物就可以治病，对人健康有益。19世纪，法国陆续出现针灸学会和研究会。②

4. 草药

传教士对中医用草药治病的手段进行了详细记述，向欧洲译介了一些相关的典籍和文献，并将在中国搜集采撷的草药寄回国内。

瑞士耶稣会士邓玉函指出，瑞士虽然也用草药治病，但是中医"草木不以质咀，而蒸取其露"③。卜弥格在《中国医药概说》一书中收录多种中药以及中医处方，并以深厚的西医理论来探讨中医的学理依据。此外，卜弥格将《本草纲目》中的植物部分翻译成拉丁文，在欧洲出版，命名为《中国植物志》，介绍植物种类、药效价值以及使用方式等。《本草纲目》传入欧洲后，在学术界引起了较大的影响。人参、冬虫夏草、茶叶、大黄、槐树、阿胶、秋石、植物根块等中草药的药用价值引起欧洲人的关注。④特别是通过传教士对茶叶功效的介绍后，欧洲多地开始热衷饮茶，部分医生将茶叶作为药品开给病人。

5. 天花痘术

天花是由天花病毒所致，由于这一病毒传染性较强，曾发生数次天花大流行。中医用"以毒攻毒"的思想来防治天花，发明了人痘接种法，这在当时是较为先进的医学技术。

传教士将这一技术介绍到俄罗斯，其后又传播至欧洲。1726年5月，法国耶稣会士殷宏绪（François Xavier d'Entrecolles，1664—1741）将3份人痘接种的处方介绍到欧洲，并在给杜赫德的信函中介绍了中国的人痘接种法，这是欧洲对中国种痘术的最早记载。⑤除殷宏绪以外，钱德明的《中国医学》、

---

① 转引自曹增友：《传教士与中国科学》，第373页。
② 窦艳：《传教士与明清之际的中西医交流》，硕士学位论文，山东师范大学，2009年。
③ 刘侗、于奕正：《帝京景物略》，北京古籍出版社1980年版，第207页。
④ 张宗鑫：《明清之际中医在西方的传播》，《中华魂》2014年第20期。
⑤ 韩琦：《中国科学技术的西传及其影响》，河北人民出版社1999年版，第113页。

韩国英的《天花》等也有关于中国天花痘术的相关介绍。

18世纪,欧洲出现了天花疫情,一定程度上促进了中国天花痘术的传播。伏尔泰等参与人痘术的讨论之中,主张积极采纳这一医术,对法国因循守旧的固有成见进行批判,引起了很大的反响。

(七)中国音乐的西传

中国音乐的西传,可以追溯至利玛窦,他在《利玛窦中国札记》中进行了较为直观的批评:"中国音乐的全部艺术似乎只在于产生一些单调的节拍,他们一点不懂把不同的音符组合起来以产生变奏与和声。对外国人来说,它们却只是嘈杂刺耳而已。"[1]1681年,法国耶稣会士克劳德·弗朗科伊斯·梅纳斯特里埃(Claude-François Menestrier)的《古今音乐的演奏》出版,该书中有一部分内容涉及中国音乐。他认为"中国人自古以来就把自己的法律及政府的政治准则称为'乐',唯有统治家族才掌握这种音乐的微妙及其演唱方式",并指出中国最大的音乐家乃是孔子。[2]杜赫德的《中华帝国全志》一书对中国音乐也有所涉及,与利玛窦等人相似,他对中国音乐的评价也较低:"按照中国人的看法,是他们创造了音乐。即使他们所说不假,它还处于原始状态,因为有那么多缺陷,只能勉强称得上音乐这一称谓而已。"[3]此外,马若瑟在译介戏曲《赵氏孤儿》时,对中国戏曲的"唱词"和"曲牌"也有所关注,不过,他似乎并不能接受"唱词"和"曲牌"在中国戏曲中的重要作用。

对于中国音乐研究成就最大的传教士当属钱德明。他具有较高的音乐素养,试图将音乐作为与中国知识分子交流的纽带。他曾将李光地的《古乐经传》一书翻译为法文,但该书在传回欧洲后,遭到严重曲解和篡改,法文译本甚至亡佚。其后,他又撰写了《中国古今音乐考》(*Mémoire sur la musique des Chinois, tant anciens que modernes*),该书于1779年在巴黎出版。该书是用欧洲语言系统研究中国音乐的首部专著。钱德明在前言中明确表达了

---

[1] 利玛窦、金尼阁:《利玛窦中国札记》,第18页。
[2] 陈艳霞:《入华耶稣会士对中国音乐的研究》,载谢和耐等《明清间耶稣会士入华与中西汇通》,第514页。
[3] 转引自龙云:《钱德明研究——18世纪一位在中法文化交汇处的传教士》,博士学位论文,北京大学,2010年,第105页。

他的创作目的:"我希望通过我这部对中国音乐介绍的著作,使这些人能够得出对中国音乐的正确评价。"钱德明较为全面地介绍了中国乐器的"八音"(金、丝、土、石、革、木、竹、匏)分类法,并对每一类乐器的源流、制作工艺和具体用途进行了讲解,被认为是"西方最早具有音乐图像学意义的中国乐器介绍"[1]。此外,较为可贵的是,钱德明向欧洲人强调中国音乐是一个独立、完整的音乐体系,他指出"早在毕达哥拉斯之前,早在埃及的祭司制度确立之前,更不用说早在墨科利神(Mercure)出现之前——在东方中国,人们就已经意识到了,将八度分为十二个半音的问题!中国人称之为'十二律'",是"世界上最早通晓和声学的民族"。[2]

(屈卡乐,国防大学政治学院讲师)

---

[1] 梅晓娟、孙来法:《耶稣会士钱德明与〈中国古今音乐考〉》,《人民音乐》2008年第9期。
[2] 钱德明:《中国古今音乐考》,叶灯译,《艺苑(音乐版)》1996年第4期。

第三章 东西碰撞：现代世界的兴起与专业汉学

18世纪下半叶以后，工业革命迅速席卷欧洲和北美国家。生产方式的革新带来生产效率的飞跃，西方社会的人口比重、产业结构和经济状况等发生重大改变。在世界范围内获取低廉的生产原料、开拓广阔的消费市场，由此建立适应工业社会的全球贸易体系和新型国际秩序成为主要趋势。在相互接触中，迈向现代化转型的西方各国必然与东方社会既有的文化传统和价值体系产生激烈碰撞。在现代文明观念和价值取向的推动下，西方国家对东方世界的探索、认知和阐释体系也相应发生巨大转变。借由重新审视、塑造和评判这一"异域"形象，西方国家得以逐渐树立起自身文化的优越性。在这一过程中，以现代性为基础的科学范式成为西方国家研究中国问题的基本框架，由此催生出具有专业性、精细化和系统性的专业汉学。

一、现代世界变革和汉学的确立

（一）工业时代的来临

18世纪下半叶，西方世界兴起工业革命，人类的生产方式发生重大变化，生产效率也得到巨大提高。在已完成资本原始积累的英国，工业革命率先发生。由于生产效率低下的手工纺纱技术无法满足日益扩大的海外出口需求，珍妮纺纱机于1764年应运而生。这种纺织机通过手摇纺纱轮，可同时纺十几根纱线，使得棉纺织品的产量迅速提高。随后，以水力驱动的卷轴纺纱机、结合珍妮纺纱机与卷轴纺纱机优势的走锭精纺机接连问世，英国传统纺织业开始走向机械化生产。

伴随生产机器的快速应用,动力领域亦发生变革。1769年,苏格兰发明家詹姆斯·瓦特第一次成功改良蒸汽机,并于之后数年逐渐提高其效率。这促使蒸汽成为机器运作的主要动力,工业生产从此摆脱对人力、畜力、水力、风力等较受环境限制的资源的依赖,工厂的选址也不必再拘泥于河流旁边。以蒸汽为动力的机器广泛应用于纺织、采矿、冶铁等行业,大规模的机器生产从此成为可能。蒸汽轮船、蒸汽机车等交通工具的相继发明和广泛使用也促进了交通运输的发展,人类的空间距离被大大缩短了。

同时,人类社会在燃料改良和钢铁制造方面也取得了长足的进步。18世纪上半叶,拥有丰富煤炭的英国已将这种矿产资源作为一般生活和工业生产的主体燃料,比其他欧洲国家都要超前。这使英国最先完成从有机物经济(organic economy)向以矿藏为基础的经济(energy-based economy)的转变。[1]到了1860年,占世界人口2%的英国已拥有世界煤炭产量的50%。[2]由煤制造而成的焦炭由此代替木炭成为冶铁的主要燃料,并为蒸汽提供动力,机械生产进入快速发展的阶段。在钢铁业,蒸汽机运用于鼓风炉,冶炼锻造技术有了极大改进,生铁质量有了提高。从18世纪80年代到第一次世界大战期间,英国生铁年产量从6.9万吨跃升至982.4万吨,成为现代工业所需的基本原料。[3]

到19世纪,开端于英国的工业革命已经席卷欧洲大陆和北美地区。法国、美国、德国等国在18世纪末至19世纪都相继实现了工业化。在此情形的影响下,西方社会的社会结构和经济状况都发生了极大改变。大量农村人口涌向城市,成为贩卖劳动力的产业工人。城市人口的比重因此大幅上升,现代化的工业城市开始迅速扩张。机器制造取代手工劳动成为许多行业的主要生产方式,工厂制的生产组织形式也开始产生。在此基础上,大型企业发展起来,新兴工厂主阶级的力量巩固并壮大。资本市场和银行业也逐渐兴起,成为工业时代经济发展的重要支柱。

---

[1] 俞金尧:《近代早期英国经济增长与煤的使用——西方学者研究经济史的新视角》,《科学文化评论》2006年第4期;邱建群:《生态危机与能源转换——英国首先发生工业革命原因之新解》,《辽宁大学学报(哲学社会科学版)》2010年第2期。

[2] 舒小昀:《工业革命:从生物能源向矿物能源的转变》,《史学月刊》2009年第11期。

[3] C. H. Lee, *The British Economy Since 1700*: *A Macroeconomic Perspective*, Cambridge: Cambridge University Press, 1986, p.71.

(二) 全球贸易的扩张

在世界范围内,商业资本主义也在工业革命的推动下加剧扩张。在此背景下,以传统丝绸之路为代表的东西方世界既有联系已经无法满足上述需求。西方各国迫切需要建立新的全球贸易体系,从亚洲、非洲、美洲等地获取价格低廉的产品原料,并向外销售过剩的工业制品。

以英国为例。工业革命的完成使得英国产品的制造和运输变得比以往任何时候都更要便利。当其国内市场的需求已无法跟上工业产品的生产速度时,海外市场的开拓成为时代的必然。18 世纪下半叶开始,未经历工业化的殖民地市场成为英国工业制品的绝佳消费地,在英国的外贸出口中占据日益重要的地位。1772—1774 年间,美国、加拿大和西印度群岛出口的英国工业制品的比重已占英国出口总量的 46.9%。而到了 1854—1856 年,非洲、近东、亚洲、澳洲和拉美则发展成为英国工业制品最重要的出口地域,其出口量占据英国出口总量的 43%。①

开拓海外市场的需求也促使早期英国所推行的重商主义逐渐转向自由贸易,进一步加强了英国的进出口贸易。1846 年,对本国谷物实行关税保护的"谷物法"被废除;1849 年,保护英国本土及其殖民地航海贸易的"航海法案"又被废除。高额关税的取消促进了英国自由贸易的发展,海外市场大为扩张。1821—1873 年间,进口产品已经约占英国国民收入的 25%—30%。到了 19 世纪末,英国重要工业部门的出口产品,如棉纺织品、钢铁、煤等,甚至占据其出口总量的 2/3。和其他国家相比,英国工业品的出口量也占据绝对优势。1876—1885 年间,英国工产品的出口数约为世界出口总量的 38%。②

海外市场廉价的原材料又反过来满足了英国工业品制造的需求,促进了英国国内经济的发展。北美、西印度群岛、巴西、印度、埃及、利凡特等地都是英国的棉花供应地,波罗的海国家的木材、粮食、铁和造船材料,地中海国家的丝、酒和小麦,爱尔兰的畜产品和麻制品,中国的茶、生丝,以及其他东方国家的胡椒、香料、靛青、棉花、硝石等也都出口英国。其中很大一部分又被英国转口输往其他欧洲国家,以从中获取巨额利益。③

---

①③ 王章辉:《英国工业革命时期的国内外市场》,《世界历史》1992 年第 1 期。
② 林秀玉:《英国对外贸易现代化进程之探析》,《历史教学》2003 年第 6 期。

拥有丰富资源和巨大市场潜力的中国,是英国和其他西方国家竞相争取的重要目标。18世纪下半叶,英国用鸦片叩开中国市场的大门,以此平衡自己的对中贸易逆差。到了19世纪晚期,在工业革命的冲击下,中国对外贸易已经由出超转变为入超,进出口商品结构发生了较大改变。中国的出口产品仍然是原有农业社会的产物,如丝绸、茶叶等。它们在和外国同类产品竞争的过程中不得不逐渐削价,致使其出口贸易日益衰落。而西方各国向中国输入的则是棉纺织品、煤油、火柴等工业制品,其价格持续下跌的同时,工艺又不断进步,对中国市场形成强有力的冲击。①

在此种情形下,中国市场的对外开放程度前所未有地提高,与西方世界的联系也被迫加强。从1842年的中英《南京条约》开始,中国与美国、法国、俄国等西方列强签订了一系列不平等条约,陆续开放大量沿海、沿江通商口岸,丧失关税自主权、领事裁判权、内河航行权、内地贸易权等政治、经济权益,并对条约国家实施片面最惠国待遇,由此被动接受西方工业国家所制定的、符合自由贸易形态的"国际标准"。19世纪中期以来,东西方文化的剧烈碰撞,也致使中国在政治、经济、意识形态、社会关系等各方面都发生深刻转变,在适应形势变化、迎接巨大挑战的道路上艰难求索。

可以说,18—19世纪全球自由贸易的发展,促进了英国领导下新型国际秩序的形成。特别是19世纪初,英国打败法国,真正确立了自身的海上霸权后,采取控制海上贸易枢纽,建设海上军事据点和通信设备,力主"公海的自由",利用海军维持公海安全,取缔奴隶贸易等措施,积极推行以英国为主导的海上秩序。②然而,这一新海权通过维护所谓"自由贸易",给以英国为首的西方工业国家带来巨大利益的同时,也使中国等前现代国家被迫卷入"全球化"的浪潮之中。

(三) 中国认知的转变

18世纪下半叶,通过来华传教士这一媒介在欧洲国家掀起的"中国热"开始退潮。这当然和一系列事件的发生直接相关。例如,清朝政府对来华

---

① 周广远:《1870年—1894年中国对外贸易平衡和金银进出口的估计》,《中国经济史研究》1986年第4期。

② 章骞:《19世纪英国海权与全球化》,载金永明主编《筹海文集》第2卷,海洋出版社2016年版,第160—177页。

传教士的限制,使欧洲失去了获得中国信息的重要途径。17世纪初,耶稣会在有关中国教徒是否可以"祭祖""祀孔"的问题上发生争论,引发持续一个多世纪的多方矛盾。1723年,雍正皇帝即位之初,下令采取全面禁教的政策,驱逐来华的西方传教士。1773年,罗马教会宣布解散耶稣会。天主教在中国的传教活动以失败告终。此外,欧洲本身的兴趣开始发生转变。庞贝古城的发现,使得人们重燃对古希腊罗马文化的热情,对东方文化的兴趣也因此有所减弱。

然而,欧洲"中国热"消退最为深刻的原因是18世纪下半叶以后欧洲社会的转型和世界局势的变化,以及由此产生的西方国家对中国文明的再观察和再塑造。18世纪中后期以后,欧洲国家开始迈向现代化转型之路,并在世界范围内推行符合自身利益的贸易体系和国际秩序。在这一过程中,西方资本主义不可避免地和经济、政治形态迥然不同的中国社会发生紧密接触和激烈碰撞,并在这一过程中打破以往西方传教士所塑造和传递的正面、积极的中国形象。英国马嘎尔尼使团访华过程中的礼仪之争就是最为典型的一例。

1793年,英国国王派遣特使马嘎尔尼前往中国,以庆贺乾隆皇帝八十大寿为名,希望中国开放宁波、舟山和天津等地为通商口岸,减免英国在澳门、广州的关税等,以此扩大与英国的贸易。在觐见过程中,乾隆皇帝却与马嘎尔尼使团因是否应行三拜九叩之礼发生冲突,对英国提出的谈判要求更是全盘拒绝,两国之间未达成任何实质协议。朝贡秩序与近代西方国际体系的碰撞,以及两者之间交流的失败,扭转了欧洲对中国的印象。[1]在马嘎尔尼使团的观察中,中国的盛世表象下掩藏的是经济贫困、精神贫乏、王权专制和传统封闭。"从此,中国的形象黯淡了。"[2]

在这一时期的欧洲人眼中,中国的负面形象主要有三点:首先,统治者的不重视、科举的误导作用和中国的闭塞,导致中国的自然科学发展缓慢,

---

[1] Sybille C. Fritzsche, *Narrating China: Western Travelers in the Middle Kingdom After the Opium War*, Chicago: The University of Chicago, 1995, pp.35-45.

[2] 佩雷菲特:《停滞的帝国——两个世界的撞击》,王国卿等译,生活·读书·新知三联书店1995年版,第563页。有关马嘎尔尼使华对中国形象的逆转,参见李朝军:《19世纪西方来华游历者视域中的中国形象——以游历文本为中心的考察》,博士学位论文,湖南师范大学,2015年,第87—98页。

"实用小技能的发明远比天才的伟大发现更加实惠。能阐明物质三种形态的人所能得到的褒奖,远在能巧妙地剪裁绸料的人以下"。这和工业革命以后欧洲日新月异的科技发展形成了鲜明对比。其次,中国社会长期以来停滞不前。例如,英国经济学家亚当·斯密在其1776年出版的《国富论》中就说道:"中国一向是世界上最富的国家,就是说,是土地最肥沃,耕作最精细,人民最多而且最勤勉的国家。然而许久以来,它似乎就停滞于静止状态了。今日旅行家关于中国耕作、勤劳及人口稠密状态的报告,与五百年前观察该国的马可·波罗的记述相比,几乎没有什么区别。"欧洲的思想家们认为,中国社会"停滞不前",和中国统治者为了稳定社会秩序,对人民进行严厉的思想禁锢有直接关系。最后,中国的专制统治。17世纪末,法国"中国热"逐渐形成之后,中国的政治体制就成为法国普通民众和思想家所共同关注的对象,是他们试图了解异国和改造自身的参照物。随着法国大革命的临近,自由和民主的政治意识逐渐得到加强,法国民众开始对专制统治加以严厉批判。在这一背景下,以往被探讨思索乃至被褒扬效仿的中国政治体制也遭到遗忘和抛弃。①

可以看到,18世纪下半叶到19世纪,欧洲正通过科学技术的进步、自由贸易的发展和资本主义的扩张在全球范围内迅速取得霸权地位。欧洲国家也在这一过程中树立起自身文化的优越性,形成以民主、自由和进步为衡量尺度的价值取向。在确立和推行以西方文明为中心的国际秩序和价值体系的过程中,传统的中国文明既无法满足西方国家扩张贸易的需求,也不再符合其心目中的理想形象。正是在这一背景下,18世纪欧洲通过关注中国而进行自我映射的"中国热"退却,欧洲对中国的认知方式也开始发生转变,借由评判"他者"对自身文明进行再认识与再构建。

(四)专业汉学的产生

18世纪与19世纪之交,"中国热"消退以后,西方旅行家和传教士不再是书写和传播中国知识的主体,专业汉学开始在法国和欧洲其他国家确立。这意味着欧洲本土和侨居地的汉学家们开始以西方知识体系所认可的客观和科学的方式对中国进行研究和观察。当然,"中国热"的退却和专业汉学

---

① 许明龙:《十八世纪欧洲"中国热"退潮原因初探》,《世界史研究年刊》1995年第1期。

的兴起并非两个割裂的历史现象。正如有学者指出:"我们不妨将耶稣会士描绘的理想化中国(孔夫子、哲学王)破灭视为启蒙运动之后的欧洲现代性走向成熟的标志,而伴随着'中国热'的退潮兴起的汉学研究,则是高度自信的欧洲将'异域'对象化和知识化的最初尝试,从这一点而言,19世纪初期专业汉学兴起并不突兀,而是继传教士汉学之后欧洲内部一次自然而然的延续,其吸取了传教士汉学的资料,并且采用理性、科学的方法论来处理中国问题,客观的研究范式意味着一门学科的真正建立。"①

毋庸置疑,从17世纪末一直延续到18世纪的"中国热"确实为专业汉学的产生提供了土壤。这一时期,除了传教士群体对中国进行的研究之外,少数欧洲学者也对中国保持着极大热情,并利用在华传教士翻译和撰写的二手材料开展研究。例如,法兰西学院铭文和美文学院院士艾蒂安·傅尔蒙(Etienne Fourmont,1683—1745)、尼古拉·弗雷莱(Nicolas Fréret,1688—1749)以及傅尔蒙的学生小德经(J. de Guignes,1721—1800)在编写汉语语法字典、研究中国语言和历史纪年等领域发表了具有开拓性的成果。不仅如此,整个法国知识界也逐渐开始以严谨的学术态度关注中国问题,收藏了大量中国书籍,并出版了有关中国的大规模丛书,"为下个世纪使汉学成为一个专业学科准备了条件"。应该说,"如果没有这场'中国热',没有法国知识分子对中国文化的兴趣,汉学成为一门专业的学科可能还得推迟时日"。②

从更为具体的历史背景来看,18世纪下半叶至19世纪,西方工业国家开始在中国寻求新的贸易契机,传教士时期的汉学研究已无法满足各国对中国的探索欲,专业汉学应势而生。随着中西贸易的扩大和中西近代国家关系的加强,西方来华人士在结构上发生明显变化。19世纪上半期进入中国的新教传教士开始越来越多地为来华外交官、商人、旅行家等世俗化、职业化群体所取代。他们来华的目的纷繁复杂,对中国进行介绍和研究的动机也多种多样。这些"业余汉学家"的研究有的是由文化道德所驱动,"这种类型的中国研究的最初而且也是最持久的动力,来自研究者对于中华文明

---

① 胡森森:《西方汉学家的中国文学观研究——一次后殖民理论分析实践》,光明日报出版社2015年版,第69页。
② 龙云:《法国专业汉学的兴起》,载张西平主编《国际汉学》第16辑,大象出版社2007年版,第20页。

的不断接触了解过程之中所逐渐产生形成的一种感情与信念";也有的是为了"适应中国"的策略需要,亦即将"中国研究,作为'适应中国'策略中最普遍存在的一种形式"。出于此种目的,"从一般意义上的语言文化和风俗习惯知识的需要和了解,到对所在地历史、地理、人文传统和民间文学的接触了解,再到更深层次的对于塑造中国人思想与心灵的古代思想传统的探究与分析、比较与评价,逐渐发展起来,并在研究内容、研究方法、研究形式、研究水平和成果等诸方面,开始形成基本的文献积累和学科轮廓"。当然,还有的人是因为纯粹的求知欲与好奇心。而一些在最初的中国研究的基础上不断深化,坚持了几十年甚至到去世的研究者,则更多是出于学术专业的目的。当然,大多数汉学家的研究动机并不单一,而是多种因素交织混合在一起的。这一时期,"几乎大多数汉学家对于汉学研究大都经历了从最初的兴趣、好奇到稳定的、理性的、专业的、科学的研究,乃至成为终生研究方向的发展变化"。[①]在这一背景下,职业汉学家和业余汉学家不断涌出,汉学发展也逐渐专门化、细致化,专业汉学就此日渐勃兴。

当然,专业汉学成为一门具有人文学科研究方法的专门学科,也是西方现代知识体系日臻成熟的结果。欧洲在经历了漫长的中世纪后,科学发展突飞猛进,文艺复兴运动持续推进,人们冲破天主教垄断下的宗教意识形态,开始崇尚理性和科学,并在启蒙运动时期发展出主客二元对立的价值观念,奠定了现代西方思想的基础。在这一思潮的影响下,欧洲学者们开始强调知识源于观察和实验,以科学的知识和方法进行学术研究,近代科学体系由此产生。到了18世纪末19世纪初,大学的职责和学科体系已发生重大变化,神学院开始缩减甚至取消,自然科学和人文社会科学各科系成为追求纯粹理性知识的场所。由于现代工业社会对知识生产精细化的要求,各学科的研究方法和人才培养变得更为专业,开始设置相应的教席、院系。学科内部的专家群体、学会、协会组织也慢慢发展起来。[②]

也正因如此,专业汉学的研究范式由西方现代思想体系所主导,建立在启蒙时代以来理性主义二元对立的哲学观念之上。在这种范式的影响下,

---

[①] 段怀清、周俐玲编著:《〈中国评论〉与晚清中英文学交流》,广东人民出版社2006年版,第57—73页。

[②] 袁曦临:《学科的迷思》,东南大学出版社2017年版,第45—47页。

西方汉学家们着眼于中国的独特性,尤为关注与西方的不同之处。这就使得 19 世纪的汉学研究不免带有"先进""自由"的西方文明对"停滞""专制"的中国文明进行审视、表述与批判这种主客二分的思想底色。正如有学者所指出的,"正是这些基于两种文明对立性认识的问题构成了 19、20 世纪欧洲学者研究中国时的切入点,以及思索中国问题时所置身的基本框架"。①不过,也不能据此对 19 世纪西方汉学研究的复杂性一概而论。事实上,这些研究并不"都是将中国文明看成木乃伊式的文明,当时对现实的中国研究是 19 世纪西方汉学的一个重要的方面"②。

二、各国专业汉学的兴起与发展

上文中我们已经探讨了 18 世纪下半叶工业革命兴起后欧洲国家乃至世界形势发生的巨变,这一情形对于中西文明交往产生的重大影响,以及在这一背景之下西方汉学研究的新趋势——专业汉学的产生。由于各国汉学发展的差异非常之大,在本节中,我们将会从国别角度出发,介绍 19 世纪专业汉学在一些主要国家的确立、发展及其各自的特点。

(一)法国:专业汉学的滥觞

19 世纪,法国汉学的发展领先于其他欧洲各国。之所以如此,和 18 世纪法国传教士与学者对中国问题的浓厚兴趣以及由此形成的汉学积淀紧密相关。自 17 世纪下半叶开始,在法国传教士的努力下,法国已成为欧洲汉学研究的重镇,且"西方的中国研究出现了一个新的高潮,也就是历史学家们所称的国外汉学研究的'草创'时期,为 19 世纪西方汉学学科的确立打下了基础"。这一时期,不管是法国耶稣会士研究中国的作品数量之众,还是其作品内容的涵盖面之广,都居欧洲传教士之首,且法国传教士的汉学研究已经开始向职业化迈进。③在法国本土,例如上文提到的傅尔蒙、弗雷莱、小德

---

① 张国刚、吴莉苇:《启蒙时代欧洲的中国观:一个历史的巡礼与反思》,上海古籍出版社 2006 年版,第 406 页。
② 张西平:《对所谓"汉学主义"的思考》,载朱政惠、崔丕主编《北美中国学的历史与现状》,上海辞书出版社 2013 年版,第 463 页。
③ 许光华:《法国汉学史》,学苑出版社 2009 年版,第 29、36 页。

经等学者,也已经在汉语语言、中国历史等方面开展了一定程度的研究,与法国在华传教士的研究之间形成呼应。到了18世纪晚期,法国文化界已开始用严肃的态度对待中国的历史、文化、艺术、科学等问题,并开始重视在研究中使用第一手资料。除此之外,18世纪中期开始,法国本土也开始出现汉语教学活动,这为之后法国学者系统地学习和研究中国知识奠定了基础。1742年,法国皇家学院最早开始教授汉语;1796年,法国巴黎学院东方语言学校创立,由汉学家兰歌籁(Louis Mathieu Langlès,1763—1824)担任校长,这所学校即现在的巴黎东方语言文化学院(Institut National des Langues et Civilisations Orientales),成为培养法兰西派汉学家的摇篮。①

19世纪上半叶,法国汉学进入专业化时期。法兰西学院的"汉学讲座"(chaire de sinologie)则是其最初阵地。早在16世纪,东方学就是法兰西学院的传统教学科目之一,但早先设立的都是教授阿拉伯文、古叙利亚语、土耳其语和波斯语等的教职,而汉学教授席位则到1814年11月11日才被法兰西学院确认创立,由年仅27岁的汉学家雷慕沙担任讲座教授。这可谓是法国汉学研究乃至西方汉学研究的里程碑,也是法国专业汉学确立的重要标志。②

雷慕沙最初攻读医学,并于1813年进行中国医学方面的论文答辩,获得医学博士学位。但是,他对中国语言文化明显抱有更大热情,利用当时仅有的一些参考书(尤其是工具书汉语—满语字典和汉语—拉丁语字典)自学汉语,并发表处女作《中国语言文学论》(1811),出版汉语语言名著《汉语语法基础或古文及中华帝国通用语言即官话总则》(汉文书名为《汉文启蒙》,1822),翻译中国小说《玉娇梨》(1826),为中国语言文学在法国的传播乃至在欧洲的传播做出重要贡献。他的《汉文启蒙》对于推动法国的汉学教育史来说尤其具有划时代的意义。③这部著作是雷慕沙在整理自己授课讲义的基础上不断增订完成的,对汉语的语法特点进行了简明、系统和客观的说明,法国汉学家马伯乐称其为"对汉语进行逻辑综合和推理构建的首次试验,而

---

① 阎纯德:《汉学和西方汉学研究》,载阎纯德主编《汉学研究》第一集,中国和平出版社1996年版,第9页。
② 保罗·戴密微:《法国汉学研究史概述(中)》,秦时月译,《中国文化研究》1994年第1期。
③ 许光华:《法国汉学史》,第104页。

且也一直是整个 19 世纪汉学家们着手研究的初始材料"①。

除此之外,雷慕沙还在中国哲学宗教的翻译和研究领域做出开创性的工作,例如在 1816 年翻译出版了《太上感应篇》,1823 年写成《老子生平和思想》,并在其中翻译了部分《道德经》。②在佛教研究领域,雷慕沙去世后才出版的未完成译著《佛国记》(1836)最为引人注目。戴密微认为,通过这部著作,"人们第一次对这种宗教形成了一个几乎正确的认识,而在中国的耶稣会会士曾对它极端地蔑视和不理解。另外,人们由此看到中国有关印度以及整个亚洲的历史、地理资料是如此丰富"③。

雷慕沙于 44 岁英年早逝,而他最出色的学生之一儒莲(Stanislas Julien,1797—1873)则继承了雷慕沙的衣钵,于 1832 年继续在法兰西学院教授汉语,并于 1854—1873 年间主持法兰西学院的行政工作。他同时担任东方语言学校教授和国家图书馆副馆长,为彰显法国汉学在欧洲的地位做出重要贡献。和他的老师一样,儒莲在编写汉语教材、翻译哲学著作方面成就卓著,同时对中国俗文学乃至中国工艺、农业等方面有深入研究。曾在旅欧途中拜访过儒莲的清人王韬在儒莲去世以后为其立传,其中就概括了儒莲的学术成就:

> 先生于华文有癖嗜。既入院(笔者按,即法兰西学院),穷昼夜之力,研摩考索,不一年遂造其奥。于是手握铅椠,日事翻译,先著腊顶字《孟子》,继译《灰阑记》《赵氏孤儿记》《白蛇精记》,虽皆曲院小说,而挟别入微,明畅通达,人见之一览即解。旋译《太上感应篇》《蚕桑辑要》《老子道德经》《景德镇陶录》,钩疑抉要,擘绩条分,駸駸乎登大雅之堂、述作之林矣。咸丰癸甲以来,潜心内典,考证禅宗,所译则有《大慈恩寺三藏大法师传》《大唐西域记》,精深详博、殆罕比伦。于书中所载诸地,咸能细参梵语,证以近今地名,明其沿革,非今之缁流衲子所能道其万一也。④

---

① 马伯乐:《汉学》,马利红译,载阎纯德主编《汉学研究》第三集,中国和平出版社 1999 年版,第 48 页。
② 龙云:《法国专业汉学的兴起》,载张西平主编《国际汉学》第 16 辑,第 27—29 页。
③ 保罗·戴密微:《法国汉学研究史概述(中)》,秦时月译,《中国文化研究》1994 年第 1 期。
④ 王韬:《法国儒莲传》,《弢园文录外编》卷十一。

王韬还专门强调了儒莲的汉语教科书《汉学指南》在训导后学方面的作用,认为其"具有精意"。《汉学指南》全称为《汉学指南:建立在汉字位置基础上的新编句法结构》,于1869—1870年出版,是儒莲晚年的代表作之一。该书的特点是突出对汉字的分析,并且强调在汉语语法中词的不同位置会引起的词义和语法功能的变化,而"这也正是儒莲汉语语法研究的特点"。[1]

沙畹则是儒莲之后法兰西学院汉语教授席位最负盛名的继任者,也是19世纪末20世纪初法国乃至欧洲的汉学泰斗。在沙畹之前,雷慕沙、儒莲等人主要通过语文学的方法研究汉语语法,并通过翻译汉语著作向欧洲学界介绍中国文化,而沙畹则结合语文学和历史考证的方法对《史记》的前四十七卷进行了翻译和研究。他的翻译不仅参考了多种典籍,鲜有错漏,而且加入了大量的批注,包含作者对原文字词以及相关背景知识的介绍和评论。沙畹还在翻译中融入了自己的研究成果,在译文之外添加前言、五个章节、结语和附录,分别分析了《史记》的作者、时代背景、资料来源、著作研究方法和后世流传情况。至今,沙畹的《史记》仍是唯一的法译本,对欧洲学界研究《史记》产生了深远影响。[2]

此外,沙畹的学术兴趣还涵盖中国碑铭、史地、宗教历史、边疆地区和少数民族等领域,并出版《中国两汉时代的石刻》(1898)、《华北考古考察图谱》(1909—1915)、《北中国考古旅行记》(1913)等,翻译《魏略·西戎传笺注》(1905)、《后汉初年之后的西域》(1907)、《大唐西域求法高僧传》(1894),搜集、翻译《佛教寓言五百首选集》(1910),编撰《西突厥史料》(1903)等。[3]他的考证方法"来源于19世纪的历史主义和科学主义,十分注重历史研究和科学考证,历来以严谨著称"。再加上家庭原因和本人性格,沙畹的汉学研究显得"十分精辟、严密和科学化"。[4]

以上我们简要介绍了专业汉学如何在法兰西学院发端,以及19世纪至20世纪初法兰西学院所产生的重要汉学家及其成果。事实上,"在整个

---

[1] 许光华:《法国汉学史》,第108页。
[2] 车琳:《浅述沙畹〈史记〉译介》,载乐黛云、钱林森等主编《跨文化对话》第30辑,生活·读书·新知三联书店2013年版,第452—453页。
[3] 蒋向艳:《法国汉学家沙畹》,载任继愈主编《国际汉学》第12辑,大象出版社2005年版,第37—40页。
[4] 蒋向艳:《法国汉学家沙畹》,载任继愈主编《国际汉学》第12辑,第39—40页。

19世纪,法兰西学院是法国唯一研究中国历史、文学、语言和文明的学术机构",而经过这一时期的积淀,"到20世纪,它在这些领域发挥了领导作用"。①不过,除了法兰西学院之外,从19世纪中后期起,法国一些其他高校和研究机构也纷纷开设汉语课程,设立汉语教授职位,为20世纪法国汉学的繁荣发展奠定了基础。1844年,为了满足鸦片战争以后英国对通晓汉语人才的需要,东方语言学校开设现代汉语课,进行正规的汉语教学。与法兰西学院"学究式的、学院式的"教学相比,该校的教学明显具有实践性目的,使得"原则上文言教学仅仅作为白话教学的补充"。②此外,远东法兰西学院建于1888年,是法国东方研究的重要机构,主要研究印度支那,但也涉及中国。1900年,里昂大学设立汉语教授职位,并开设汉语课程,专门培养经贸交流方面的人才。

伴随汉语课程的开设,法国专业汉学家队伍开始形成并逐渐壮大。除以上介绍的在法兰西学院任职的雷慕沙、儒莲,以及19世纪、20世纪之交的沙畹之外,19世纪的法国还诞生了爱德华·毕欧(Édouard Biot,1803—1850)、安东尼·巴赞(Antoine Bazin,1799—1863)、德理文(Marquis d'Hervey de Saint-Denys,1823—1892)等汉学家。其中,毕欧的成就尤为突出,他师从儒莲,对中国科技史、经济史和社会学史予以特别关注。他的著作《关于远古时代中国领土所有权的条件》(1838)、《中国公共教育和儒学史》(1847),译作《周髀》(1841)、《周礼》(1851)等开辟了汉学领域新的研究方向,丰富了人们对中国古代宗教和社会的认知。巴赞、德理文则在翻译中国古典文学作品以及中国白话与通俗文学方面分别做出贡献。

19世纪下半叶,中国与法国接连签订《黄埔条约》(1844)、《中法天津条约》(1858)和《中法北京条约》(1860),法国天主教徒在中国的传教活动重新兴起,法国外交官与翻译人员也开始进入中国,并加入汉学研究的行列中去。和19世纪上半叶法国本土组织起来的仅仅依靠书本进行的学院式汉学相比,这些人出于接触和了解中国社会文化的外交或传教需要,其汉学研究较具实用性。例如,法国翻译和外交官于雅尔(Camille Imbault-Huart,

---

① 谢和耐:《二战以来法兰西学院的中国学研究》,《中国史研究动态》1995年第3期。
② 保罗·戴密微:《法国汉学研究史概述(中)》,秦时月译,《中国文化研究》1994年第1期。

1857—1897)所编写的汉语教材《法国人实用汉语口语手册》(1885),由语法入门、常用句子、对话和常用词汇等部分组成,为来华法国人学习北京方言提供了极大便利。①法国耶稣会士则在直隶河间府以及上海徐家汇发展传教活动,同时进行汉语教学和汉学研究,并出版相关刊物和报纸,编写词典、志书、教材等。

除了法国职业汉学家队伍的形成、外交官和传教士汉学家的活跃之外,19世纪法国的汉学学会和专业刊物也开始逐步建立。1822年,法国亚细亚学会于巴黎创建,雷慕沙于1829—1832年间担任会长。亚细亚学会的出版物是1822年创刊的《亚细亚学报》。在19世纪,亚细亚学会以及其他姊妹学会的建立发挥出重要作用。对于学科本身而言,这使得亚洲研究"显得如同是人文科学所必不可缺的"一部分;对于社会整体而言,学会则发挥"清楚地知道亚洲民族的重要意义,为消除针对这些民族而表现出的无知或轻蔑的重要意义"。②

总的来说,19世纪的法国专业汉学呈现出这样几个特点:首先,研究领域十分丰富,涉及中国历史、哲学、文学、语言等多个层面,并在目录学、边疆史地、少数民族研究、自然科学等多个领域有所开拓。其次,从事汉学研究的人员更多地由法国本土的专业汉学家组成,他们将重视客观性和实践性的西方现代科学精神应用于研究之中。一方面,"缺少与研究对象的直接接触","这就使他们的研究工作更加理论化,因而没有人文科学的生动性";但另一方面,"他们那精确而严格的方法补救了他们失去的真实的直感"。③再次,在研究趋势上,重视"跨文化"的比较研究,"注重考察中国与亚洲国家以及与世界的关系,研究中充分地利用中国的文献资料而考察跨国的或综合的历史,而不再单纯局限于中国本身的历史"。同时,开始向文学研究倾斜,重视中国文学作品的翻译和评介。④最后,将汉语教学与汉学研究相结合。19世纪法国汉学机构的一个显著特点就是既是教学机构又是研究机构。因

---

① 许光华:《法国汉学史》,第126页。
② 让·菲力奥扎:《法国亚细亚学会与法国的东方学研究》,载戴仁编《法国中国学的历史与现状》,耿昇译,上海辞书出版社2010年版,第614—615页。
③ 保罗·戴密微:《法国汉学研究史概述(中)》,秦时月译,《中国文化研究》1994年第1期。
④ 龙云:《法国专业汉学的兴起》,载张西平主编《国际汉学》第16辑,第31页。

此,学者们在讲授汉语时所使用的教材同时是自身的研究成果。①18世纪下半叶,外交翻译人员和传教士的加入,使汉语的口语教学、实用性教材编写等方面亦有所发展。

(二)英国:业余汉学与专业汉学之间

相较于法国,英国的专业汉学起步较晚。与19世纪上半叶走上书院式道路的法国汉学不同,英国的汉学研究在这一时期由于受到贸易、外交和传教活动的多重影响,其研究人员主要是由在中国本土的传教士、商人和外交官组成的。这些"业余汉学家"的研究活动为英国专业汉学的产生建立奠定了基础。②许多传教士与外交官在回到英国后,继续在大学担任汉学教授席位。可以说,19世纪上半叶英国汉学研究的开展,是建立在英国向中国推行西方经济、社会与宗教模式的明确目标之上的。

19世纪上半叶,因为清政府的禁教政策,英国来华的商人与传教士主要仍在广东、澳门一带活动。其中最具代表性的人物是英国新教徒马礼逊。1807年他出发来中国之前,曾接到伦敦传教会董事会的指示:"使用你的中文知识做对世界广泛有益的事:一是你可编纂一部中文字典,要超过以前任何这类字典;二是你可把《圣经》翻译成中文,好使世界三分之一的人口,能够直接阅读中文《圣经》。"③此后,马礼逊陆续翻译出版《新约全书》,并与英国传教士米怜(William Milne,1785—1822)一起翻译《旧约全书》。同时,马礼逊还于1815—1823年编译出版《华英字典》,这是中国第一部英汉字典,被雷慕沙称赞说"马礼逊博士的《华英字典》与其他字典相比,具有无可比拟的优点"。④这部字典不仅内容翔实,共收入汉字4万余个,参考中文书籍达万卷之多,而且其中包含中国历史、文化、政治、宗教、习俗等方面的知识,"堪称中西文化的百科全书"。⑤此外,他还编写了不少汉语语法书和教科书,例如以英语语法为框架的《汉语语法》(1815)、《广东土话字汇》(1828)、汉语教

---

① 许光华:《法国汉学史》,第139页。
② 王琰:《汉学视域中的〈论语〉英译研究》,上海外语教育出版社2012年版,第38页。
③ 马礼逊夫人编:《马礼逊回忆录》,顾长声译,广西师范大学出版社2004年版,第25—26页。
④ Marshall Broomhall, *Robert Morrison, A Master Builder*, Nex Xorh, 1924, p.153,转引自谭树林:《〈华英字典〉与中西文化交流》,《中华文化论坛》2003年第1期。
⑤ 谭树林:《〈华英字典〉与中西文化交流》,《中华文化论坛》2003年第1期;熊文华:《英国汉学史》,学苑出版社2007年版,第24页。

科书《华文初阶》(1815)等。①

　　除了翻译《圣经》和推进汉语研究,马礼逊的另一主要贡献是筹办英华书院(Anglo-Chinese College),旨在培训欧洲传教士学习和使用中文,以便利于其在南亚和中国传教,并帮助中国人学习《圣经》与西方科学知识。同时,他提议在英国的大学里设置中文讲座,以便为新教徒在东亚地区的传教、中英贸易和外交往来,以及英国知识界阅读中文书籍提供必要的帮助。不过,他的建议并未实现。因此,他于1825年在伦敦创办了一个语言学校,并在其中开设汉语讲座,用以给传教士教授汉语。该学校虽然只坚持了三年就解散了,但"开启了英国国内汉语教学的进程,尽管较迟于欧洲,但领先了英国此后的汉语讲座讲席数十年"。②

　　19世纪上半叶,活跃于中国境内的英国传教士、外交官还有不少。他们汉学研究的共同特点是,以传教或商务、外交活动为基础,开展汉语的学习、翻译和研究工作。具体而言,为了更好地在当地开展传教活动,他们重视各类汉英字典(包括厦门话、粤语等方言字典)和汉语教材的编纂,重视《圣经》和中国宗教典籍的翻译,撰写各类与中国商务相关的指南、札记、考察报告等,对中国各地的风土人情与社会状况进行调查,促进了中西之间科学、医疗等方面的交流。在工业革命的大背景下,他们的汉学研究较之以往更加精深,也逐渐向专业化过渡。

　　19世纪70年代至20世纪初,英国本土开始出现职业化、非传教士出身的汉学家,大学和研究机构也开始纷纷设立汉学讲座。有学者认为这是英国汉学由"业余汉学"转向"专业汉学"的过渡时期,③也有学者称之为"英国汉学史中的后传教时期研究阶段"。④不管如何称呼和定义这一时期的英国汉学,其研究特点是十分明确的,即"基本上摆脱了教会的影响,进入了世俗化轨道,取得了较大发展,研究人员数量增加,研究手段不断更新,出现了一些超越传教时期知名度的汉学家和有影响的著作,汉学研究正逐渐成为独

---

① 熊文华:《英国汉学史》,第24—25页。
② 刘莉:《务实的漠视——英国汉学专业化的开端》,《历史教学问题》2018年第3期。
③ 葛桂录主编:《中国古典文学的英国之旅——英国三大汉学家年谱:翟理斯、韦利、霍克思》,大象出版社2017年版,第3—4页。
④ 熊文华:《英国汉学史》,第52页。

立学科"①。

事实上,早在1838年,继马礼逊在伦敦东方语言学校开设汉语课程之后,伦敦大学就曾在旅行家和东方学家乔治·托马斯·斯当东(George Thomas Staunton,1781—1859)的建议下开设汉学讲座,由塞缪尔·基德牧师(Samuel Kidd,1799—1843)担任首位汉学教授。但基德牧师于1842年退休之后,该职位就因无法找到合适的人选继任而长期空缺。直到1876年,牛津大学才再次开设汉学讲座,以传教士理雅各(James Legge,1815—1897)为教授,这标志着"一门新学科历史的重要纪元"。②之后,伦敦大学于1877年设立汉学教席,聘请传教士塞缪尔·毕尔(Samuel Beal,1825—1889)担任教授。1888年,剑桥大学亦开设汉学讲座,以外交官威妥玛(Thomas Francis Wade,1818—1895)为教授。1896年,外交官庄延龄(Edward Harper Parker,1849—1926)退休后担任利物浦大学的汉语讲师,又于1901年担任曼彻斯特维多利亚大学汉学教授,直至其于1926年逝世。各所大学汉学讲座的设立标志着英国汉学专业化的实现。

这一时期,英国汉学家成就最著者,有理雅各、德庇时(John Francis Davis,1795—1890)与翟理斯(Herbert Allen Giles,1845—1935),被称为"英国汉学的三大星座"。③理雅各于1839年以传教士身份来华,由于无法进入内地,他住在马六甲进行宣教活动,并在当地担任英华书院的院长。后英华书院迁至香港,他仍担任校长,直至1858年书院停课,这"为推动香港教育的世俗化作出了重要贡献"。④在致力于教育的同时,他还意识到,要认识中国,在中国传播福音,就必须对中国的传统思想和文化加以了解,这就需要将中国的文化经典通过翻译展现给西方世界。因此,从1861年到1886年,他陆续翻译出版了《中国经典》,其中收录《论语》《大学》《孟子》《书经》《诗经》《春秋》《左传》《礼记》《易经》。在翻译过程中,理雅各既不会"用基督教思想来批判儒家思想",也不会"死板僵硬","更不敢过多地加入自己的解

---

① 熊文华:《英国汉学史》,第52页。
② 理雅各:《牛津大学设立汉语教席的就职演讲》,沈建青、李敏辞译,《国际汉学》2015年第2期。
③ 陆昌萍编著:《国外汉学概论》,安徽师范大学出版社2017年版,第224页。
④ 熊文华:《英国汉学史》,第55页。

释,而是通过中国学者的解释让原文说话,把中国的知识系统和学问原封不动地介绍到英语世界"。他的翻译具有"学术性与科学性两大特点","既不追索作者的原意,也不加入译者的释意,而是将中国学者的诠释融入译文"。正因如此,他的译作具有非常高的价值,时至今日仍为西方汉学家所使用。①

德庇时于1813年来华,最初在英国东印度公司广东商馆任职,1816年以翻译官身份随阿美士德使团到北京,之后又于1832年任东印度公司广州特派委员会主席,次年任英国驻华商务监督,1844年成为第二任港督,兼任英国驻华公使。具有商人和外交官双重身份的德庇时"不像传教士那样通过英译中国思想类典籍去了解中国,为传教做准备,他是通过翻译文学类典籍来认识中国,为的是为英国获取更多的利益"。这样做,能够帮助西方"对中国有一个全面的认识和了解,以扭转18世纪中叶以来的贬华倾向"。②他翻译了不少中国诗词、小说、杂曲、谚语、格言等,包括《老生儿》(1817)、《好逑传》(1829)、《汉宫秋》(1829)、《汉文诗解》(1829)等著名译作,是"最早开始系统地研究中国古典诗歌的西方汉学家",③也是"第一个全面系统地介绍中国文学的英国汉学家"。④他的中国研究著作,诸如《中国人:中华帝国及其居民概述》(1836)、《中国见闻录》(1841)、《交战时期及媾和以来的中国》(1852)、《中国杂记》(1865),则带有强烈的关注中国社会现实的政治和殖民色彩。

翟理斯于1867年作为英国驻华使馆的翻译学生来华,这之后,他逐渐从翻译晋升为副领事和领事。他于1891年回到英国,并于1897年接任威妥玛的职位,担任剑桥大学汉学教授。尽管他的"好斗"性格让他作为外交官的职业生涯无所建树,但也正是这种性格,让他在汉学研究中另辟蹊径,"成了许多领域的第一位开拓者、介绍者"。正如有学者总结的,"他撰写了第一本中国绘画史、第一部英语中国文学史等,他还涉猎了其他许许多多有趣的课题。环境限制了他的研究,他必须尽其所能,尽显其才,充分运用自己的天赋,调动自己良好的教育以及在中国的生活经历,来创作一些公众喜闻乐见

---

① 赵长江:《十九世纪中国文化典籍英译史》,上海外语教育出版社2016年版,第114—117页。
② 同上书,第142页。
③ 詹晓娟:《李白诗歌英译历史》,巴蜀书社2017年版,第55页。
④ 王燕:《德庇时的汉学成就》,《文汇报》2016年8月30日,第12版。

的东西,甚至包括编写浅显的语言教材"。不过,正因为他的研究涉猎广泛,所以也被诟病为欠缺了"技术性的细节"。①

19 世纪后半期是英国汉学走向"世俗化"的时期,也是这种世俗化,帮助英国的汉学研究逐渐向专业化、学科化和团队化的方向迈进。②尽管不少研究具有强烈的现实动机,很大程度上服务于英国在华的宗教、政治和经济利益,但同时汉学家们也开始以更为审慎的态度和科学的方法去认识、研究和介绍中国文明,这在 19 世纪英国和西欧国家倾向于"他者化"中国文明,塑造其负面形象的过程中,是十分可贵的。

但总的来说,19 世纪英国本土汉学的发展仍远落后于同时期的法国,这或许和英国的重商传统,以及由经济利益所驱动的务实性对华政策有关。18 世纪中晚期,英国对华出口贸易持续低迷,这使得英国政治界忽视对中国文化的研究,并由此影响了这一时期英国汉学的发展。③不过,也有学者指出,如果扩大考察英国汉学的地理范围,将英国汉学在本土之外,亦即在"侨居地"的发展也算在内的话,那么 19 世纪后半期的英国汉学则呈现出诸如"文献范围的扩展和研究方法的创新""专业汉学刊物的出现和学术自觉的持续加强""新领域的开拓"等特征,这足以"改变关于英国汉学的固有偏见"。④

(三)德国:专业汉学的后起之秀

17 世纪初以后,德国传教士开始进入中国,例如明末清初的邓玉函、汤若望,康熙时期的戴进贤(Ignatius Kögler,1680—1746),雍正时期的魏继晋(Florian Bahr,1706—1771)等都曾为促进中西文明的交流做出贡献。这一时期也开始有德国本土的学者关注中国,例如基歇尔根据传教士的描述写成《中国图说》,在当时的欧洲社会中引起极大反响,"从某种程度上说,成为18 世纪欧洲'中国热'的前奏曲"。⑤尽管如此,这一时期德国的汉学研究仍

---

① 王绍祥:《西方汉学界的"公敌"——英国汉学家翟理斯(1845—1935)研究》,博士学位论文,福建师范大学,2004 年,第 281—282 页。
② 熊文华:《英国汉学史》,第 161—165 页。
③ 刘莉:《务实的漠视——英国汉学专业化的开端》,《历史教学问题》2018 年第 3 期。
④ 王国强:《"侨居地汉学"与十九世纪末英国汉学之发展——以〈中国评论〉为中心的讨论》,《清史研究》2007 年第 4 期。
⑤ 陆昌萍编著:《国外汉学概论》,第 192 页。

然未有大的进展,被认为是处在"前汉学时期"。①

19世纪,德国的汉学研究开始发展,但跟已经成为独立学科的东方学其他专业相比,仍然缺乏学术规范,"还是一门非常年轻的学问,直至19世纪末尚未作为一门独立的学科出现",②甚至可以说是"东方学者所兼任的一个副业"③。毕竟,直到1909年,德国汉堡殖民学院(今汉堡大学)才设立第一个汉学教授席位,这比1814年法兰西学院设立的汉学教席晚了将近一百年。造成德国汉学发展较慢的原因主要有以下几点。首先,1871年普鲁士国王才完成德意志统一,这之前,由于德国还处于分裂的状态,国力并不强盛,来华的传教士也相对较少,这导致德国汉学研究的积淀不深,起步较晚。其次,中西方的文化、语言之间没有什么直接联系,建立汉学的迫切性相比东方学的其他学科而言也就较小。④最后,当时德国的社会和学术环境,如缺乏直接观察中国的渠道,极难获得汉文文献,对汉学家抱有不信任的态度等,都阻碍了汉学的进一步发展。以黑格尔为代表的德国思想家甚至对中国文化抱有鄙夷的态度。⑤不过,尽管19世纪德国本土汉学的发展相对迟滞,不少德国来华传教士、外交官等非专业人士以及一些出于个人兴趣研究汉学的东方学者仍然在不少领域做出重要贡献,为20世纪德国专业汉学的发展奠定了基础。

19世纪上半叶,随着西方资本主义在全球的扩张,德国传教士也开始进入中国,并在宣教的同时进行汉学研究。有学者根据其研究动机,将这些传教士分为两类,即"进取型"传教士和"宗教宽容"信条下的文化传教士,而郭士立和花之安(Ernst Faber,1839—1899)就分别是两种类型的典型代表。⑥例如,在郭士立最重要的著作《中国沿海三次航行记》中,他记录了自己在鸦片战争之前三次随英国船只在中国海岸航行时的见闻,尤其刺探了中

---

① 李雪涛:《日耳曼学术谱系中的汉学——德国汉学之研究》,第6—8页。
②④ 李雪涛:《德国汉学的滥觞及其在19、20世纪之交的发展》,载任继愈主编《国际汉学》第15辑,大象出版社2007年版,第181—182页。
③ 张国刚:《德国的汉学研究》,中华书局1994年版,第20—21页。
⑤ 韩奎章:《德国人汉学的研究》,载李孝迁编校《近代中国域外汉学评论萃编》,上海古籍出版社2014年版,第188—189页;傅敏怡:《德国汉学的历史与展望——2006年3月9日在华东师范大学的学术演讲》,载朱政惠主编《海外中国学评论》第2辑,上海古籍出版社2007年版,第14页。
⑥ 金蕊:《德国汉学的变迁与汉学家群体的更替——以中国古代文学研究为中心》,博士学位论文,武汉大学,2016年。

国的沿海军备等状况,由此"完成了其由传教士到侵略者的身份转变"。①他还认为中国文明落后于西方,并大力宣扬西方的文明和先进。而花之安则致力于教育、医疗等事业,并逐渐将工作重点放在"文字传教"上,其研究也更为丰硕、精深。他会用中文写作,以便向中国宣传西方宗教和文化教育观念,同时有意识地将中国的情况介绍给西方,并着意研究中国传统经典,著有《儒学汇纂》《自西徂东》《经学不厌精》等。

这一时期,还有不少德国本土的"业余爱好者"从事汉学研究。例如海因里希·朱利叶斯·克拉普洛特(Heinrich Julius Klaproth,1783—1835)、约翰·海因里希·帕拉特(Johann Heinrich Plath,1802—1874)和威廉·绍特(Wilhelm Schott,1802—1889)。他们本身先从事东方学的研究,后来多是出于兴趣通过自学掌握汉文、满文,并开展相关研究。但由于德国大学里尚未设置相关职位,他们或在其他国家开展活动(如克拉普洛特与雷慕沙一起在巴黎创办了亚细亚学会及《亚细亚学报》),或从未在大学里教授汉学(如帕拉特),或在哲学系下开设有关汉语和中国古代哲学的选修课(如绍特)。但正是由于他们"在汉学的辞书学、图书目录学、语文学以及历史学领域的具有开创性的著述,才为德国现代汉学的创立铺平了道路"②。而在语言学领域做出卓越贡献的德国学者是贾柏莲(Hans Georg Conon von der Gabelentz,1840—1893)。尽管他从未到过中国,但凭借对东方语言,尤其是对汉语的浓厚兴趣,他写出《中国文言语法》一书。这是德国历史上第一部通过语言学方法研究汉语语法的著作。

直到1887年,出于德国开拓亚洲市场,维护其在华政治、经济利益的需求,柏林大学建立东方语言学院,汉语授课才第一次在德国实现,授课教师也都是曾在中国工作过的德国外交官和翻译人员。此外,东方语言学院也重点介绍亚洲国家的国情和风土,尤其是当地的宗教、风俗、地理以及近代史,具有明显的现实导向。③

---

① 金蕊:《德国汉学的变迁与汉学家群体的更替——以中国古代文学研究为中心》,博士学位论文,武汉大学,2016年,第25页。
② 李雪涛:《德国汉学的滥觞及其在19、20世纪之交的发展》,载任继愈主编《国际汉学》第15辑,第168—173页。
③ 李雪涛:《德国汉学的滥觞及其在19、20世纪之交的发展》,载任继愈主编《国际汉学》第15辑,第175页。

德国大学真正开始陆续设立汉学系则要到20世纪之初。1909年,汉堡殖民学院设立汉学系,之后,柏林大学、莱比锡大学和法兰克福大学分别在1912年、1922年和1925年设立汉学系。而德国的第一代专业汉学家们,如奥托·福兰阁(Otto Franke,1863—1946)、阿尔弗雷德·佛尔克(Alfred Forke,1867—1944)等,也从使馆翻译人员蜕变为汉学教授,"把德国的汉学研究引入正轨,并迅速缩短了与传统汉学研究强国英、法之间的距离"。[①]到了20世纪30年代,德国"已经建成了研究对象相对明确、方法相对成熟、专业人才比较稳定的学科体系,可以说从汉学的教学到研究的数量和质量上来讲,德国汉学在这时已经赶上或超过了其他欧洲国家"[②]。

(四) 俄罗斯:独树一帜的专业汉学

由于与中国的地缘关系,俄罗斯汉学起源较早,相应地,其专业化转变也产生得较早。18世纪,俄罗斯东正教驻北京使团中,就有许多成员专门勤勉地学习汉语和中国的学问。其中,罗索欣(1717—1761)的成就最大,他翻译了许多中国著作,产生了很大的影响。1741年,罗索欣受聘于圣彼得堡皇家科学院,任通译,开始其专门的汉、满语教学与翻译生涯。罗索欣一生翻译汉语和满语著作30多种,为俄国汉学的建立做出了重大贡献。或者可以说,自罗索欣开始,俄国汉学告别了使节报告时期,进入了一个科学的发展阶段。[③]

同样出身于俄罗斯东正教驻北京使团的列昂季耶夫(1716—1786)是18世纪俄罗斯最重要的汉学家。1755年,列昂季耶夫被任命为外务院翻译,此后一直在政府中服务。他的贡献主要是大量的译作,可分为儒家典籍翻译、大清律法翻译和中国史地著作翻译等。其中,他所编译的《中国思想》一书影响最大。[④]列昂季耶夫同样是俄罗斯汉学研究的重要开拓者。

俄国汉学最终成为一门学科的时间,应该说是在19世纪上半叶,其标志是:一是出现了见多识广、有多方面研究成果的汉学家;二是汉学成果已不

[①] 王维江:《从翻译到教授——德国第一代学院派汉学家的养成》,《四川师范大学学报(社会科学版)》2012年第4期。
[②] 李雪涛:《德国汉学史的分期问题及文献举隅》,《中国文化研究》2007年第1期。
[③] 阎国栋:《俄罗斯汉学三百年》,学苑出版社2007年版,第23—25页。
[④] 同上书,第25—35页。

仅仅是翻译,而是搜集资料、译介作品,进而做分析研究,并撰写著述;三是有成型的教学和研究方法,建立了培养人才的院校。①

被誉为"俄国汉学奠基人"的比丘林(1777—1853)无疑是俄罗斯专业汉学形成时期最有影响力的汉学家。他早年作为传教士来华,阅读了大量书籍,回国后出版了大量著作,1828年获选为圣彼得堡皇家科学院东方文献和古文物通讯院士,后又当选为巴黎亚洲学会会员。比丘林的汉学研究,主要有以下几个方面。第一,汉语研究。比丘林编写了诸多词典,如《汉俄字典俄文韵编》《简明汉俄字典俄文韵编》《满汉俄词典》《满汉俄分类词典》《蒙汉俄词典》《满汉俄钟表术语词典》《汉语拉丁语词典》《汉俄音韵合璧字典》等,其最重要的汉语语言学著作则是《汉文启蒙》。《汉文启蒙》对汉字的书写、汉语的语法都进行了介绍,在俄国人学习汉语的过程中发挥了非常重要的作用。第二,儒家典籍翻译与研究。比丘林翻译了"四书"、《三字经》等儒家经典著作,在其《中华帝国详志》中阐述了对儒学的理解,还完成了一部介绍儒教的专论《儒教》。第三,中国历史文化典籍翻译与研究。在中国史地和法律典籍翻译方面,比丘林有着引人注目的成就。他翻译了《御批资治通鉴纲目》《大清一统志》《大清会典》三部重要典籍,并以此为基础,撰写了《中国及其居民、风俗、习惯和教育》《中华帝国详志》《中国的民情和风尚》等著作。他又依据《宸垣识略》撰写了《北京志》,依据《授时通考》撰写了《中国农业》,依据《新撰钱谱》撰写了《中国钱币描述》等,这些著作都有着较大的影响力。第四,中国边疆史地典籍翻译与研究。比丘林在中国边疆少数民族史地研究中广泛使用了汉语文献,搜集并翻译了一大批珍贵资料,出版了《西藏志》《西藏青海史》《蒙古纪事》《成吉思汗家系前四汗史》《准噶尔和东突厥斯坦志》《厄鲁特人或卡尔梅克人历史概述(15世纪迄今)》《古代中亚各民族历史资料集》等一批著作。②

与比丘林同时,卡缅斯基(1765—1845)也是一位杰出的汉学家。他于1819年当选为圣彼得堡皇家科学院东方文献和古文物通讯院士,后当选为巴黎亚洲学会会员。卡缅斯基翻译了《通鉴纲目》《蒙古成吉思汗世系业绩

---

① 李明滨:《俄罗斯汉学史》,大象出版社2008年版,第22页。
② 阎国栋:《俄罗斯汉学三百年》,第37—53页。

史》等史籍和《天主实义》《太上感应篇》等宗教书籍,并编写了多部词典,编纂出版了《皇家科学院中国日本图籍目录》。他还重视传教团汉学人才教育,培养出了不少汉学人才。①

1831年,俄国在恰克图设立华文馆,这是一所旨在培养汉语翻译人才以服务中俄贸易的机构。比丘林和卡缅斯基的学生克雷姆斯基担任华文馆教师,从事汉语翻译人才的培养工作,并编纂词典。比丘林在这里制订了系统的汉语教学计划,克雷姆斯基撰写了重要汉学著作《孔学义解》,这些都为俄罗斯专业汉学的发展做出了贡献。1861年,克雷姆斯基去世。1867年,恰克图华文馆关闭。②

1837年,喀山大学东方系设立汉语教研室,这是俄国汉学史上具有里程碑意义的大事。它标志着两个转移:一是汉学基地由俄国国外转移到俄国国内,即由驻北京的俄国东正教宗教使团转移到国内;二是汉学教育由个别汉学家开办的普通汉语(汉满语)学校转移到高等学府,使汉学人才从普通的实际工作者提升到具有高等教育水平、接受过大学的科学研究训练的学者或学者型的实务人员。③

喀山大学汉语教研室的第一任主任是西维洛夫(1798—1871),他是俄国历史上第一位汉语教授。西维洛夫编纂了多部词典,所编著的《汉语文选》是俄国首次编出的该类书籍。④他也翻译了多部中国典籍,主要为中国哲学与宗教著作。⑤1844年,沃伊采霍夫斯基(1793—1850)继任喀山大学汉语教研室主任。他同时教授满语,是俄国历史上第一个满语教授,是俄国满学的开拓者。1851年,王西里(1818—1900)继任喀山大学汉、满语教授。1855年,喀山大学东方系撤销。喀山大学设立汉语教研室期间,还曾帮助喀山第一中学设立汉语教研室,开展汉语教学工作。⑥

1855年,圣彼得堡大学成立东方语言系,从此成为俄国专业汉学的中

---

① 阎国栋:《俄罗斯汉学三百年》,第55—58页。
② 同上书,第63—64页。
③ 李明滨:《俄罗斯汉学史》,第34页。
④ 同上书,第37页。
⑤ 阎国栋:《俄罗斯汉学三百年》,第68页。
⑥ Gulnara Nabiullina(梦兰):《俄罗斯喀山帝国大学东方学研究中心早期汉学与汉教研究》,硕士学位论文,厦门大学,2019年。

心。应院系调整,王西里从喀山大学转至圣彼得堡大学工作,并于1866年当选为圣彼得堡皇家科学院通讯院士,1886年成为正式院士。王西里是19世纪下半叶俄国成就最大的汉学家,对俄国汉学的影响深远。他兴趣广泛、贡献卓著,主要可分为以下几个方面。第一,中国历史与地理研究。他撰写了《10—13世纪中亚东部的历史和古迹》《元明两朝关于满族的资料》《中国地理概况》等著作,翻译和整理了许多重要的中国历史文献。第二,汉语研究。王西里撰写了《汉字解析》,对汉语的语音、语法和笔画等进行了全新的分析和总结。第三,中国文学研究。王西里是俄国第一位中国文学史专家,他撰写了巨著《中国文学史纲要》,在世界汉学史上影响深远。此书是世界第一部中国文学史,书中先以儒学的发展为线索,介绍了儒、释、道及其各自有关的经典书籍,后介绍科技作品与民间文学。从现代的概念来看这部著作,它更像是一部中国文化典籍史,对中国文化典籍有全面系统且比较深入的介绍,影响深远。[1]此外,他还撰著了《中国文学史资料》一书。第四,中国宗教研究。王西里撰写了《东方的宗教:儒、释、道》一书,对中国宗教作了介绍。他对于佛教的研究尤为精深,撰有《佛教及其教义、历史和文献》《佛教术语词典》《佛教文献述评》《西藏佛教史》《玄奘印度游记》等多部著作。王西里是一个百科全书型的汉学宗师。[2]

圣彼得堡大学的汉语教研室随东方语言系一同成立,由王西里教授担任主任。除汉语课程外,还有中国文学和中国历史等课程。王西里之后,格奥尔吉耶夫斯基、伊万诺夫斯基、孟第、柏百福、伊凤阁等相继主持汉语教学工作。圣彼得堡大学东方语言系同时开设满语教学,王西里、扎哈罗夫、伊万诺夫斯基相继讲授满语教学课程。圣彼得堡大学蒙古语教学则由波波夫、戈尔斯东斯基、波兹德涅耶夫、鲁德涅夫、科特维奇和扎姆察拉诺相继负责。圣彼得堡大学是19世纪下半期俄国最重要的中华语言人才培养基地。这里汇集了俄国几乎所有优秀的学者。他们在教学、教材编写以及学术研究上的成就大都得到了后人的肯定,结束了俄国汉学家以俄罗斯东正教驻北京使团成员为主体的阶段,推动了俄国专业汉学的发展。[3]

---

[1] 李明滨:《俄罗斯汉学史》,第42—51页。
[2] 阎国栋:《俄罗斯汉学三百年》,第74—90页。
[3] 同上书,第113—115页。

格奥尔吉耶夫斯基是圣彼得堡大学东方语言系的另一位杰出汉学家。他对中国历史、文化和汉语都颇有研究心得。代表作有《先秦史》《中国的生活原则》《中国的神话观和神话》《研究中国的重要性》《对反映古代中国人民生活史的象形文字的分析》《汉语字根构成及中国人的起源问题》等。①

1899年,俄国政府在符拉迪沃斯托克建立起一所东方语言高等学府——东方学院。这所学院利用其位置与中、日、朝相邻的条件,获得了迅速的发展,培养了大批翻译人才,成为俄国专业汉学的又一个基地。东方学院的师资骨干几乎全部来自圣彼得堡大学东方语言系,这些教师遵循东方学院全新的办学宗旨,在教学、编写教材以及科学著述上都取得了一定成就,为俄国远东汉学基地的建立和发展做出了重要贡献。②

俄罗斯专业汉学的兴起,有其独特的原因。俄国在19世纪上半叶国力大增,社会文化生活发生巨大变化,盛极一时的中俄贸易对中华语言人才的需求急剧增长,俄国对外政策的重心逐渐由西方向东方转移,都是俄罗斯专业汉学兴起的背景。由于俄罗斯东正教驻北京使团的先导作用,以及早期汉学家在译作、教学与图书收藏方面的积累与探索,俄国得以顺利建立专门的研究机构,其专业汉学也由此兴盛发展。③

(五)荷兰:服务于荷属东印度政府的应用型研究

早在17世纪下半叶,荷兰即有一些先行者开始涉足汉学研究,例如传教士J.赫尔尼俄斯(J.Heurnius)于1628年编写了第一部汉语—荷兰语词典。整个18世纪,当欧洲其他国家已开始翻译中国戏剧、小说、诗歌,并开始对中国进行历史研究时,荷兰却只有一部由英文复译而来的小说《好逑传》。④不过,这些先行者"与其说是一片处女地的开垦者,不如说是一个童话世界的漫游者",并不能算是开启了荷兰汉学研究的大门。⑤一直到19世纪下半叶,

---

① 阎国栋:《俄罗斯汉学三百年》,第100—107页。
② 同上书,第116—117页。
③ 彭传怀:《试析俄国中国学学院化的原因及条件》,《西伯利亚研究》2010年第1期。
④ Mark Leenhouts, "Between Money and Curiosity: On the Study and Translation of Chinese Literature in the Netherlands and Flanders," in Wilt L. Idema ed., *Chinese Studies in the Netherlands: Past, Present and Future*, Leiden and Boston: Brill, 2014, pp.191-192.
⑤ 包罗史:《拓荒者和饮水者:莱顿大学的早期汉学家(1853—1911)》,王筱云译,载任继愈主编《国际汉学》第3辑,大象出版社1999年版,第517—518页。

荷兰的专业汉学才真正起步，以莱顿大学为主要依托，进行汉语教学和文化研究。这一时期，为加强对东印度群岛的殖民统治，和当地的华人进行直接沟通，荷兰迫切需要培养汉语翻译人才。1855年，莱顿大学开设汉语讲座，由于在荷兰找不到专门教授汉语的教授，莱顿大学从德国聘请了曾经担任荷属东印度政府日语翻译的J.J.霍夫曼(J.J.Hoffmann,1805—1878)讲授汉语，这可谓荷兰专业汉学之嚆矢。

1876年，莱顿大学设立中国语言和文学教授的职位。第一位担任此职的是薛力赫(Gustav Schlegel, 1840—1903)。薛力赫是霍夫曼的学生，自幼学习汉语。他于1857年到中国，后任殖民当局官员，于1877年正式就任教授。薛力赫的研究领域十分广泛。他关注中国历史与社会。在1866年，他出版了专著《天地会：中国人和东印度华人的秘密结社》(*Thian Ti Hwui: A Secret Society with the Chinese in China and India*)，为西方介绍了天地会这一颇有影响力的华人秘密组织。同年，撰写《中国娼妓考》(*Lets over de Prostitutie in China*)。在语言方面，他撰写了《中国与雅利安》(*Sino-Aryaca*)、《荷华文语类参》(*Nederlandsch-Chineesch Woordenboek met de Transcriptie der Chineesche Karakters in het Tsiang-Tsiu Dialekt*)、《中国文体：排比与对偶规律》(*La Loi du Parallélisme en Style Chinois: Démontrée par la Préface du Si-Yü Ki*)，对汉语（尤其是闽南方言）进行了介绍与研究。他还撰有《星辰考原——中国天文志》(*Sing Chin Khao Youen, Uranographie Chinoise ou preuves directes que l'astronomie primitive est originaire de la Chine*)，对中国古代天文学进行了挖掘与解读。此外，他对中西交流史也颇有留意。[1]作为教师，薛力赫强调广泛阅读中文材料，而不主张空谈方法论，这种坚持直接接触中文原始材料的态度，至今仍然是荷兰汉学界持久不变的特色。[2]他与法国汉学家亨利·考狄(Henri Cordier)创办了西方汉学史上最早的学术刊物《通报》(*T'oung Pao*)，这也是国际上最权威的汉学杂志，在西方汉语界有很好的声誉。[3]

---

[1] 熊文华：《荷兰汉学史》，学苑出版社2012年版，第123—130页。
[2] 伊维德：《荷兰汉学：过去、现在和未来（上）》，马清槐、唐芜译，《传统文化与现代化》1993年第1期。
[3] 何寅、许光华编著：《国外汉学史》，上海外语教育出版社2002年版，第250页。

薛力赫之后,担任中国语文教授的是高延(J.J.M. de Groot,1854—1921)。高延同样曾在中国游历,并于殖民当局供职,于1891年受聘为莱顿大学荷属东印度群岛人类文化学教授,并于薛力赫去世后转任中国语言文学教授,后转受聘于柏林大学。作为荷兰第一位专业的民族志学者,高延的最大成就在于对中国民俗、宗教与文化的研究。他的六卷本巨著《中国宗教制度考》(*The Religious System of China: Its Ancient Forms, Evolution, History and Present Aspect, Manners, Customs and Social Institutions Connected Therewith*)以广博的历史研究为基础,详细描述了当代中国的宗教实践,对中国民间宗教信仰理论作了准确阐述。他还撰写了《厦门岁时习俗》《中国大乘法典的研究》《中国教派与宗教迫害》《中国人的宗教》《中国的宗教:大同一体——道教和儒家学说研究秘诀》《大同一体论:中国宗教与伦理以及政事与学术之基础》等。① 高延大多数具有开创性的研究都是在东南亚的华人聚居地完成的。在学术研究之余,他还在1888—1890年居留厦门期间,大量搜集与中国民俗和宗教文化相关的物件,现在它们中的大部分都收藏于莱顿的国立民族志博物馆中。这些视觉和物质证据的搜集对于他观察中国民俗文化是至关重要的,与他的研究息息相关、相辅相成。英国汉学家奥利弗·摩尔(Oliver Moore)这样总结高延的学术贡献:"不论是对一门正在发展的学科的研究,还是对一个地区进行诠释,高延的学术努力都领先于他的时代。"②

薛力赫的另一名学生包雷(Henri Borel)也曾在中国游历并在殖民当局服务。他兴趣广泛,尤为关注道教和道家学说;他关注中国社会的变革,发表了一些关于中国社会发展的文章。他翻译了中国经典《中庸》《大学》《论语》《道德经》《孟子》,并著有《中国的智慧和美》《无为——建立在老子哲学基础上的幻想》《太阳从东方升起》《老子的"道"和无为》等。③

19世纪荷兰专业汉学主要依托莱顿大学一所机构,从事专业汉学研究

---

① 熊文华:《荷兰汉学史》,第130—136页;伊维德:《荷兰汉学:过去、现在和未来(上)》,马清槐、唐芫译,《传统文化与现代化》1993年第1期。
② Oliver Moore, "China's Art and Material Culture," in Wilt L. Idema ed., *Chinese Studies in the Netherlands: Past, Present and Future*, p.226.
③ 熊文华:《荷兰汉学史》,第137—143页。

的学者及研究方向也是有限的。虽然如此,荷兰专业汉学仍然具有一定的深度与广度,在西方专业汉学中具有重要地位。熟读汉籍的荷兰汉学家多半选用宏观和微观相结合的研究方法来观察和分析汉学问题。[1]不过,这一时期的荷兰汉学研究也具有明显的实用主义特色,毕竟莱顿大学建立汉学讲座的最初目的就是为荷属东印度群岛的殖民当局提供汉语专家,"所以毫不奇怪,这就决定了它的主要贡献仅在于对荷属东印度地区的华侨社区的实际研究,以及他们与其在中国祖居地——广东和福建这些沿海省份的关系的研究"。一直到20世纪20年代,莱顿大学进入戴闻达时期,[2]荷兰汉学研究的兴趣才发生急剧变化,"应用性研究让位于比较具有思辨性的研究"。[3]

(刘晶,上海社会科学院世界中国学研究所助理研究员)

---

[1] 熊文华:《荷兰汉学史》,第262页。
[2] 戴闻达(J.J.L.Duyvendak,1889—1954),荷兰知名汉学家,1919—1954年任教于莱顿大学。
[3] 包罗史:《拓荒者和饮水者:莱顿大学的早期汉学家(1853—1911)》,王筱云译,载任继愈主编《国际汉学》第3辑,第520—522页。

中 编
近代丝绸之路与现代中国学

第四章　空间转向：丝路考察与内亚研究

15世纪以来，伴随着新航线的开通，世界各国开始大范围相互连通，为世界市场的形成创造了地理条件。而工业革命和第二次工业革命则为世界市场的深化提供了坚实的物质基础，既有源源不断的商品，又有把工业产品带到全球的运力支撑。尤其是蒸汽船大规模应用于远洋航行后，依靠大型帆船的东西方海上贸易史由此改写，一些远洋运输路线至今依然是"21世纪海上丝绸之路"的重要组成部分。进入近代后，大批传教士、探险家乃至各类专家学者来到中国，以不同的学术立场和研究视角来观察中国、分析中国。尤其是对丝绸之路的探索和边疆地区的研究，让研究中国的范围跳出了中原地区，关注对象也不再囿于中国。这有力推动了中国研究的空间转向。其中的开路者当数费迪南·冯·李希霍芬和欧文·拉铁摩尔。

一、中西方"伟大相遇"的终结

美国汉学家孟德卫把1500—1800年间中西方的交流称为"中西方的伟大相遇"。其间，中国是一个强大的世界大国，而同时期的欧洲还处于发展的起步阶段。孟德卫认为中国与西方的伟大相遇终结于1800年。以1800年为界，前后两个时期西方对中国的主流看法截然不同。此前的三百年（1500—1800年）是中国影响欧洲和世界的时代。西方对中国的研究充满了溢美之词，把中国视为欣赏和模仿的对象，甚至于"重要的当代知识的源泉"。此后的两百年（1800—2000年）则是欧美的西方文明影响中国和世界的时代。中国被西方视作落后、僵化的代表，所谓中国特质也只是一种异国情调的表征,中国甚至成为一些人攻击的对象。种族主义兴起后,曾经被欧洲视为"白种人"的中国人更是被重新划定到了"黄种人"的范畴。究其根本,是中西方力量变化的结果。西方通过大航海、工业革命和殖民扩张获得了显著的优势,而中国则陷入了衰退之中。①

尤其是19世纪后,"西欧的急速发展冲昏了西方人的头脑,他们大肆宣扬西欧诸民族地域人种的优越,把西欧一隅的发展视为整个世界历史的发展过程。这些观念表现在世界史理论和编纂上,就形成了一种典型的西欧中心论"②。正如爱德华·W.萨义德(Edward W. Said)所说:"东方被观看,而欧洲人则作为看客居高临下地巡视着东方。"③中国也变成了一个被"凝视"的对象。

这一转变在晚清西人的旅华游记中有明显体现。历史上西人的中国游记,尤其是传教士的旅华游记,是中西方"伟大相遇"的重要体现。一方面,这些游记拼贴出了一幅中华帝国的图景,是西人理解中国的关键文本,可以说开启了早期研究中国的先河,"既传递中国知识又塑造中国形象,催生了之后的西方汉学"④。另一方面,这些旅华游记又呈现出了中西方在特定历史阶段的互动,成为西方人在与中国的对话中,认识"他者"进而确认"自我"的关键。"从这个意义上说,旅华游记在不断刷新跨文化视域下中国历史影像的同时,也在重构西方书写的他者叙事。"⑤但进入近代之后,西人的中国游记,在关于中国的叙事上逐渐固定化,甚至于程式化。

在晚清独特的历史阶段,旅华游记群体的游记是复杂的历史背景下的产物。尤其是开埠之后,除历史上数次大规模入华的传教士群体外,大量的外交官、商贾、探险者和冒险家等涌入中国,可以说来华的西方人越来越多。不同旅华群体主导所撰写的游记呈现着旅华作者的不同主观视角,对中国的态度也不尽相同,并逐步形成了关于中国的知识的汇编。但近代以来,这些西人旅华游记都有一个共同的特征,那就是用自身的文明来审视和雕刻

---

① 孟德卫:《1500—1800:中西方的伟大相遇》,第2、12—13、187—188页。
② 张广智:《西方史学史》,复旦大学出版社2000年版,第267页。
③ 萨义德:《东方学》,王宇根译,生活·读书·新知三联书店1999年版,第112页。
④ 参见钱林森:《作为汉学研究的西方中国游记》,《国际汉学》2007年第1期。
⑤ 李刚、谢燕红:《晚清中国的殖民想象与知识建构——〈李希霍芬中国旅行日记〉解读》,《燕山大学学报(哲学社会科学版)》2021年第1期。

异域的他者形象,这背后始终有一个抹不去的西方中心观的烙印。西方中心观深刻影响着西方社会对世界的认知和理解系统,当然也包括对中国的认知。再加上晚清时期,西方强势文明和中国弱势文明的碰撞中,中国很少拥有话语权,西方人对中国的理解,很多都延续了来华前就已经形成的对中国的既定负面认知,也很难摆脱对中国的"东方主义"式想象。这使他们在华期间对中国的各种"书写",也难以避免和中国实情存在种种出入的情况。而一些以探究中国实情为旨归的对中国的研究,也不再如过去那样是为了传播宗教,或者出于了解不同文明之考虑,而是在西方中心论的意识笼罩下,把中国作为从属于西方、服务于西方利益的存在。

二、李希霍芬与中国的地理学研究

李希霍芬访华的年代,正是中国目睹坚船利炮威力后紧锣密鼓推进洋务运动的时期,也是第二次鸦片战争后各国在华利益不断扩张的时期。与之相伴的是,一些欧美的专家学者开始积极推进各种关于中国的调查研究,为各自国家的现实利益,尤其是商贸扩张和军事扩张服务。关于中国地理的研究是各类中国考察的重点。"1876 年到 1928 年间,有 42 个所谓的探险队进入中国的西北地区。"[①]这些探险队欲对中国进行深层次的考察,来达到其不同的目的。如俄国的普尔热瓦尔斯基就指出过:"考察中国的北部边疆不仅有很大的科学价值,还可以为沙俄侵略中国西北地区提供资料。"[②]李希霍芬正是在这样的背景下,多次来到中国,考察研究中国的自然地理。

(一)李希霍芬及其学术渊源

李希霍芬是继亚历山大·冯·洪堡(Alexander von Humboldt)、卡尔·李特尔(Carl Ritter)之后最重要的地理学家之一。洪堡是公认的近代地理学的奠基人,他将自然地理学从地理学中独立分化出来。李特尔最早阐述人地关系和地理学,其在该领域进行了深刻探索,对人文地理学产生了深远的影响。19 世纪早期,自然地理学和人文地理学可谓旗鼓相当,但 19 世纪

---

①② 刘进宝:《东方学视野下的"丝绸之路"》,《清华大学学报(哲学社会科学版)》2015 年第 4 期。

中期后,科学研究逐渐开始唱主角。哥白尼、开普勒、伽利略等的"日心说"推动了自然地理学的发展,致使传统的人文地理学的地位开始动摇,逐渐屈居于新兴的自然地理学之下。

李希霍芬作为地理学的先驱,认为人文地理和自然地理在地理学中发挥着不同的作用,但他所坚持的理念也是一切地理研究要基于自然地理。他主观上认同的是自然地理学,甚至认为"自然地理是科学,人文地理是问题。人文地理尽管可能是'生活中的重大问题',但仍不具有'主旨的科学特征'"①。但在客观上,李希霍芬又为人文地理学的发展做出了重要的学术贡献。尤其是对"丝绸之路"的系统性勾勒,体现出了李希霍芬在人文地理问题上的关切。

李希霍芬的研究旨趣与洪堡、李特尔等人都有所不同。一是对地理学的界定上,李希霍芬并不认同洪堡、李特尔等人所主张的"地理学=宇宙学和地理学=地球科学"。他认为"地理学是地球表面的科学",不是研究整个地球的科学。二是研究方法上,他对地理学的探索超越了因果论,上升到了"探明形成过程的发生学原则"层面。②正因如此,李希霍芬在中国黄土高原的研究上,率先提出了黄土风成说的新见解。"在研究黄土剖面时,李希霍芬注意到大部分没有层理的沉积物都保存有大量的陆生软体动物的壳。由此,他得出与前人相反的结论,认为黄土不是湖相沉积物,而是风成沉积物。"③可以说,李希霍芬对中国地理学、地质学的发展产生了重要影响。有学者甚至提出李希霍芬是中国地质学成为一门科学的开端。如翁文灏就认为"中国地质学发展的基础实际上是由德国人李希霍芬奠定的","在李氏之前,中国的地质学是非常不为人知的,可以观察到的学者寥寥无几"。④

---

① 转引自唐晓峰:《李希霍芬的"丝绸之路"》,《读书》2018年第3期。
② 刘盛佳编著:《地理学思想史》,华中师范大学出版社1990年版,第197—198页。
③ Dieter Jäkel:《李希霍芬对中国地质和地球科学的贡献(英文)》,《第四纪研究》2005年第4期。
④ 原文为"中国地质学之巩固基础,实由德人李希霍芬氏(Ferdinand von Richthofen)奠之","李氏之前,中国地质学所知极,仅借二、三外国学者偶来观察,如金斯密尔(Kings Mill)之于南方及潘柏莱(Raphael Pumpelly)之于北方是。迨李氏伟大之著作出,中国地质学之关于主要地层及地质构造者始晓然于世,其说至今犹确"。翁文灏原文为英文,李海晨翻译为中文后刊登于《方志月刊》1933年第6卷第12期,2005年7月,《第四纪研究》杂志重新刊发了此文。此处引文出自重刊文,翁文灏:《李希霍芬与中国之地质工作》,《第四纪研究》2005年第4期。

（二）中国考察和命名丝绸之路

李希霍芬1868年进入中国考察时,中国经两次鸦片战争已经被迫开放沿海和沿江共16个通商口岸。大门被列强强行打开后,中国的自然经济开始走向尽头,中国被动地从"地方时间"进入"世界时间"的进程之中。

李希霍芬在这一历史时期对中国进行地理考察时,撰写了不少游记。这些游记不仅详细呈现了中国的地貌,从中还可以看出李希霍芬试图利用欧洲科技来改造中国的心理,以及暗藏在这些背后的欧洲中心主义思想。某种程度上可以说,李希霍芬对于中国他者的印象——对原始的落后的他者提出的解决方案和对中国未来的展望——是按照西方的逻辑所塑造的。

在李希霍芬心中,中国的落后被定型成了一种刻板印象,他所遵从的也是当时西方的惯常看法,认为"中国贫困的根本原因是长期落后的经济模式","中国的经济模式过于古老,人们只考虑自身的生活需求,毫无任何野心及进取心"。[1]但李希霍芬对中国的理解和西方的一般看法又有所不同。他认为交通是中国变革的关键一步。在中国进行考察的过程中,李希霍芬发现"中国传统的交通运输工具非常落后破败,有些地区仍然依赖畜力作为交通工具,有时在狭窄危险的山道上要耗费大量的畜力,这加重了对土地的负担"[2]。据此,他认为中国落后的交通状况严重制约了中国的发展,进而提出"修建铁路和汽船通航,对破除迷信会有一定的作用,这可能是变革的第一步"[3]。

从对交通工具的重视到对商贸通道的重视,可以看出李希霍芬一以贯之的关切所在。在多次考察中国的北方和西部的基础上,李希霍芬提出了重要的概念——"丝绸之路"。在其1877年出版的《中国》第一卷中,李希霍芬首次使用了"丝绸之路"(Seidenstrassen, Silkroad)这一概念,意指历史上连接长安与罗马的交通路线。据《李希霍芬中国旅行日记》,李希霍芬中国考察的路线一直在调整和修改。从轨迹来看,他致力于"寻找通往西方的陆

---

[1] 温馨:《19世纪来华德国人与中国"文明化"——以郭实猎、李希霍芬、福兰阁为例》,博士学位论文,北京外国语大学,2016年,第96—97页。

[2] 温馨:《19世纪来华德国人与中国"文明化"——以郭实猎、李希霍芬、福兰阁为例》,博士学位论文,北京外国语大学,2016年,第99页。

[3] 李希霍芬著、E.蒂森选编:《李希霍芬中国旅行日记(上)》,李岩、王彦会译,商务印书馆2018年版,第111页。

路商道线路。从东北到北方,从西部到西南,正好环绕中国陆路呈一个星月形线路"①。这一线路是中国中原与边疆民族地区的接合部和商业贸易的交会点,以及广义"丝绸之路"各条线路的枢纽起点,这一关键发现是他命名"丝绸之路"的重要基础。

尽管大部分文献都认为李希霍芬是"丝绸之路"概念的提出者,但是否可以将李希霍芬所提的"丝绸之路"视为一种具有明确意义的历时性通道的概括与认知是需要再三考量的。"丝绸之路"概念的提出,使得这一通道成为推动亚欧大陆各大文明之物质文化和精神文化交流的纽带。但是这一概念的提出和确立以及真正的"丝绸之路"话语体系的构建经历了复杂的历史过程。美国历史学家丹尼尔·C.沃(Daniel C. Waugh)提出,"丝绸之路"的概念提出之后并未马上成为史学和地理学上的一个"关键词"。德国考古学家奥古斯丁·赫尔曼(August Herrmann)进行了学理性分析后,首先把丝绸之路"引入作为书名(《中国与叙利亚间之古代丝路》,*Die alten Seidenstrassen zwischen China und Syrien*)②,还将丝绸之路的"通道"进行了延伸,"把这一名称的含义进而一直延长到通向遥远西方叙利亚的道路上去"③。不过这篇著作并未正式采用丝绸之路的说法,"'Die alten Seidenstrassen'并未译作'古代丝路',而被译作'古代之绢贸易'"④。"丝绸之路"概念的发扬光大和李希霍芬学生斯文·赫定(Sven Hedin)的研究关系紧密。1936年斯文·赫定"撰成的 *The Silk Road*(《丝绸之路》)一书,后以瑞典文、德文分别在瑞典斯德哥尔摩、德国莱比锡出版"⑤,有力地推动了"丝绸之路"概念的传播。

(三)中国考察和德国扩张

19世纪李希霍芬考察中国时,正是在世界格局发生剧烈变化,特别是中西文明发生剧烈碰撞,中国被动纳入世界经济体系之时。值得注意的是,大批外国人来华考察是外国政府或商界推动的结果,背后实际上体现的是相关国家的力量,是国家意志的产物,带有明显的殖民主义色彩。

---

① 王健:《李希霍芬中国内陆至边疆商道考察与"丝绸之路"的命名——以〈李希霍芬中国旅行日记〉为据》,《江苏社会科学》2020年第4期。
②④⑤ 邬国义:《"丝绸之路"名称概念传播的历史考察》,《学术月刊》2019年第5期。
③ 李并成:《有关丝绸之路研究中若干学理问题的探究》,《石河子大学学报(哲学社会科学版)》2021年第3期。

李希霍芬在中国的旅行考察受到了加利福尼亚银行和上海西商会资助,出资方明确要求"必须将调查的实际使用放在首位"①。李希霍芬没有说具体的实际用途是什么,但是从资方的角度来看,所谓实际用途是指要攫取他们在华的最大利益。李希霍芬在日记中说:"尽管中国政府根本不会承认地理探险的科学价值,但向他们展示探险的实用价值是我的首要任务。因此,当我选择探险地点时,我首先从实用价值出发,选择适合开采的地方。"②李希霍芬的《中国》一书,在顾及多方诉求的情况下,对中国地质学做出了杰出的贡献。这也使得他的科学考察不仅仅体现在学术价值上,还被赋予了多重色彩。

李希霍芬的科学考察之所以有多重价值,是因为他不仅仅是一位地理学家,还扮演着德国上层的智囊的角色。李希霍芬在中国考察所获得的各种地质资料为德国在亚洲的军事角力提供了重要的参考。甚至可以说,李希霍芬的地理研究是德国殖民扩张的重要依据之一。

李希霍芬在中国考察中很早就发现了胶州湾的战略意义,以服务于德国的殖民扩张。1877年,李希霍芬向德国政府提交了一份关于山东地理环境和矿产资源的报告,首次强调胶州湾作为中国的"善埠"是重要的地理枢纽,具有战略性价值,并指出德国政府可以在胶州湾建立港口。尽管这个观点在当时并未被德国的"铁血宰相"俾斯麦所采纳,但是通过这一报告,胶州湾也成为西方重点关注的区域。1882年,在《中国》第二卷中,李希霍芬基于对胶州湾与芝罘区(烟台)、镇江等城市的研究,重申了胶州湾的战略地位。1885年,基于对中国的考察,李希霍芬出版了《中国地图集》,其中包括山东东部地图。这张地图与其《中国》第二卷中的论述成为德国最终选择占领胶州湾的重要依据。

1890年,普法战争后,俾斯麦出于现实的政治考虑,认为德国的国家战略不是在亚洲投入力量,而是在欧洲大陆。俾斯麦所推行的"大陆政策"重点不在中国。之后该政策破产,俾斯麦被迫辞职。威廉二世上台后采取的所谓"世界政策",就是"德意志要成为世界帝国,德国也因而开始大力扩张

---

① 李希霍芬著、E.蒂森选编:《李希霍芬中国旅行日记(上)》,第1页。
② 同上书,第22页。

殖民地,扩建海军,试图挑战英法等老牌帝国主义,重新瓜分世界"[1]。在这一思想的指导下,李希霍芬的中国地理报告和建议开始得到德国政府的重视,并成为德国殖民扩张的重要参考。在1897年"胶州湾事件"前夕,李希霍芬发表《胶州:世界与可预见意义》,再次向德国高层建议占领青岛。1897年11月,德国以"巨野教案"为借口,公然出兵入侵胶州湾,并于次年3月与清政府签订《胶澳租界条约》,将山东纳入德国的势力范围。不难看出,李希霍芬扮演的不仅仅是一个地理学家的角色,更是德国国家意志参与国家竞争背后的智囊团成员,其所撰写的各类中国报告实际上蕴含着殖民主义的暗流。

三、拉铁摩尔与中国的边疆研究

在中国学领域,拉铁摩尔是一个较为"另类"的学者。他的人生经历极为丰富,出生在美国,但还在襁褓中就随着父母来到了中国。再次踏上美国土地时,已经是28年之后。拉铁摩尔年轻时在中国从事过记者、采购员等各种职业,之后机缘巧合开始研究中国,并取得巨大成就。拉铁摩尔并不像其他中国研究者那样属于标准的"学院派",在高度体制化的美国学术界,他甚至都没有攻读博士学位。20世纪50年代的麦卡锡主义浪潮中,拉铁摩尔又不幸成为麦卡锡围捕的对象,被指控为"共产主义分子"和"苏联在美头号间谍",[2]之后不得不离开美国远赴英国伦敦。各种因素影响下,过去很长一段时间内,拉铁摩尔的研究都没有得到学术界应有的重视。他通过内陆边疆来关照中国历史的方法在学术界一直未能绽放应有的光彩。

(一)拉铁摩尔及其学术渊源

拉铁摩尔对中国边疆的研究,深受弗雷德里克·杰克逊·特纳(Frederick Jackson Turner)的"边疆假说"的影响。

1893年7月12日,特纳在美国历史协会会议上的《边疆在美国历史上

---

[1] 张豫洁:《德国国家认同与欧洲认同的融合及其成因探析》,硕士学位论文,外交学院,2017年,第32页。
[2] 毕敬、赵志辉:《中国历史的空间枢纽——欧文·拉铁摩尔边疆范式中的"贮存地"剖析》,《浙江学刊》2018年第1期。

的重要性》一文中提出了著名的"边疆假说"。"边疆假说"的核心要义是认为边疆是支配美国的重要力量。一是认为美国的西进运动是美国历史的重要构成。"直到现在,一部美国史在很大程度上可说是对于大西部的拓殖史。一个自由土地的存在及其不断收缩以及美国向西的拓殖,就可以说明美国的发展。"[1]二是认为西进运动促使美国有了自己的特征,逐渐摆脱对欧洲的依赖和欧洲对其的影响,"提供了美国的性格力量"[2]。三是认为"在两种不同生产方式的文明之间存在一个'过渡地带'"[3]。简而言之,特纳把美国的历史描绘成一部边疆的历史。

如果将特纳的理论与拉铁摩尔的中国边疆研究对照,就会发现拉铁摩尔的边疆研究与特纳的边疆研究有着深刻的学术渊源。具体而言,第一,二人都采用了"经济学方法分析边疆,勾画了贸易在社会发展中的重要作用"[4]。第二,二人都强调了边疆对社会的形塑作用。特纳强调"边疆是美国历史的重要窗口",拉铁摩尔把边疆范式作为分析中国历史的内核,将游牧社会和农业社会置于同一历史语境之中。第三,二人都强调边疆是社会发展的动脉:特纳认为"边疆也成为美国社会健康发展的'安全阀'",其有助于缓解不同文明的冲突和解除隔阂;拉铁摩尔把与现代文明差距较大的"边疆"比喻为"贮存地","贮存地"成为调节草原社会与农耕社会的"减压阀",强调伟大的"边疆因素在历史发展中的作用"[5],"把向外扩张和边疆运动归结为历史发展的主要动力"[6]。第四,特纳和拉铁摩尔都主张一种历史循环论,即拉铁摩尔认为"争夺长城一带的控制权伴随着中央王朝的兴衰以及由此陷入历史循环的过程",而特纳认为"美国历史围绕着新边疆的开拓'周而复始'地重复运动"[7]。不过拉铁摩尔没有完全照搬特纳的边疆理论,而是区分了边疆和边界两个概念,认为两者是不同的概念,因为"在拉铁摩尔看来,

---

[1] 蔡美娟:《拉铁摩尔边疆视域下的亚洲地缘政治思想研究》,硕士学位论文,浙江师范大学,2014年,第37页。

[2] 弗雷德里克·杰克逊·特纳:《边疆在美国历史上的重要性》,载杨生茂编《美国历史学家特纳及其学派》,商务印书馆1984年版,第4页。

[3][4] 冯建勇、陈飞艳:《拉铁摩尔的中国边疆研究与现实应用——基于三份"边疆节略"的历史考察》,《人文杂志》2021年第7期。

[5][6] 陈君静:《拉铁摩尔和他的中国问题研究》,载朱政惠编《中国学者论美国中国学》,上海辞书出版社2008年版,第257页。

[7] 陈君静:《拉铁摩尔和他的中国问题研究》,载朱政惠编《中国学者论美国中国学》,第256页。

线的边界概念不能成为绝对的地理事实,边疆则应该是一个区域,在中国则是指长城以北以南这一广阔区域"①。

正如一些研究者所指出的,"特纳是拉铁摩尔进行学术探索的精神导师"②。两者都是从历史的空间用边疆来关照历史,如果说特纳是"从边疆发现美国历史",那么拉铁摩尔就是"从边疆发现中国历史"。

(二)中国学的内亚视角

长期以来,学术界都是以"中原中心论"书写中国史。在撰写中原王朝与北方少数民族关系史时,也难以摆脱这种方法的窠臼,甚至于在书写东亚历史时,都会不自觉地把中国中原王朝的发展作为东亚历史的主线。③国外学者对中国的研究很长时间内同样未能突破这一桎梏,汉学领域尤其如此。在这种"中央王国情结"的历史的"应然之道"之中,包括游牧民族在内的各边疆少数民族被视为中国文化的外来者,是历史上的边缘化群体,而汉族王朝则是正统的一方。在华夷之辨中,基于文化、宗教、习俗等所存在的差异性,他们甚至被视作"非我族类,其心必异"的蛮夷。中原政权对"异族"地区采取了各种不同的政治、文化治理方式,如文化怀柔政策,包括"和亲联姻、册封盟约、朝贡纳质、广施恩泽、亲如一家、羁縻之治、教化感化等"④。

造成这一问题的原因很多,和边疆少数民族的文献资料的阙遗也不无关系,但其根本原因则是研究视角上的"汉族中心论"。这一视角下,少数民族政权并没有获得和中原政权一样的、平等的政治、文化、历史地位。进入20世纪后,西方学术界在思考中原王朝与边疆少数民族关系史上,研究视角不断出新。尤其是"内亚"(Inner Asia)概念提出后,更多的人开始把研究的中心放在了少数民族群体上。

"内亚"最初只是自然地理学的一个概念,后来逐渐发展成为历史地理

---

① 张莹:《特纳与拉铁摩尔之边疆史观比较研究》,《黑龙江史志》2014年第20期。
② 转引自冯建勇、陈飞艳:《拉铁摩尔的中国边疆研究与现实应用——基于三份"边疆节略"的历史考察》,《人文杂志》2021年第7期。
③ 参见王建:《从拉铁摩尔到"新清史"学派:西方中国史研究视角的转换与"新范式"的渐立》,《商丘师范学院学报》2020年第7期。
④ 朱懿、韩勇:《边疆民族地区文化型治理的理论范式与历史嬗变》,《广西民族师范学院学报》2019年第1期。

学的一个概念。拉铁摩尔在这一概念的应用和推广中发挥了很大的作用。拉铁摩尔并非传统"华夷之限""要服""荒服"论的追随者。他采用的"内亚"视角,实现了思考中国古代中原王朝与北方少数民族政权关系上的问题转换,重新塑造了对中国边疆历史的想象。在新的研究视角下,"戎狄入侵""五胡乱华"等中原地区和边疆地区的冲突不再被"天然地"视为边疆少数民族故意发动的战争,过往研究中视边疆少数民族为"战争的发动者"甚至于"入侵者"的看法开始有了改变。

拉铁摩尔强调少数民族对于中国历史而言同样是重要的主体。正是因为少数民族存在着主体地位,少数民族和汉族两者间所共同形成的历史构建是一种互动模式。拉铁摩尔采用"类型学"的方法论述农耕生产方式和游牧生产方式,指出这两种生产方式孕育了不同的社会类型。拉铁摩尔认为,"农耕社会对应的是农业文明,其拥有璀璨的历史传承和文明成果,游牧社会是畜牧业高度发展的结果,同样是一种合理的历史构建的产物"[1],不可拿农耕社会的农业文明去衡量游牧社会。拉铁摩尔的《中国的亚洲内陆边疆》和《边疆史研究:1928—1958》等是他边疆研究的重要著作,可以说正是拉铁摩尔的研究成果为中国的边疆研究开辟了新的视角,为深入理解世界历史上的游牧文明打开了新的视域空间。

拉铁摩尔的研究有力地打破了汉族中心主义的史观,其治学理路表面上看打破的是"中原中心论"或者说"汉族本位论",实际上所超越的是中心—边缘的叙事结构。可以说拉铁摩尔秉持的是一种"移情"式的文化相对论,即去文化/种族中心主义的立场。这也使得其研究和后世"反西方中心主义"的中国学家构成了一种超越时空的内在联系。20世纪90年代以来,海外不少中国学家强调不可采用西方的学术逻辑和经验来解释中国现象,如杜赞奇分析中国的民族主义时指出:"西方的历史不能应用于东方的经验,因此考察中国的民族历史和民族概念不能用西方的民族主义理论。"[2]从20世纪上半叶拉铁摩尔对中国的研究中,就已经能够看到这些治学理路的影子。

---

[1] 这与杜赞奇认为的"民族不是自然的文化共同体,而是一个历史的建构"观点相近。参见乔兆红编著:《海外中国学理论前沿:中国与世界》,上海社会科学院出版社2017年版,第105页。

[2] 乔兆红编著:《海外中国学理论前沿:中国与世界》,第105页。

（三）中国学的边疆范式

关于边疆的概念，拉铁摩尔曾明确指出："当一个社会共同体占据某地域时，边疆便被创造出来。自此，随着该社会共同体的活动和成长，或者另一社会共同体的影响，边疆随之发生变迁和形成。因为历史由社会发展的记录构成，所以对于历史学家来说，随着社会共同体的发展而不断变迁的边疆遂具有至关重要的意义。"[1]

姚大力对拉铁摩尔的边疆概念做过进一步的厘清，阐释了"边疆"一词在英语中不同表达的不同内涵。他结合拉铁摩尔对边疆概念的理解，提出："border 或 borderland 主要是指边境线，而 frontier，意思是两国之间的边界，或'紧靠尚未开发地区的发达地区边沿'。后一个意思实际上只存在于美国西部开发时代的历史语境之中，在拉铁摩尔将三面环绕着汉族分布地的中国'内陆亚洲'诸广袤区域称为中国的 frontiers 时，这一内涵实际不同于特纳边疆理论中边疆的内涵。换言之，拉铁摩尔赋予了边疆概念以新的内涵，相当于英国的'凯尔特边区'（the Celtic Fringe）一语中 fringe。相对于英格兰核心地区，这里的'边区'主要是就其'外围'属性而言，所强调的并非仅仅是它靠近国界，或其纵深幅度十分有限等特征。"[2]

从中不难看出，拉铁摩尔的"边疆"概念强调的是与中心（中原地区）相对的边缘的蛮荒地带。在这一点上，其研究开启了现代中国学的空间转向，即作为研究对象的中国，不再局限于传统的中心地带（中原），边缘地带（边疆）也进入了研究的视野。中国学之"中国"在空间意义上，具备了新的完备性。这也正是拉铁摩尔的边疆研究的"超越性"所在。

拉铁摩尔的研究将"贮存地"和"边疆"概念密切结合起来，在内涵上是有所扩展的。拉铁摩尔指出："国境线（线性边疆）的概念从未在历史上事实存在，它只是一种观念臆造，国境两侧辽阔的地理纵深使一种因时而异的历史区域结构成为可能。"[3]"大致以长城为边界，北方的草原游牧社会和南边

---

[1] 转引自张世明：《拉铁摩尔及其相互边疆理论》，《史林》2011 年第 6 期。
[2] 姚大力关于边疆概念的论述，参见姚大力：《拉铁摩尔的"内亚视角"》，《读书》2015 年第 8 期。
[3] 毕敬、赵志辉：《中国历史的空间枢纽——欧文·拉铁摩尔边疆范式中的"贮存地"剖析》，《浙江学刊》2018 年第 1 期。

的中原农耕社会展开拉锯。在这两种社会之间,长城两侧幅员辽阔的地带便是'贮存地'。它是重要的边疆贸易通道和战略关键区。"[1]基于类型学方法,拉铁摩尔后来又把"贮存地"进行了详细的划分,提出了"内贮存地"(Inner Reservoir)和"外贮存地"(Outer Reservoir)两种概念。"'贮存地'的历史意义在于它始终左右着中原和游牧社会之间的平衡关系,决定了传统中国在内陆亚洲的统治限度。"[2]与以往对中国研究不同的是,拉铁摩尔并没有使用传统的结论来探讨边缘地带的历史。虽然在地理环境和族群因素方面保持与以往研究的一致性,"但是拉铁摩尔淡化土著族群对外来力量的'底层斗争',开始在更为辽阔的边疆空间中突显'贮存地'的社会属性和政治功能"[3]。

就拉铁摩尔对中国的历史地理研究而言,他采用了一种"移情"的方式,即深入所研究对象的切实生活中去考察研究对象,而不是坐在书斋里的"纸上谈兵"。他不断进行实地考察,还采用综合学科的方法开展研究。随着研究的深入,20 世纪 30 年代中期,拉铁摩尔逐渐认识到自己边疆研究的一些缺陷,"尝试摆脱'地理环境决定论'和'文化种族主义'的不良影响,更多地从社会历史的角度思考问题"[4]。拉铁摩尔对具体的边疆地理和族群事物的关注开始逐渐转变为对边疆多元空间结构的研究,[5]由此开启了"一个由'地理区位论'向'空间结构论'的学术转向过程"[6]。他自觉地将多学科方法运用到自己的研究中去,例如将政治经济学、人类学以及其他社会科学方法娴熟地运用至对中国边疆的研究中去,这与以往汉学限于运用语言和人文学科方法大不一样,也是传统汉学和现代中国学的分野所在。

值得一提的是,拉铁摩尔的"边疆范式"并不像后来的新清史学者那样,"秉持'非汉化'观念,强调边疆民族的所谓'内亚特性''蒙古精华'来消解汉族中心的历史叙事,并借此突显边疆社会与中原社会二元对立的历史图景"[7]。在拉铁摩尔的"边疆范式"当中,边疆社会与中原社会的关系更像一种融合共生的关系,边疆地区是中原地区和西方交流互动的关键中介,在中国的中心—边疆内部结构和中国—外域的国际性结构中扮演了重要角色。

---

[1][2][3][4][5][6][7] 毕敬、赵志辉:《中国历史的空间枢纽——欧文·拉铁摩尔边疆范式中的"贮存地"剖析》,《浙江学刊》2018 年第 1 期。

正如袁剑所说,对边疆的体认可以"避免以一种文化单一性的思维去思考和想象'丝绸之路'的整体图景,进而在体认'多元一体'的中国基础上,构筑'和而不同'的'丝绸之路'整体认知"①。可以说,拉铁摩尔所论述的这种融合共生关系,对更好地理解中国内部的不同民族、不同文化,甚至中国和其他国家不同文明之间的关系极具启示意义。

四、结　　语

李希霍芬和拉铁摩尔都对中国各地尤其是边疆地区进行过多次的实地考察。李希霍芬命名了"丝绸之路",为之后其学生斯文·赫定等推动的"丝绸之路"研究热潮埋下了关键种子。拉铁摩尔以"内亚视角"开启了中国学的"边疆范式",此后边疆地区成为中国学的重要议题。两人的研究都极大地推动了中国学的空间转向。李希霍芬在《李希霍芬中国旅行日记》和《中国》两部巨著中,构建了一定的地理和地质学概念上的边疆知识框架,但比起拉铁摩尔,李希霍芬的边疆考察日记偏向于自然地理学,且著作的字里行间都透着更强的国家意志、殖民主义色彩以及西方中心主义的烙印。相比而言,在研究范式的更迭上,拉铁摩尔对中国学的影响更大。

拉铁摩尔"移情式"考察"内亚"是一种历史地理学概念上的研究,他拨开西方文化云雾进入中国史境的内部主义学术主张,及其所开启的关于中国的历史地理学研究,不同于过去以中原为中心的中国研究,为我们展现了从中国边疆发现中国历史的全新样貌。拉铁摩尔的研究没有陷入中西方的二元对立之中。一方面,他在一定程度上摆脱了当时内嵌于欧美学术界的西方中心观,不是以西方拯救者的身份去书写他的边疆范式;另一方面,他也没有走向另一极端——对西方中心观进行逆写——陷入亚洲中心观或者中国中心观之中。拉铁摩尔以文化与生存样态为界,关注中国历史的"游牧—农耕"边疆范式,秉持公正的态度,站在亚洲的角度上研究中国边疆。拉铁摩尔将"边疆"置于中国史研究的中心,走出了一条不同于传统汉学研

---

① 参见袁剑:《丝绸之路、地方知识与区域秩序——"丝绸之路"的概念、话语及其超越》,《陕西师范大学学报(哲学社会科学版)》2017 年第 4 期。

究的新路。这种研究思路越来越得到东西方学术界的认可,从而为汉学向中国学转型提供了学术性基础。同时,拉铁摩尔所进行的实地调查与综合性研究方法,不仅运用历史学的方法,而且综合"运用经济学、地缘政治学、社会学、人种学等多学科的研究方法,开展了多元交叉学科融合的边疆研究"[1],而研究方法的多元转变也是汉学转向中国学的重要特征。这种对边疆的综合性研究完善了中国学研究的理论与方法,甚至影响着中国学的书写范式。

(朱婳玥,上海社会科学院世界中国学研究所博士)

---

[1] 参见蔡美娟:《拉铁摩尔边疆视域下的亚洲地缘政治思想研究》,硕士学位论文,浙江师范大学,2014年,第126页。

第五章 情报转向：满铁调查部与日本中国学

历史上丝绸之路的形成与发展意味着连接沿线各国道路的畅通，所带来的是全方位的交流与交往。丝绸之路是使节之路、商贸之路、文化之路，有力推动了沿线国家地区对中国的认识和理解。但在特定的历史时期，丝绸之路也会演变成为战争之路。尤其是野蛮时代，战争是"开拓东西方交流的重要推动力"。①进入近代后，丝绸之路为列强所控制，逐渐成为这些国家海外殖民扩张之路，所带动的对中国的研究开始聚焦于情报研究。早在19世纪，情报导向的中国研究就已经开始出现。如第四章所述，李希霍芬的中国考察最为关键的一个目的就是为德国政府服务，但以情报为中心来研究中国这一取向，则是日本在华扩张的产物。其中，最为典型的就是通过南满洲铁道株式会社所推动的对中国系统性的调查研究。这些调查研究为日本所谓"国策"服务，对日本中国学，乃至其他国家以情报为中心的中国学都产生了深远的影响。

一、近代日本中国学的转向

按照传统汉学向现代中国学转向的概念及其特征，相较于第二次世界大战期间才起步的美国中国学，日本中国学的转向在时间上更早一些。中日甲午战争后，日本中国学就开始了现代转向。在研究方法上，日本中国学崇尚客观实证，重视文献分析，强调对中国进行实地考察，包括通过修学旅行感受中国，派留学生到中国进行语言和专业进修，研究者注重对中国的文

---

① 张国刚：《传统丝绸之路的动力机制》，《国际汉学》2020年第4期。

献调查、地理和考古考察，以及和中国学术界、书业界的交流，等等。在研究领域上，日本中国学也进一步扩展了范围，除了对中国传统思想、经典进行研究外，对中国现实政治、自然地理等多个领域也给予了充分关注。而且即使是关于中国历史、文化、艺术等的研究，背后的现实指向也越来越强烈。

在日本，现代中国学最早开始于东京帝国大学。从19世纪末期起，东京帝国大学开始关注并设立东洋史学，以中国历史为主要内容，包括历史、经济、宗教、地理、考古、艺术、法律等诸多领域，几乎囊括了除哲学以外的以中国为中心的诸个层面。早期的研究成果有市村瓒次郎的《支那史》六卷、桑原骘藏的《中等东洋史》，此后，比较有代表性的著作为坪井九马三的《史学研究法》和那珂通世的《支那通史》，内藤湖南（1866—1934）、白鸟库吉（1865—1942）等为人熟知的学者也加入这一研究者群体之中。

白鸟库吉及其提倡的"尧、舜、禹抹杀论"，从观念上摆脱了传统的"道学的史学"框架，具有怀疑主义史学的"中国史观"，成了日本中国学界中国历史研究方面首个体系性的成果。"尧、舜、禹抹杀论"几经质疑，白鸟库吉在不断完善后，将其理论核心作了明确的阐述："我在各种的公开会议上论述了一个结论，这便是中国人最崇敬的圣人——尧、舜、禹，他们绝不是实在的人物，他们作为理想的帝王从中国人的思想观念中产生出来……根据我的观点，作为历史人物的尧、舜、禹是没有的，为理想人物而创造出尧、舜、禹的思想实际存在于古代中国之间，因而，给了尧、舜、禹作为历史人物的愈发确实的基础。"[1]

白鸟库吉的"尧、舜、禹抹杀论"直接针对的是关于中国历史文化的命题，在日本中国学向现代转向方面有着奠基性的地位。在当时大的时代背景下，其否定中国传统文化的观点在更深层次上和日本的"脱亚论"高度一致。这一思想在此后50余年中成为日本学者从事中国历史研究的范式。

日本中国学现代转向确立的标志则是"内藤史学"。内藤湖南既是社会活动家又是文化学者，对他来说这两种身份是相辅相成的。内藤湖南一直以中国问题作为其活动的中心，1902年、1905年、1906年先后受大阪每日新闻社、外务省的委托，赴中国开展调查，潜心搜集有关中国历史、文化方面的

---

[1]　白鸟库吉：《儒教在日本的顺应性》，载《白鸟库吉全集》卷十。

资料。因和外务省的关系密切,内藤湖南曾赴中国东北查阅资料并写成调查报告。他在中国东北地方史、清史、蒙古史等方面已掌握相当多的资料,并已取得一定成果。1919—1921年间,内藤湖南将自己多年精心搜集的关于中国东北地区的资料、书籍编印成《满蒙丛书》陆续出版。丛书原定出版24册,但种种原因使其最终仅出版了9册。

从总体上看,内藤史学主要包括三方面的内容:"中国史三分法(即内藤假说)""中国文化中心特殊轮""中国史料的整理研究"。这三方面几乎总结了内藤终其一生关于中国学的研究内容,成为日本现代中国学形成的最终标志,其思想至今仍影响着日本中国学界。

二、满铁调查部与情报导向的中国学

（一）满铁调查部的建立

1904年日俄战争后,中国东北被日本占领,根据《朴次茅斯和约》规定,原来由沙俄修建的中东铁路长春至旅顺段转让日本,改称为南满铁路。1906年,为了管理铁路,日本天皇发布第142号敕令,公布了《南满洲铁道株式会社成立之件》,11月26日在东京正式成立南满洲铁道株式会社。1907年4月,南满洲铁道株式会社开业,以经办铁路、开发煤矿、移民及发展畜牧业等为其经营方针。1945年日本战败投降后,南满洲铁道株式会社停止运营。

南满洲铁道株式会社,简称"满铁"。从1906年到1945年,满铁在中国从事侵略活动长达40年之久。从表面上看,满铁是一个经营铁路的公司,但实际上,它还负有对中国物产、自然资源进行调查,以及为日本政府相关政策提供政治、经济、社会等情报的特殊任务。为此,满铁专门成立了多门类的调查机关,组建了由日本知名大学相关专业学者和学生组成的数量庞大且精明强干的调查队伍,有系统、有规划地调查了解中国的政治经济情况和风俗习惯等方面内容。

满铁调查机构是日本帝国主义经营的南满洲铁道株式会社在我国东北三省进行情报活动的大脑,它是满铁内部的一个机构,接受满铁的领导,同时是支配满铁的机关。它不仅仅为日本政府提供情报服务,也接受日本关东军的委托,从事军事情报的搜集活动。满铁调查机构是日本帝国主义侵略中国的策划者和执行者。了解其历史演变对于研究日本帝国主义侵略中国的历史,以及理解日本中国学的情报转向有着重要参考价值。

满铁调查机构的创始人是第一任总裁后藤新平(1857—1929),他在我国台湾地区担任民政长官多年,成功完成"台湾旧惯调查",十分重视社会调查,认为作为推行日本殖民政策急先锋的满铁,需要考察中国特别是东北地区的政治制度、民俗习惯,调查工矿农商及交通等一般经济情况,以及与之有关的亚洲和世界政治经济情况,以便为发展满铁,同时为日本政府、军部制定侵略政策提供所必需的参考。为此,后藤新平在满铁成立伊始,即着手设立各种调查机构,这些调查机构又随着时间的推移和形势的变化而变化。

(二)满铁调查部的机构演变

1. 满铁调查课和哈尔滨事务所调查课

1907年,满铁调查部成立。这是满铁设立的第一个调查机构,它与运输部、矿业部、地方部等并列,成为满铁最重要的部门之一,其任务是在满洲及其附近地区从事一般经济及惯例的调查。1908年12月,调查部被缩编为调查课,其业务也被修改为检察业务、审查规定、调查统计、人员培养训练、营业报告及年报编纂等方面,核心业务是进行以中国中央和地方政权的动态为中心的情报调查搜集活动。调查课内部机构经过多次增减变化,分为法制、产业、商事、贸易统计、交通、俄国、统计、资料、庶务等九个系,颇具规模。

1923年4月,满铁在扩大其本社调查课的同时,将哈尔滨公所升格为哈尔滨事务所,并在其中新设了调查课。哈尔滨事务所调查课简称"哈调"。"哈调"以获得苏联方面的情报为重点,也搜集关于中国收回中东路的动向和中苏关于中东路交涉的大量情报。

2. 满铁情报课

1927年4月1日,满铁将满铁调查课的情报系扩大为情报课,下设情报系和弘报系。满铁情报课在各地满铁公所和办事处遍设情报人员,和其联络员一起组成情报网,并与陆军特务机关建立了密切联系。不过这个情报课只存活了一年多就被肢解了,情报系被并入交涉部资料课,弘报系被并入总务部庶务课。情报课的弘报系是一个新设的机构,"弘报"即"宣传"的意思,用"弘报"而不用"宣传",据说是因为"宣传"一词有欺骗之嫌。弘报系是满铁也是日本在中国正式建立宣传机构的开端,它在九一八事变前后十分活跃,在煽动侵华战争方面起了极大作用。

3. 临时经济调查委员会

1927年11月,满铁在调查课之外另行设立了临时经济调查委员会,抽调了有实际业务经验的人员139名(当时调查课人员只有80余人),其中大部分是待精简的人员。其主要任务是提供对会社事业直接有效的资料,以便改善会社业务,充分发挥各机构的职能。这个委员会直属社长,下设四部。临时经济调查委员会只存在两年半,1930年6月因总裁易人而撤销。

4. 满铁经济调查会

满铁经济调查会是根据日本关东军的要求成立的调查机构。1932年1月8日,关东军参谋长三宅少将致函满铁江口副总裁,委托满铁成立经济调查机构。满铁方面完全答应了关东军的请求,在1月21日召开的理事会上,通过了成立满铁经济调查会的决议。1月26日,满铁发布了经济调查会规程,规定经济调查会直属于总裁,掌管有关经济计划的调查和拟定。委员长十河信二,副委员长石川铁雄,干事贵岛克己。经济调查会下设五部,其分工为:第一部负责编制经济计划,调查主任宫崎正义;第二部负责工业、矿业,调查主任奥村慎次;第三部负责交通,调查主任伊藤太郎;第四部负责商业、农业,调查主任中岛宗一;第五部负责法律、外交,调查主任冈田卓雄。后来又增加了干事室和第六部,前者处理会务及综合计划,后者分管亚洲北方地区经济。1936年,满铁将完成了使命的经济调查会与计划部合并,成立了产业部,阪谷希一出任部长,其调查业务被纳入新设的产业部之中,同时新设了经济调查委员会以应付军方提交的任务。

5. 哈尔滨铁路局北满经济调查所

1935年满铁在接收中东路时,也接收了中东铁路经济调查局,3月23日,在哈尔滨铁路局内设置了综合调查机构——哈尔滨经济调查所,掌管北满经济调查和翻译事务。同年11月10日,改称为哈尔滨铁路局北满经济调查所,简称"北经"。该所隶属哈尔滨铁路局,同时,与满铁经济调查会保持着密切联系。它作为北满当地调查机构,执掌有关北满的经济调查和有关苏联远东地区以及蒙古动向调查,为制定北满政策和对苏政策服务。该所下设五班,各班分掌事项为:第一班,庶务、经理、资料;第二班,工商、矿业、金融及交通;第三班,农、林、渔、牧及移民;第四班,农作物收获预测及上市调查;第五班,苏联及蒙古。作为北满当地的调查机构,它不仅和满铁经济调查会保持紧密联系,而且和伪满洲国实业部临时产业调查局经常联络,在苏联和蒙古的调查上还同关东军第二课以及铁道线区司令部保持紧密联系。1936年1月,根据关东军铁道线区司令部的要求,在该所第五班内又设置了特别调查系,开始了对苏联远东地区军事、交通等相关事项的调查。1936年10月产业部成立后,"北经"移归产业部管辖,1938年产业部撤销,又转归调查部。1939年7月,满洲调查机构将调查中心集中到新京(今长春)支社调查室,"北经"的综合调查职能被解除,除庶务外,只保留矿业关系调查及农作物上市调查职能。北满地区的综合调查职能归于新京支社调查室,并将该室扩大为七个系。1940年3月,"北经"由调查部转入新京支社。

6. 满铁产业部与经济调查委员会

1936年10月1日,满铁实行机构改革,将原经济调查会、原计划部、原地方部农务课及商务课、原总务部资料课的一部分和以上各部所属的农业试验场、满洲资源馆、地质调查所、兽疫研究所以及各种产业机构统一合并,成立了产业部,掌管有关产业方面的调查研究、产业扶助以及附带事业,下设五课一室及调查役。

在产业部设立的同时,满铁新设立了经济调查委员会,它是满铁为了接受关东军、华北驻屯军及伪满洲国的委托,进行经济调查和起草方案而在社内设立的委员会,直接隶属满铁总裁。同时,经济调查委员会还担负着满铁内部全会社性的计划审议和调查起草工作。

经济调查委员会同产业部的关系是:经济调查委员会是接受外部委托的负责机构,委员会受理有关经济调查或规划的委托之后,交产业部办理。总裁、副总裁和有关理事审议委托的重要事项之后,经济调查委员会以委员长的名义答复委托机关。产业部和经济调查委员会存在的时间只有一年半。

7. 满铁大调查部

1937年七七事变后,日本关东军、伪满洲国和日本当局为了更快地掠夺东北的重工业资源,推行《满洲产业开发五年计划》,新设了被赋予垄断东北重工业特权的伪满特殊法人满洲重工业会社。因此,满铁于1938年4月将产业部改组为调查部,掌管经济、交通及其他事业的调查研究,此外,还下辖大连图书馆、满洲资源馆、北满经济调查所、地质调查所、兽疫研究所和农业试验场。1939年3月28日,满铁扩大了调查部,下辖有铁道总局调查局、新京支社调查室、北满经济调查所、华北经济调查所、上海事务所调查室、东京支社调查室、东亚经济调查局和中央试验所。扩大后的调查部合并了原来直属于总裁的中央试验所,既从事社会调查,也承担自然科学研究,不仅进行会社业务上所需要的研究,而且从国策的角度进行遍及东亚和南洋的基础研究。此外,满铁大调查部要培训人才,对于会社内的各种调查机构实行综合管理、统一调用。

1939年7月,满铁制定满洲关系调查机关运营方针、改正要领,调整其调查机构,主要是扩大了新京支社调查室,缩小了北满经济调查所,将对北满的综合调查职能转到了新京支社。1940年3月,又将北满经济调查所划归新京支社。1940年6月,设置张家口经济调查所。1942年2月,为适应太平洋战争爆发后的新形势,满铁又加强调查部本部机构建设,将原来的庶务课、综合课和第一调查室合并为总务课,将原来的第二、第三、第四调查室改称为社业调查室、北方调查室和矿床地质调查室。社业调查室从事满铁自身活动的调查研究;北方调查室配合对苏战争的准备,对苏联的抗战能力和西伯利亚、蒙古状况进行调查;矿床地质调查室负责对亚洲各国资源的调查。

由于合并了中央试验所,扩大了各地调查机构规模,大调查部规模甚为庞大,调查人员多达2 000人左右。它不仅是当时日本帝国最大的调查机关,也是世界上屈指可数的调查机关之一。

8. 满铁调查局

1941年10月,满铁调查人员尾崎秀实被认定为第三国际的"间谍"、共产主义革命者,遭到日本宪兵的逮捕。以此为发端,满铁调查人员被捕者前后共达44名,即所谓"满铁调查部事件"。在此情况下,1943年5月,满铁将大调查部改编为调查局,并对调查人员进行了清洗。调查局内设机构有总务课、资料课、第一满洲调查室、第二满洲调查室、北方调查室、民族调查室、矿床地质调查室、调查役。所属机构有华北经济调查室、北满经济调查室、张家口经济调查室、大连图书馆、哈尔滨图书馆、满铁其他部门所属的调查机构,还有总务局的奉天调查室、东京支社的东亚经济调查局和大阪事务所、上海事务所。与大调查部相比,调查局的规模虽大为缩小,但仍然是日本最大的调查机构之一。调查局成立之后,由于战局对日本更加不利,满铁加强了控制,各种资料都被作为军事秘密,搜集工作更为困难,满铁的调查活动完全失去了生气。调查局的调查一般只限制在会社本身业务、地质以及苏联方面。到1945年8月日本投降时,调查局的很多下属机构已经成为空壳了。

满铁调查部机构变迁表

时　　间		事　　件
1907年	4月	满铁创设调查部,以冈松参太郎为领导,进行满蒙调查 满铁设立地质课,调查抚顺煤田和鞍山铁矿
1908年	11月	设立东京支社东亚经济调查局
	12月	满铁调查部改称调查课 设立东京支社满洲史地调查部
1910年		满铁接管关东督都府的中央试验所
1914年		满铁调查课隶属满铁总务部事务局
1918年	1月	满铁废除事务局,调查课隶属总务部
1922年	1月	调查课直属满铁社长室
1923年	1月	改称庶务部调查课
	4月	设哈尔滨事务所调查课
1927年	11月	山本社长于调查课之外设立临时经济调查委员会
1930年	6月	改称总务部调查课
1932年	1月	设立满铁经济调查会
1935年	10月	设立上海事务所调查课
	11月	设立天津事务所调查课
1936年	10月	满铁调查机关改制为产业部
1938年	4月	解散产业部,重设调查部
1939年	3月	成立大调查部,统辖满铁各调查机关

(三)满铁调查部与服务侵华的日本中国学

1. 满铁调查与伪满洲国的建立

日本侵略者早就对中国虎视眈眈,时刻梦想把中国辽阔的土地和丰富的资源占为己有。设立满铁正是实现这个梦想的重要步骤。

满铁首任总裁后藤新平正是担负着这样一个重要使命走马上任的。他认为,要想有效地统治中国,应当充分了解中国的风土民情,尤其是对于这样一个以农业为主的大国,一定要了解和掌握其农村的现状,这样才能为决策者们提供最佳的统治依据。1907年4月,满铁成立调查部,立即开展对中国东北地区农村现状的调查。第二年,又从日本国内调来了一批农林专家,开始有重点地对当地的农业资源、生产状况、农村人口等进行大规模的实地调查。由于对这项工作高度重视,满铁的调查大多进行得比较认真,调查活动的规模都比较大,而且取得的成果也比较多。仅1912年至1925年,满铁在中国东北农村所作的各项调查报告就有50余种。

满铁的这些经济情报刺激了日本政府的侵略决心,为其决定以武力吞并东北提供了依据。1927年4月,日本政府由田中义一组阁,并于6月27日至7月7日在外务省召开了东方会议,决定了《对华政策纲要》。会上,田中义一提出:"关于满蒙,尤其是东三省,因与国防及国民生活具有重大利害关系,我国不仅要特别注意,而且对于维持该地和平、经济发展,作内外人安住之地,身为邻邦,深感有责任。"[1]同时,他向日本昭和天皇提出:"惟欲征服支那,必先征服满蒙;如欲征服世界,必先征服支那。"这是日本军国主义扩张侵略野心的大暴露,也是企图依靠军事力量大举入侵中国的一个危险信号。

从此,日本军方对满铁更加重视,采取了一系列强化功能的措施。

首先,加强领导,扩大机构。1927年7月,山本条太郎与松冈洋右分别就任满铁总裁和副总裁,11月又成立了直属于总裁的临时经济调查委员会,委员会下设:第一部(司交通、港湾、工场、电气)、第二部(司实业)、第三部(司资源关系)、第四部(司社会、地方系统及庶务)。从此,在满铁这个所谓"民营企业"中,又建立了一个机构庞大、分工细致的专事经济情报的特务组织。

其次,贯彻日本政府侵略意图,扩大深化调查内容。山本和松冈上任后,明确要求"满铁所属各机关毫不保留地发挥功能",配合好军方的军事行

---

[1] 《近代史研究所集刊》第24期。

动。1931年,关东军司令部的石原莞尔亲自到满铁,透露出日本政府将在东北地区建立满洲新政权的意图,并向满铁的宫崎正义和奥村慎次提出:"为了满洲新政权各种政策的立案,关东军当局拟成立一个组织,然而人才由满铁供应,形式上隶属满铁,实质上应在军部指导下进行活动。"①

按照这一要求,满铁开始组织大批具有实地调查经验的专业人员,对东北各地进行规范化、系列化的调查。这些调查的特点是:以自然村为单位,以农户为调查对象,逐家逐户地作全面的经济调查。在调查当中,满铁编制了统一的调查程序和调查项目,设立了专门的调查班子,与关东军联合组成了一支机构庞大的调查队伍,有针对性地选点入户进行调查。这期间有两次调查内容最为详细:一次是"满洲土地旧惯调查",包括"一般民地""蒙地""皇产""内务府官庄""典地习惯""押地习惯""租权"等专题。另一次是在满铁调查部直接控制和指导下,由伪满洲国实业部临时产业调查局主持进行的,调查范围涉及伪满洲国全境的数十个县(村),调查内容共分为三个大类:以县为单位的"农村实态一般调查",以自然村为单位的"农村实态户别调查","农村实态专项调查"(包括租佃关系、农具、农家生计、农家经营、农村社会、土地关系等)。根据这些调查结果,共编纂出调查报告约50册。②这些调查材料为日本侵略东北和进行殖民统治提供了参考。

九一八事变后,满铁又在沈阳设置了"奉天出张所"。这时,关东军对满铁更加注重,并向满铁提出了为了"新国家"的建设及其健全发展,"无论在政治、经济、外交或文化上,必须给予周详的指导及援助"的要求,而且认为有必要再设立一个"调查有关满蒙各项情事,并在提供建设方策及计划的研究立案等方面,能应军部咨询并与合作"的强而有力的综合调查研究机构。③满铁应此之要求,便于1932年1月21日又成立了一个叫作"满铁经济调查会"的组织,该组织负责筹划全东北的经济建设计划,并负有开发东北及东亚经济、完成伪满洲国国策等各项事业的任务。满铁经济调查会设有六部一室,分别负责调查农林、水产、畜产、工矿、交通、商业、金融、法政、劳工、外事等方面的情况。到伪满洲国成立之前,日本统治东北的各项政策和

---

① ③ 《近代史研究所集刊》第24期。
② 曹幸穗:《旧中国苏南农家经济研究》,中央编译出版社1996年版,第8—9页。

计划,几乎都是由满铁经济调查会起草的。

2. 满铁调查与日本侵略华北

日本侵略者在东北建立伪满洲国后,就准备开始实施他们全面占领中国的第二个战略步骤——取得华北和华中等战略要地的控制权。

1933年9月,广田弘毅就任日本外交大臣,他在10月的内阁会议上表示,"满洲国"建立之后,日本要在远东地区建立起新的霸权,他还表示中国必须从属于日本,而且强调对中国要首先进行经济入侵。当时,日本政府制定的方策要纲中,也提出要积极扩张日本在华的各项权益,还提出华北如何脱离中国中央政府而独立,然后由日本单独统治的设想和实施步骤。日本政府的这一态度,表明了其对华北和华中觊觎已久的野心。

为适应日本政府全面侵华的方针,满铁在华北的经济调查活动迅速加强。1933年11月,满铁经济调查会提出了"设置华北经济工作调查机关计划",并制定了《设置华北经济工作调查机关要项》,其中提出:"立足于日、满、华的经济协调,主要为了求得华北的经济工作的进展,要对华北及长江流域的资源、矿山、工业、交通、一般经济及利权进行调查,并收集情报和资料","要同在华参谋本部特务机关及领事馆协调,达到其目的"。[①] 1933年12月,满铁又完成了《对华经济调查机关设立计划案》,这是一个企图在华北以至华中、华南普遍设立"经济调查会"分支机构,从而对中国关内经济状况实行全面调查的计划。

1934年10月23日,日本驻天津的"中国驻屯军"参谋长酒井隆给满铁总务部部长石本宪治写了一封长信,信中对满铁在华北的调查提出了更为详细而具体的要求。酒井隆指出:"为了促进帝国对华经济的发展,以及使战时我国国防所缺少之资源易于得到充实,应将重点置于为扶植、增强帝国在华北的经济势力,以及促进日满华经济区的结成,进行必要的准备。"[②]为达到这一目的,"应根据对华北的产业、经济、金融、交通等各个部门的基础调查,研究具体的方案。为鉴于非武装地带——即由日、中两国规定的特殊地区的有关地带——的施策比较容易实行,应首先从有关该区的事

[①] 依田熹家:《日本帝国主义的本质及其对中国的侵略》,卞立强译,中国国际广播出版社1993年版,第64页。

[②] 同上书,第66—68页。

项的调查着手"①。酒井隆在信中还详细列举了要调查的事项范围,包括对中国收回利权运动的对策、华北煤矿开发、华北铁路、华北港口、平绥铁路、龙烟铁矿、华北金融现状,华北的棉花、羊毛、皮革、石油、盐,日本在华企业及日、满、华北经济集团等问题。信中最为强调的是:"我国为解决国家百年大计之燃料问题,以我日本之力量开发华北煤矿乃是绝对的要求。"②这说明日本侵略者最为关心的是作为能源的煤炭,他们对华北的关注也正是从企图掠夺煤炭开始的。可见,日本侵略者已经把入侵华北正式提到了日程上,他们对华北经济情报的急切需要,说明他们正在谋划具体的实施方案。

针对此信,满铁于1935年3月在其《对华经济政策的根本方针》的报告中做了积极回应:"现今世界列强正围绕着残留在世界上唯一的拥有最丰沃的资源和最大购买力的中国,在经济上把它当作商品市场和廉价的原料生产地,从而在政治上正进入所谓战争的最后阶段。一般来说,各自都是迫不得已而采取设定区或圈的孤立政策。这是实际情况。但这并不否定何处有好的协调对手就同他结合的政策的妥协性的存在。"报告认为,占领满洲是"结成亚洲区"的第一步,而第二步是"使华北独立(所谓华北是指陇海铁路以北,所谓独立是南京政府和外国势力不侵入该地区)。但这绝非意味着放弃对华中、华南乃至全亚洲的关心,而始终是以'阶段性'的政策为特征。事实上在'现在'要想在一个早上在中国全国建立日本的经济力量乃至关系,在国际上是近乎不可能的。因此,作为当前的政策,首先应当获得认为可以置于日本的统治之下的地方及各种关系。如果连这一点也踌躇不前,在上述的国际形势下是必将落在后面的"③。

这个报告还根据满铁所调查到的情报,从政治上和经济上认真地分析了日军所面临的形势,并提出了以下的结论:"外国势力进入华北还未像华中、华南那样错综复杂",日本"如果能挽救中国,使它脱离国际列强把它当作'食物'的危险,日本的大陆政策最后将是可行的。……所以应当首先使华北独立,这样多少可以防止欧美各国分割中国";"华北的当权者历来孤

---

①② 依田憙家:《日本帝国主义的本质及其对中国的侵略》,第66—68页。
③ 同上书,第76页。

立,与国民政府相比,力量甚弱。但事实上对国民政府亦无好感。因而日本如能给予援助,把他们纠集在一起,也会拥有足以对付国民政府的实力";"从防止和压制共产势力来说,华北独立也是必要和可能的";华北地理邻近"满洲国","是扩延经济区的好条件,这是自不待言的",如果能够占领华北,则其地理上与日满接近带来了有利性,"在投资额上仅需欧美各国的1/10就已足够";"华北资源丰富,对其进行干涉,足以使其独立。而且其所有之资源及居住人民可提供成立日本市场的充分价值";"如把华北置于国民党政府的统治之下,华北决不能发展产业。因为国民党政府是建立在地主、军阀、商人(银行家、资本家、买办)这个大杂烩阶级之上的政府",而且"国民政府——全国经济委员会——目前正拼命地诱导外资。这意味着日本对华投资有可能性,也意味着如踌躇不前则有投资落后(被列强抢在前面)的危险。决不应犹豫";"美国资本(在现代是最可怕的)在数量上正加大步伐迅速侵入华中、华南,特别是想依靠航空权和在福建省设立根据地,向华北扩张其势力,因而同日本发生严重的对立。现在如不驱逐和根绝其势力,将来想驱逐必然会徒劳无用";"如使华北独立,将便于利用日满合作来发展经济,这是无需多说的。反之,华北如被美国等列强控制,日本的大陆政策将有意外不测"。[①]

从这个报告中我们可以清楚地感受到,日本侵略者为什么在占领满洲之后要分离华北,日本政府所主张的"日满华经济区"到底是什么货色。在报告中,满铁还提出了分为两个阶段的工作建议。第一阶段:驱逐英法等在华北的势力;尤其要彻底驱逐美国的势力;日本要获得华北的铁路、河川、飞行航线等交通权,并可以对其贷款;华中、华南是日本对华贸易的中心,对华北应将重点放在投资企业和经济开发上,设立日满华合办的交通产业会社;设立中央银行;诱导华侨资本;大力进行资本输出,资本输出要优先于商品出口;清理贷款,如可能,将其充作上述产业会社的资金;获得华北的矿山投资权以及棉花、羊毛等的改良权;扩大华北驻兵权。第二阶段:组织满华经济统制委员会,就经济统制进行协议;完善中国经济研究机构;制定日满华互惠关税;对华企业国家应予以统制,资本势力由于企业竞争而分散,无益

[①] 依田憙家:《日本帝国主义的本质及其对中国的侵略》,第79—80页。

有害;不要忘记配合企业投资进行文化投资。①满铁的这份报告,详尽地分析了当时中国的政治经济状况,并提出了有关的实施方案和步骤,对日本侵略军来说,是一份重要的决策参考。

1935年11月,满铁又在天津设立了天津事务所,并把其调查工作的重心由北平转移到天津。天津事务所下辖天津分室、北平事务所、济南分室等,并在郑州、青岛、太原、张家口、绥远、多伦等地设驻在员。天津事务所的主要任务是为日本侵略军拟定占领华北后的殖民政策。天津事务所除负责调查活动外,还和天津日军一起支持兴中公司的活动,向冀察政务委员会强行索取沧石铁路的铺设权和龙烟铁矿的采掘权等各种权利。它在日军对华北的经济侵略和军事侵略方面起了重要作用。

1935年12月,满铁在华北设立了臭名昭著的兴中公司,这一公司的主要任务是替日本政府将华北的主要产业统制起来,加紧掠夺华北地区的铁、煤、盐、金矿、皮革、羊毛、铝矾土、石英、棉花等日本紧缺的战略物资和廉价而丰富的劳动力等资源。

冀东地区蕴藏有大量丰富的高矾黏土资源,是炼铝和生产耐火材料的重要原料。1937年6月,兴中公司通过华北通州日军特务机关操纵的"冀东防共自治政府",取得了"统一管理开发"冀东黏土的特权,把59处矿区占为己有。当时日本的工业用盐需求量很大,亟须用华北盐取代万里迢迢的北美、北非和地中海等地的进口盐。于是,兴中公司在1936年一年即向日本国内运送了7万吨长芦盐,以后变本加厉,从1937年到1939年,每年分别向国内运送21.5万吨、37万吨和40万吨长芦盐。位于华北察南的龙烟铁矿,铁矿石的埋藏量达上亿吨。1936年8月,日本政府决定由满铁协助兴中公司,获取龙烟铁矿的经营权。由于当时冀察政务委员会已决定龙烟铁矿收归国有,并任命陆宗舆为恢复委员会督办。对此,兴中公司竭尽全力,以天津的日本军部为后台,强行策动"中日合办"。后来,龙烟铁矿便被关东军强行占领。据统计,仅1939年一年,龙烟铁矿向日本国内供应的矿石就达40余万吨。当时华北的煤炭无论是储量还是产量都居全国之冠,尤其是山西的煤,已探明的储量即占全国的一半,而且开滦、井陉和正丰煤又都是非常适合于

---

① 依田憙家:《日本帝国主义的本质及其对中国的侵略》,第81—82页。

炼铁的黏结性煤。于是，兴中公司首先计划把井陉和正丰的经营权抢到手。到日本侵略者占领华北以后，兴中公司已经控制了华北大部分的煤矿。据统计，1939 年兴中公司产煤 409 万吨，1940 年产煤 738 万吨，绝大部分都运到了日本。

3. 七七事变后的中国农村调查

七七事变后，整个华北沦陷于日本侵略者的铁蹄之下，整个中国被日军的烧、杀、抢、掠暴行所笼罩，满铁的经济调查也由秘密或半公开的特务式活动转为完全恣肆的公开活动。

1939 年初，满铁采用在华北的调查方法，对华东农村进行了大面积的经济调查。这次调查活动共分为两个阶段进行。第一次是于 1939 年 6 月中旬至 7 月中旬，分别对嘉定县、太仓县、常熟县的部分村子作了实地调查。第二次是在 1940 年下半年，分别对松江县、无锡县、南通县的部分村子进行了实地调查。两次调查都将有关资料整理汇编成册。

为了给日本当局提供更多的殖民政策依据，满铁又决定从 1940 年开始对华北再开展一次大型的被称作"中国农村惯行调查"的活动。这次调查计划分为两期，预定调查的范围包括河北、山东、山西、绥远、察哈尔、江苏、浙江等地。第一期调查计划预定为 10 年（1940—1949 年），预算经费约为 557 万日元。1940 年 11 月，满铁开始对河北的昌黎、顺义、良乡、乐城及山东的恩县、历城等 6 个县实施调查。但到了 1944 年 8 月，由于当时的战局发生了重大的变化，中国人民抗日战争节节胜利，日本侵略军失败情形已成定局，使得满铁的调查计划无法再继续下去，只好把已得出的调查资料编为 114 份专题报告带回了日本。

满铁在关内的调查除了华北、华东等地外，还在西北的新疆、内蒙古，华中的湖北、湖南，华南的广东、海南等地进行了大量的实地调查。在调查内容上，有以村庄为主要调查对象的各类实态调查，也有大量的区域经济、专项经济以及自然资源、社会人口、民俗调查等，形成了多种调查报告。

日本侵占中国，满铁是竭尽全力并立了犬马之功的。满铁是靠着关东军的扶植发迹的，它的主要根据地是在中国的东北地区。虽然根据 1936 年 10 月日本"中国驻屯军"与冀察政务委员会达成的经济协议，它在进入华北后可以统制和垄断金融、交通、通信、发电、矿产、冶金、盐业乃至关税等各个重要部门,但由于七七事变后,日本国内的各种经济势力紧跟着日本侵略军,竞相挤进中国,大肆争夺侵略果实,捞取经济权利,而满铁自认为是国家资本,在华北进行经济掠夺具有优先权,不允许日本其他财团染指华北,从而使得日本国内资本家拼命反对满铁的垄断,尤其是日本的资产阶级强烈要求要"自由进出"中国,还提出如果由满铁在中国实行垄断性经营,进行统制,"必然要带来不利于提高开发能力的后果","妨害企业充分发挥创造性","从而也就束缚了日本的资本家对华的经济掠夺"的要求,这就使得日本政府左右为难。考虑到侵略战争的庞大开支需要日本国内各个垄断资本集团的支持,所以日本政府不得不重视这些资本家的要求,最后还是决定由内阁企划院拍定方针,对中国重要的经济产业经营权进行了重新划分。划分后,在诸多经济产业经营权当中,满铁只争得了交通运输业的经营权。再加上满铁与驻天津日军矛盾日益激化,华北又是天津军的势力范围,因此其后满铁在华北的势力逐渐减弱,满铁在华北的兴中公司也只好逐步地把其各部分的权力移交给了由天津军支持的"华北开发株式会社",后来兴中公司也成为"华北开发株式会社"的一个子公司。

(四)满铁调查与中国学的新方法

满铁调查报告是揭露日本帝国主义侵华罪行的有力铁证。满铁是日本帝国主义侵犯中国主权的产物,满铁经营活动的历史就是日本侵华史的缩影。更重要的是,满铁存续40年,几乎贯穿了日本侵华的始终(甲午战后日本侵占我国台湾地区比满铁早10余年),它与日本政府、日本军事当局特殊的从属关系,决定了它在许多侵华事件中必然要充当策划者、执行者、帮凶者或知情者。满铁的调查,是为了向日本侵略者提供殖民地建设的"立法和行政上的参考资料",是日本帝国主义侵略中国的无数罪行的一个组成部分。满铁的调查活动,无论是调查的内容还是调查的地点,都与日军的情报搜集有关。因此,在满铁的调查报告中,留存着日本侵华罪行的铮铮铁证,有关于一些重大历史事件疑案的记载,有可供考证的线索或旁证佐证资料,通过对满铁调查报告的研究,可以揭露日本军国主义的侵华罪行,批驳日本右翼政客歪曲历史的谬论,还历史本来面目,把一部真实的中日关系史留给世界,留给后人。

满铁调查报告是迄今为止研究20世纪前半期,乃至中国近代基层社会史和农村发展史的直接、系统、全面的第一手参考文献。从客观上说,这也为近代中国社会的研究保存了大量的参考资料。对满铁调查报告的研究,可以为历史、为后代保存一大批能反映20世纪前半期中国社会经济实况的历史资料。关于这一点,历史学界已经做了不少工作,取得了初步的成果。美国华裔历史学家黄宗智教授在对满铁农村调查报告进行多年的查阅,并与同时代的其他中西学者的调查报告作了比较后指出,满铁调查报告不失为用现代人类学方法来研究中国农村的一组数量最大而内容又极为丰富的资料。其中有的调查报告是调查人员"学术性努力"的成果,它们的质量甚至可能高于世界任何其他小农社会的有关资料。他认为满铁调查报告确有其独特之处,尤其在调查项目的详细程度上更有其他资料无可比拟的优点,可谓"最详尽、最精确"。其他学者也曾使用了满铁调查报告进行近代中国农村经济史的研究,其中所得出的研究结论,获得了学术界的关注和肯定。

满铁调查报告有着一定的现实参考价值。在满铁调查报告中,有相当数量是对我国的自然资源和社会经济资源的调查,无论是作为日本殖民统治的"资政"材料,还是作为武装入侵的军事情报,它都具有准确、真实的一面。而且满铁的调查人员多数是各专业领域训练有素的高级专家,他们所进行的中国自然资源和社会经济资源的调查以及写出的调查报告,应当说达到了当时较高的科学知识水平,具有一定的学术、技术质量。满铁所作的关于中国矿产、森林、水源、生物、山川、地形、城市、道路、港口等调查报告中,有不少仍是有价值的、值得开发利用的资料。

满铁调查报告用了不少现代人类学方法来研究中国农村和中国社会,更是有不少日本学者参与其中。毫无疑问,其是为了日本侵略服务,但从客观上却推动了日本中国学的现代转向,即从注重传统国学等方面研究开始转向注重实地考察,用现代人类学的研究方法来研究中国社会。这对日本之后研究中国乃至世界都产生了重要的影响。

三、满铁调查部与日本智库的中国研究

（一）作为最早文职情报机构的满铁调查部

满铁调查部是世界上最早的文职情报机构之一。在军事情报机构一统天下的近代国际情报界，满铁调查部的文职情报机构特色颇为引人注目。大批的知识分子参与调查，这些人多数都是各个领域的专家，渊博的学识和先进的研究方法使其见解颇为深刻。在这方面，只有第二次世界大战时美国战略情报局研究分析处的专家可与之比肩。然而，如此出色的情报分析队伍，竟然没有阻挡住日本这辆战车滑向深渊，这是值得深思的。

首先，对外扩张是日本的基本国策，满铁的调查活动不可能改变这一国策。这一点决定了满铁的情报工作只能在日本对外侵略政策的制定过程中发挥作用。满铁调查部在阐释其自身"使命"时，将自己定位为日本"唯一调查机关"，并由此而引申出满铁调查的三大特征，即"调查的国策性""调查的现地性""调查的综合性"。所谓"国策性"就是指满铁是负有国家使命的特殊会社，其调查业务自身即带有国策性。满铁在调查目的、过程和成果中，都必须贯彻、体现这一既定国策，只能有利于国策，不得有损于国策，更不容改变这种国策。调查部所从事的调查活动都是以政策为根本出发点，并且是在军事占领的背景下进行的，在认识上必然有片面性。

其次，满铁并非真正的民间机构，其活动始终受日本政府的严格监督和控制，军部和关东都督府都可以对其发号施令，满铁的重要成员则由政府直接任命。政府通过"人治"和"法治"，强有力地控制了满铁的活动。在这种情况下，满铁很难进行真正客观的调查。事实上，满铁所有的调查活动都是为日本的侵略战争服务的。

（二）日本智库中国研究的演变

第二次世界大战以前，日本有10多个咨询机构，其中有的性质近似智库，如1906年建立的野村证券公司调查部、1919年建立的大原社会问题研究所以及1932年建立的三菱经济研究所等，但名副其实堪称智库，而且规模庞大、影响最深的是满铁所属的三个机构。其中，以调查部为最。

一是调查部，由满铁首任总裁后藤新平根据其在我国台湾地区殖民统

治经验而设。它是满铁研究与咨询的核心部门，与铁道课、地方课一起被视为满铁的三大支柱。九一八事变后，满铁置于关东军监督之下，调查部也成为关东军的决策咨询机构。其建制与名称先后改为调查课、产业部、大调查部，权限越来越大，以至可以统辖满铁所有的调查机构。它还在沈阳、哈尔滨、天津、上海、南京、纽约、巴黎设有办事处。1938年，工作人员多达2 025人，当年预算为800万日元。1941年日本发动太平洋战争时，预算增至1 000万日元以上。

调查部从建立到1945年覆灭的近40年间，总共提出调研报告、资料6 200件，其中的《中国抗战实力调查》《日满华通货膨胀研究》《论战时经济》被称为该部的"三大调研成果"。它还出版《满铁统计年报》（1909年起）、《调查资料月刊》（1918年起）等。

该部的活动具有三项特征：

第一，强烈的侵略性、掠夺性。调查部的全部活动均围绕"大陆政策""大东亚共荣圈"的指导方针进行。除上述"三大调研成果"外，再如《满洲习俗调查报告》《军事地志》等，均为侵占东北的备用资料。多达368册的《满洲建国方针草案》，为操纵伪满傀儡政权与残酷压榨东北人民的蓝图。侵略性与掠夺性是调查部的本质特征，从而决定了下述其他特征。

第二，搜集情报完整性。调查部人员的足迹不仅遍及我国，还到达俄国远东及东南亚，为反苏及发动太平洋战争做准备。其情报搜集范围广泛，包括居民心态、风俗习惯、政治、经济、军事、文化、地理诸多领域。

第三，采取搜集文献与实地调查相结合的方法。调查部备有书刊与外国报纸剪辑资料5万多件。工作人员被要求第一步阅读文献，剪辑报刊，编制资料；第二步外出调查，取得第一手资料；第三步将文献与调查结合，打破专业与地域界限，按综合原则加工，撰写调研报告。可以说，这种方法在当时世界上是先进的。然而，科学方法一旦为某种罪恶的目的服务，就必然会加大这种罪恶的危害性。调查部基于上述方法写出的报告内容具体、翔实、细致，从而为日本帝国主义分子制定与实施侵略政策提供了可靠的依据。

二是东亚经济调查局，1908年由满铁东京分公司设置，实为日本政府的智囊团。它旨在吸收西方国家殖民经验，宣传满铁的作用，进而研究如何变本加厉地实行日本殖民统治。它搜集了大量满蒙等地区的情报资料，对东南亚的调查尤为详尽。曾聘德国专家指导文献整理,其资料采用十进制排列,编有多种索引,便于情报检索,因而备受日本统治阶级的青睐。该局还出版《经济资料》(1916年起)等。

三是经济调查会。为了系统制定殖民统治政策,加强掠夺我国东北资源,1932年1月,满铁应关东军要求设立经济调查会。它实际上是关东军的附属机构,但经费由满铁拨给,人员基本上来自调查部。该会先后动员973人,拟出规划、方案、报告及资料共4 471件,主要有"满洲开发"第一、第二期计划,《满洲国经济建设纲要》《华北经济调查》《苏联远东与外蒙调查》等,另于1933年起出版《满洲经济年报》。1936年该会撤销,任务由满铁产业部接管。其后,由调查部继承。

此外,满铁东京分公司还设有"满鲜地理历史研究室"(1908—1915),由史学家白鸟库吉主持。其助手、史学家津田左右吉(1873—1961)于1913年起发表《朝鲜史地》。其后,白鸟库吉主编了《满洲史地》。两书都执行了日本的文化侵略政策。

综上所述,满铁调查部等三个机构为日本帝国主义侵略扩张与疯狂掠夺出谋划策,其研究与咨询方向至为反动。但战后以来,日本一直为满铁涂脂抹粉,歌颂其"开发功绩",或留恋调查部的"研究成就",而抹杀其斑斑劣迹与反人民的本质。对此,我们应当不断揭露和批判。

随着日本战败投降,满铁及调查部、东亚经济调查局也土崩瓦解,但它们及经济调查会所遗留的卷帙浩繁的机密资料,对于今天的社会科学研究来说,有着很大的稽考价值。在看到满铁调查资料存在价值的同时,更应该注意到战后日本也继承了调查部机构搜集与整理情报的方法。不仅在组织上(如野村、三菱综合研究所),而且在调研人才与研究方法上,第二次世界大战前后的智库也有藕断丝连的关系。

第二次世界大战以后,日本的智库进入一个新的发展阶段。20世纪60年代中期,智库崛起,20世纪70年代有100多家,80年代逾400家,以中小型居多。其中真正发挥智囊团作用的大致在100家,它们的职能已与满铁调查部不可同日而语。

战后日本智库的类型,按组织形式划分,有株式会社、特殊法人、财团法人、社团法人四种。最为驰名的为以下两家,均以进行综合性、战略性研究咨询见长。

一是野村综合研究所(NRI)，株式会社，1965年4月建立，前身为野村证券公司调查部。本所设在神奈川县镰仓市，侧重研究。东京分所侧重调查。另在华盛顿哥伦比亚特区、纽约、伦敦、新加坡、中国香港等地设办事处，广泛搜集信息。职员共2 400人。它通过文献钻研与实地调查，运用综合研究和系统的方法，撰写调研报告，接受政府及企业关于社会、经济、科技、综合战略等方面课题咨询委托，成果累累。该所定期与美国布鲁金斯学会等智库合作研讨有关重大的国际性主题。图书馆藏书11万册、报刊2 000种，出版《财界观测》《野村周报》《经济学报》等，其在世界智库中名列前茅。

二是三菱综合研究所(MRI)，株式会社，1970年5月建于东京，由三菱经济研究所及三菱原子能工业公司的综合计算中心、技术经济中心组建。在美国华盛顿设办事处，有职员800人。研究与咨询范围包括政府及企业所需的经济、政治、企业与管理、技术经济、社会工程、技术与数据处理等。图书馆藏书6.3万册，期刊1 500种。出版《日本经济观测》《三菱综合研究所所报》等。其地位足以与野村综合研究所媲美。

还有些智库着重于某一个专业领域的研究与咨询。例如：亚洲经济研究所(AERI)，特殊法人，1958年12月建于东京，由通产大臣主管，对发展中国家的经济进行调研；日本国际问题研究所(JIIA)，财团法人，1959年12月建于东京，与外务省的关系密切，着重研究中国，课题涉及中国改革开放、21世纪的中国等；日本经济研究中心(JERC)，社团法人，1963年12月建于东京，对国内外财经、产业等问题进行调研并做出短期、中期与长期的预测。

智库在日本之所以获得长足的发展，首先是因为它适应了社会的需要。战后，随着日本经济高速增长，企业管理、城市建设、能源和环境、社会秩序、国际摩擦等日益复杂的问题纷至沓来，迫切需要智库提供最佳解决方案，而科技的进步则为此提供了有利的条件。到1990年，日本全国调研机构已有84.8%拥有数据库，因而大大增强了信息搜集、贮存与利用的能力。

其次是受欧美的影响。战后美国向日本输入技术及生活方式，对日本人思想意识及价值观念颇有影响；吸取他国先进经验又历来是日本人的长处。野村综合研究所即是吸收美国斯坦福研究所、兰德公司等智库的先进经验而建立的典型。再如和平、安全保障研究所(1978年建),从事日本综合性国家安全政策调研工作,是以伦敦国际战略研究所、美国布鲁金斯学会及瑞典斯德哥尔摩国际和平研究所为榜样而建立的。

最后是政府与财团的大力扶持。自1957年日本政府颁布《电子工业振兴临时措施法》起,到1993年,已推出20多项推动科技、信息业发展的法规、计划、报告,自1988年起还逐年发表《产业技术白皮书》。日本政府高层人物还亲自参与大型智库的筹划工作或在其中兼职。日本各大财团均有自己的智库,除上述野村、三菱外,其他如大和研究所、日本综合研究所、富士研究所无不为大公司、大银行所拥有,实力雄厚,职员均在1 000人以上。

美国是世界上智库最为发达的国家,其建构曾给予日本较大的影响,因而两国的大型智库在运用科学方法与先进设备以开展综合性研究与咨询、加强国际交流与合作、重视人才培养、拥有本身的图书馆与出版物等方面如出一辙。同时,日本的智库具有自身特点。

一是重视智库的协调工作。1974年3月,日本国会通过立法,在东京建立了"综合研究开发机构"(NIRA),名为半官半民所办,实由政府掌握。它目前仅有专职人员35人,但做了大量工作,除进行研究、咨询外,主要业务为对全国智库指导、统筹,通过课题委托研究、给予资助等方式,推动其他智库的软科学研究,组织国际研究交流活动。1977年,它曾组织15个智库的专家学者500多人,以两年半的时间,完成了《21世纪的日本综合战略》的预测性研究。1975年,日本又成立了"智库协会"以加强智库的规划与协作。相形之下,美国的智库各行其是,缺乏宏观调控,因而在这一方面略有逊色。

二是地方智库为当地建设做出贡献。日本地区性与县级智库的能量虽不及全国性智库,却能立足本地,在振兴经济中发挥良好的作用。如熊本开发研究中心(1971年建)、岐阜县智库(1974年建),均为财团法人,职员都不过10人左右,但能就本地区开发与城市环境等重大问题为政府决策做参谋。这种智库紧密结合本地特色开展咨询服务的做法值得借鉴。

(孙雁,吉林省社会科学院满铁研究中心副研究员)

第六章 政策转向:贸易、战争与美国中国学

美国的中国学肇始于19世纪初的来华传教士。彼时,裨治文(Elijah C. Bridgman)、卫三畏、丁韪良(William A. P. Martin)、林乐知(Young J. Allen)等传教士相继来华。他们在对中国社会及风土人情进行观察思考之同时,开始对中国语言、历史文化、艺术、宗教等加以了解与研究。然而,由于缺乏科学的考证和严密的分析,其研究如赖德烈(Kenneth S. Latourette)所说:"尽管具有资料价值,但并非真正意义的历史研究。"[①]卫三畏的被称为"那个时代有关中国及中国文明最优秀、最全面著述"的《中国总论》[②],也只是"与我们今天的地区概论课教学大纲十分相似"[③]。

19世纪末20世纪初以来,继耶鲁大学于1876年创设美国第一个中国语文讲座之后,哈佛大学、哥伦比亚大学、加利福尼亚大学、华盛顿大学等高校亦先后设立汉文讲座。[④]伴随着汉学讲座的设立,巴托尔德·劳费尔(Berthold Laufer)、夏德(Friedrich Hirth)、佛尔克等欧洲汉学家相继被聘来美执教或研究。由此,美国中国学开始由"业余化"转向"专业化"。然而,中国研究仍处于不为人注意的边缘地带。赖德烈曾如是描述:"我们的大学给予中国研究的关注很少,在给予某种程度关注的大约30所大学中,中国仅仅

[①] Kenneth S. Latourette, "Chinese Historical Studies during the Past Seven Years," *The American Historical Review*, Vol.26, No.4(July 1921), p.714.

[②] Kenneth S. Latourette, "American Scholarship and Chinese History," *Journal of the American Oriental Society*, Vol.38, No.1(Feb 1918), p.99.

[③] 费正清:《七十年代的任务》,载《现代史学的挑战——美国历史协会主席演说集(1961—1988)》,王建华等译,上海人民出版社1990年版,第135页。

[④] Kenneth S. Latourette, "Far Eastern Studies in the United States: Retrospect and Prospect," *The Far Eastern Quarterly*, Vol.15, No.1(Nov 1955), pp.3-11.

是在一个学期中关于东亚的概论性课程中被涉及,只有在三所大学中有能够称得上对于中国语言、体制、历史进行研究的课程。美国的汉学家是如此缺乏,以至于这三所大学中的两所必须到欧洲去寻找教授。"①

值得注意的是,20 世纪初以来的美国中国研究,受来自欧洲汉学家的影响,一度流行的是带有"欧洲汉学烙印"的研究模式,即注重应用传统的语言学、考据学等方法对传统中国的艺术、哲学、宗教、历史展开研究。20 世纪 40 年代之后,美国中国学的风潮已转变为运用社会科学方法,并以现当代中国的社会、经济、政治等为研究重点。那么,美国中国学是如何形成这种以"政策导向"为旨趣的研究模式的呢?

一、20 世纪 20 年代后:"政策导向"研究模式的发轫

进入 20 世纪 20 年代后,世界关注的焦点逐渐由大西洋转移到太平洋,中国的重要性日渐凸显。第一次世界大战前,美国总统西奥多·罗斯福即如是言道:"世界竞争之舞台,由地中海趋于太平洋,更由大西洋趋于太平洋。太平洋时代,乃世界文化最高时代。"②更为重要的是,随着美国商业资本大规模向中国扩张,中美间的贸易关系日益紧密。据统计,1912 年时,美对华贸易在中国进口贸易额中所占比重仅为 6.0%,居日、英之后,处第三位;1920 年时,已占 16.12%,与日、英比较,进至第二位;1932 年,则增至 21.16%,进至第一位。其发展速率仅次于日本。③与之同时,"随着巴拿马运河、新航路的开辟和现代贸易的发展,我们发现这个新世界竞争场所的每一件事情开始变得麻烦"④。尤其是 1931 年日本发起旨在变中国为其独占殖民地的侵华战争后,如何保障和维护美国在远东的利益,成为美国必须面对

---

① Kenneth S. Latourette, "American Scholarship and Chinese History," *Journal of the American Oriental Society*, Vol.38, No.1(Feb 1918), p.99.
② 程国璋:《太平洋问题与中国》,求知学社 1924 年版,第 2—3 页。
③ 实业部国际贸易局编:《国际贸易导报》1931 年第 2 卷第 1 号。转引自申晓云:《北京民国政府时期中美贸易关系述评》,《民国档案》1998 年第 2 期。
④ "Of What Significance a Pacific Institute? A Review of the Place of the Conference in American Magazines," *News Bulletin*(I. P. R.), Dec 1927, pp.1-11.转引自李晔:《太平洋学会研究(1925—1960)》,燕山大学出版社 2016 年版,第 4 页。

的问题。由此,包括学术界在内的美国社会开始对中国产生兴趣,并开始意识到研究现当代中国所具有的重要意义。

1925年,太平洋学会(Institute of Pacific Relations,IPR)在美国夏威夷檀香山诞生。①这是一个由关心太平洋地区社会经济问题的商界、教育界、宗教界人士发起,旨在"研究太平洋各民族状况,以求改进各民族间的相互关系"的学术团体。②据美国理事会的年度报告,在太平洋战争爆发以前,学会的教育工作包括:支持一些大学,如哈佛大学、哥伦比亚大学等开展关于太平洋地区语言和文化的教学与研究;提供在中学、大学和成人教育机构使用的关于远东问题的教科书和参考资料;到社区和团体进行演讲或帮助寻找合适的远东问题演讲人;在美国各地区组织关于远东和太平洋问题的会议、演讲和圆桌讨论;在中学开设有关太平洋和远东问题的项目和教师讨论班;向感兴趣的公众提供图书馆和信息服务;与其他机构和团体合作提供关于远东知识的服务。③它还积极联系基金会,资助中国学家深入远东、中国进行实地考察,以获取真实的印象和丰富的资料。例如,拉铁摩尔深入中国满蒙边疆的考察,以及卡尔·A.魏特夫(Karl A.Wittfogel)曾为其主持的旨在从中国史籍中摘录有关秦、汉、辽、金、清等朝代社会经济史料的"中国历史编译项目"来华考察,皆是以太平洋学会研究员之名义,并由太平洋学会提供支持或联系基金会予以资助。此外,太平洋学会还每两年召开一次国际会议,召集太平洋地区所有国家的著名学者、企业家、政界领袖以及对各国间事务有兴趣的国家代表进行坦率交流。最为值得注意的是其研究工作,1926年至1952年出版249本书,696页文件或资料,60篇专题文章,136本小册子,46个项目的有关教育的材料,这些出版物加起来约为11.4万页。④另据费正清统计,25年多

---

① 有关太平洋学会成立的背景、具体过程等,可参见王立新:《构建太平洋共同体的失败努力:太平洋国际学会的活动与影响(1925—1945)》,《四川大学学报(哲学社会科学版)》2015年第1期。

② Paul F. Hooper, "The Institute of Pacific Relations and the Origins of Asian and Pacific Studies," *Pacific Affairs*, Vol.61, No.1(Spring 1988), pp.98-121.

③ 详情参阅美国理事会年报。American Council of the Institute of Pacific Relations, Annual Report of the American Council of the Institute of Pacific Relations, 1934-1941, New York, 1935-1942.转引自王立新:《构建太平洋共同体的失败努力:太平洋国际学会的活动与影响(1925—1945)》,《四川大学学报(哲学社会科学版)》2015年第1期。

④ 弗里德里克·范德比尔德·菲尔德:《从左到右:我的自传》,竞耘、芦荻生译,世界知识出版社1992年版,第155页。

的时间里，太平洋学会共印行图书 1 200 册，时事述评手册 11.6 万页，期刊论文 1.85 万篇。①20 世纪 50 年代以前，美国出版的有关亚洲的书籍中有一半是由它出版或赞助。正因为如此，费正清称其为"极其出色的学术机构"②，在填补美国学术界"对于太平洋知识的真空方面，比任何其他美国团体担任更重要的角色"，它不仅是"激发研究远东区域各项问题的兴趣中心"，而且是"太平洋问题各种不同意见的论争场所"。③

与之同时，在洛克菲勒基金会的资助下，由美国学术团体理事会（American Council of Learned Societies，ACLS）④发起的首届"美国促进中国学会议"（Conference on the Promotion of Chinese Studies）于 1928 年 12 月 1 日在纽约哈佛俱乐部举行，出席会议的有劳费尔、赖德烈、恒慕义（Arthur Hummel）等汉学家，并专门邀请法国著名汉学家伯希和前来指导。与会者一致认为西方对中国的历史文化十分无知，强调建立"中国学"的重要性，会议决定在美国学术团体理事会下设"美国中国学研究促进会"（The Committee on the Promotion of Chinese Studies），编撰世界汉学家人名录，出版《书目年刊》，设立培养青年汉学家奖学金等。⑤此后，在美国学术团体理事会的组织和洛克菲勒基金会的资助下，"美国中国学研究促进会"先后于 1929 年 2 月、1930 年 4 月、1931 年 4 月举办以中国学为主的讨论会，就美国的中国学教学与研究状况、美国的中国学研究资源状况以及研究队伍、组织机构和研究基金等进行调查，并基于调查形成了《美国大学和学院的中国学进步（1929—1930）》《美国的中国书籍（1930）》《美国从事中国学研究的组织：美国的中国机构》《美国、加拿大中国学家及其海外美国中国学家名册（1930 年 12 月）》等八份调查报告。⑥1942 年之前，美国学术团体理事会在远

---

① 费正清：《费正清自传》，黎鸣等译，天津人民出版社 1992 年版，第 417 页。
② 费正清：《费正清对华回忆录》，陆惠勤、陈祖怀等译，知识出版社 1991 年版，第 392 页。
③ 理查德·沃克：《美国国会调查太平洋学会的背景、经过与证据》，《新领袖》1952 年。转引自侯且岸：《当代美国的"显学"——美国现代中国学研究》，人民出版社 1995 年版，第 40 页。
④ 美国学术团体理事会成立于 1919 年，以鼓励与支持通过协作研究与出版来促进研究的学术合作为旨趣，从成立之初即倡导并极力推动美国开展中国研究。
⑤ 资中筠：《洛克菲勒基金会与中国》，《美国研究》1996 年第 1 期。
⑥ 有关"美国中国学研究促进会"所召开的几次讨论会情况及调查报告，后都收录于赖德烈主编的《美国中国研究的进步》（Kenneth S. Latourette, ed., *Progress of Chinese Studies in the United States of America*, Washington D. C.：American Council of Learned Societies，1931）。

东研究领域出版的著述即有:《美国中国研究的进展》(1931)、查尔斯·S.嘉德纳(Charles S. Gardner)的《美国图书馆中的中文著述目录》(1932)、本杰明·马奇(Benjamin March)的《中国画的一些专业术语》(1935)、富路德(L. C. Goodrich)的《乾隆时期的文字狱》(1935)、顾立雅(Herrlee G. Creel)的《中国早期文化研究》(1937)、德效骞(Homer H. Dubs)的《〈前汉书〉译注》(1938)、嘉德纳的《美国图书馆中的西文中国研究著述目录》(1938)、宾板桥(Woodbridge Bingham)的《隋亡与唐的初兴》(1941)等。①从1954年美国东方学会的一份决议中亦可知美国学术团体理事会对于中国研究的作用与影响:"自从美国学术团体理事会成立以来,美国东方学会一直钦慕理事会在人文科学研究领域内对学会的领导和启发……如果没有美国学术团体理事会提供的睿智建议、对人文科学的经常性评估、对出版的鼓励、在会员的吸纳和人员培训上的广泛支持,本学会在过去35年里的工作将会是极为有限的;在东方学、宗教和语言学研究领域,理事会的各专业委员会都为本学会提供了大量宝贵的支持;本学会的诸多东方研究项目都苦于资金不足,而美国学术团体理事会都出资予以扶持。"②

此外,哈佛大学于1928年联合燕京大学成立哈佛燕京学社(Harvard-Yenching Institute)。③于此时设立哈佛燕京学社,当然是诸多因素使然,而"对亚洲研究的兴趣日益增长"无疑是其中重要原因之一。学社成立之初,即宣称"通过哈佛大学与北京大学以及中国其他研究机构的合作,保证为学术研究提供便利,资助出版那些经学社董事会赞同的在中国文化领域以及中国学的其他方面的研究成果",以"激发美国人的兴趣和利用近代批评手段来鼓励在中国的东方问题研究"。④所以,成立学社的目的是保证哈佛大学的西方学者和北京大学的研究者,为传播与保存中国文化进行研究。基于

---

① "Publications of the American Council of Learned Societies in the Field of Far Eastern Studies," *The Far Eastern Quarterly*, Vol.1, No.3(May 1942), p. 246.

② "Proceedings of the American Oriental Society at New York," *Journal of the American Oriental Society*, Vol.74, No.3(Jul-Sep 1954), p.204.

③ 有关哈佛燕京学社的成立,可参见张寄谦的《哈佛燕京学社》(《近代史研究》1990年第5期)、樊书华的《燕京大学与哈佛-燕京学社的建立》(《美国研究》1999年第1期)、陶飞亚与梁元生的《〈哈佛燕京学社〉补正》(《历史研究》1999年第6期)。

④ 张寄谦:《哈佛燕京学社》,《近代史研究》1990年第5期。

此，哈佛燕京学社成立后，双方开始了互相派遣研究生及访问学者的人才交流关系，魏鲁男(James R. Ware)、卡尔·舒斯特(Carl Schuster)、施维许(Earl Swisher)、毕乃德(Knight Biggerstaff)、德克·卜德(Derk Bodde)、顾立雅、戴德华(George E. Taylor)、史克门(Laurence Sickman)、赖肖尔(Edwin O. Reischauer)、芮沃寿(Arthur F. Wright)、饶大卫(David N. Rowe)、倪德卫(David S. Nivison)等一批以汉学为业的年轻学人来华进行2—3年的学习或不定期研究访问。

就研究取向和研究领域而言，这一时期主要还是基于异质文化兴趣的智性追求，多倾向以人文科学方法对传统中国文明展开研究。赖德烈言道："远东研究的目的是什么？或者说远东研究应该由什么样的动机来指导？很显然，一个是非实用性。……一般来说，这种非实用主义的目的在老一辈学者、东方学会以及许多值得我们尊敬的学者当中占主导地位。"其旨趣是"通过欣赏其他文明的价值来丰富我们的知识及美国人的生活"。[1]确如其所言，哈佛燕京学社的工作重点即是开展人文科学，特别是艺术和考古的教学和研究，包括搜集、挑选、保存和研究东方书籍、碑志、艺术品和古代墓碑等；用西方的先进方法训练和培养东西方各国学者，尤其是年轻一代学者，以增强他们对东方文明的认识。学社在任何时候不能以任何借口干涉远东或美国的政治问题，它派到东方的美国学者应进行纯学术的研究。[2]哈佛燕京学社的首任社长叶理绥明确提出，中国研究应像法国汉学那样主要致力于用严密科学的考证方法研究传统文化。他公开宣称"研究1796年以后的事件是单纯的新闻工作"，并强调应按照"首先需要精通至少两种欧洲语言，然后学习难对付的古汉语，最后才能进行课题研究"的模式培养中国研究人才。[3]正因如此，费正清曾两次向哈佛燕京学社申请资助，却都被拒绝，原因在于"我的申请中并没有信誓旦旦地保证我会成为一名汉学家，而只是说我在进行着中英外交关系方面的研究，并在一个教会的培训中心学会了一些汉语口语。我也没有打算在洪煨莲教授那样的学者的指导下，或是在巴黎或莱顿等主要汉学研究中心学习中国古代的

---

[1] Kenneth S. Latourette, "Far Eastern Studies in the United States: Retrospect and Prospect," *The Far Eastern Quarterly*, Vol.15, No.1(Nov 1955), p.9.
[2] 樊书华:《燕京大学与哈佛-燕京学社的建立》,《美国研究》1999年第1期。
[3] 保罗·埃文斯:《费正清看中国》,陈同等译,上海人民出版社1995年版,第63页。

经典文本。然而,欧洲的汉学家墨守成规地认为,研究中国的西方学者必须能够独立熟练地阅读中文,能够使用大量的中国参考著作"①。

事实上,不惟哈佛燕京学社如此。劳费尔在1929年由美国学术团体理事会主持召开的关于促进中国研究的会议上即特别提出:"我们应大力提倡鼓励研究中国的语言和文学,它是理解一个还未被发现的新世界的一把钥匙,是获得新思想的媒介,同时是将新人文主义向前推进所必需的重要一步。"②由这一时期美国学界出版的中国研究著述,亦可见这种研究的倾向与旨趣。20世纪二三十年代,美国中国研究界出版了为数不少的有关中文史籍或文献译注的著述,举其要者即有埃森·M.盖尔的(Esson M. Gale)的《〈盐铁论〉译注》(1931)、恒慕义译注顾颉刚的《〈古史辨〉自序》(1931)、魏鲁男的《〈魏书·释老志〉译注》(1933)、德效骞的《〈前汉书〉译注》(1938)等。笔者对1889年至1940年期间《美国东方学会会刊》所刊有关中国研究论文进行统计发现,48篇研究中国的论文中,绝大部分是以研究传统中国思想文化为旨趣的,诸如德效骞的《儒家教育的性质》、顾立雅的《孔子与荀子》、卜德的《古代中国的政治家、忠臣义士和将军》等。

然而,对于"欧洲汉学派"的研究模式,以费正清为代表的"美国本土汉学派"颇有微词。他曾对占据主潮的"欧洲汉学派"这样批评道:"汉学家们如果不是语言的奴隶,也已成了语言的仆人。""历史学家要利用语言而不要被语言所左右。"③1937年,美国学术团体理事会执行干事莫蒂默·格雷夫斯(Mortimer Graves)在给费正清的信中表示:"我们必须阻止的正是那种你称之为令人窒息的英国式研究的学院风气在美国得到更大的立足之地。""我们要在研究中国、日本、印度、苏联以及阿拉伯世界的过程中创造一种新的观念,或是一种新方法。"④在商业贸易和远东利益等现实需要的驱动之下,彼时的美国不仅出现了对欧洲汉学模式的批评之声,更重要的是现当代中国研究开始进入美国社会关注的视野,并有学人或社会团体就此展开学

---

① 费正清:《费正清中国回忆录》,闫亚婷、熊文霞译,中信出版社2013年版,第98页。
② Edward C. Carter, ed., *China and Japan in Our University Curricula*, New York: American Council, Institute of Pacific Relations, 1929, p.4.
③ 保罗·埃文斯:《费正清看中国》,第67页。
④ 同上书,第63—64页。

术研究。其中,最为引人注目的就是太平洋学会。学会非常重视语言训练,但明确表示"并不准备培养汉学家,而是使从事研究和活动的人们能够使用中文这个工具,因为不熟悉语言是一个严重的障碍"①。学会的工作集中在三个方面:对太平洋地区的重要问题进行研究;召开会议交流意见,进行讨论;通过出版对公众进行关于太平洋地区知识的教育。研究工作是学会组织的最重要工作,其宗旨是"发现事实"。到 20 世纪 30 年代中期,学会组织和资助了十大问题的研究,分别是:食物供应、人口和土地利用,远东地区的工业发展,远东的农村经济和社会变迁,关税、原料、对外贸易和投资,满洲的经济与政治发展,附属地、土著人民和殖民地发展,社会与文化关系,人口迁移与移民限制,生活标准,国际法、外交机构与政治发展。②截至 1945 年,学会共召开了 9 次会议,其议题主要是移民和种族关系(1925),中国的对外关系、食品和人口(1927),中国的对外关系和满洲问题(1929),太平洋地区的经济关系和中国经济发展(1931),太平洋地区的经济冲突和控制(1933),太平洋各国社会与经济政策的目标和结果(1936)等。③由此可见,太平洋学会所关注的主要是人口问题、土地占有和农业技术问题、工业化问题、家庭问题、殖民机构问题、民族运动问题、劳工组织问题、商业和投资问题等美国政府亟须了解之问题,其"政策导向"的研究旨趣由此可见一斑。

除太平洋学会外,美国本土汉学家中亦有人主要致力于现当代中国问题研究,并有强烈的服务于现实之取向。例如,作为美国雅礼会教育传教士的赖德烈④,其关于中美关系和中国历史文化的研究即有着极为鲜明的服

---

① 弗里德里克·范德比尔德·菲尔德:《从左到右:我的自传》,第 157 页。
② "The Studies of International Affairs in the Pacific Area," *IPR Notes*, No.5 (Jun 1936), pp.5-31. Quoted in Paul F. Hooper, "A Brief History of the Institute of Pacific Relations," in Paul F. Hooper, ed., *Rediscovering the IPR*, Honolulu: University of Hawaii, 1933, p.136. 转引自王立新:《构建太平洋共同体的失败努力:太平洋国际学会的活动与影响(1925—1945)》,《四川大学学报(哲学社会科学版)》2015 年第 1 期。
③ "Appendix 1: IPR Conferences," in Tomoko Akami, *Internationalizing the Pacific*, London and New York: Routledge, pp.282-283. 转引自王立新:《构建太平洋共同体的失败努力:太平洋国际学会的活动与影响(1925—1945)》,《四川大学学报(哲学社会科学版)》2015 年第 1 期。
④ 他曾师从"美国汉学第一人"卫三畏的儿子卫斐列(Frederick Wells Williams),于 1909 年获耶鲁大学史学博士;1910 年来华,驻湖南长沙,任雅礼堂教习;1912 年回国后,先后任教于里德学院、丹尼森大学;1918 年任美国浸礼会牧师;1921 年回耶鲁大学任传教史教授;1927—1953 年,任耶鲁大学神学院传教史和东方史学教授。

务于现实需要之旨趣。例如,他撰写《美国跨过太平洋》的主要目的在于,阐明"美国政府在该地区(指远东地区)应当采取什么样的步骤",因为在此之前"没有一个人在(考察)远东的整个事业的基础上煞费苦心地指出我们应该采取的方式,美国已不可避免地陷入这个地区。他们也很少指出这一事实及远东的形势,几乎可以肯定我们的主要注意力和精力将在很多年内从欧洲和拉丁美洲转移到西太平洋和亚洲的东部"。[1]至于撰著《中国的发展》一书的原因,正如他自己所说:"如果美国人不想犯低级错误,如果美国人能够力所能及为新中国做无私的贡献,如果美国人不陷入与日本不必要的争端中,如果美国人愿意与新中国最大限度地分享贸易、工业发展,他们必须了解她(中国),而且必须比现在更加了解。"[2]他撰著《中国人:他们的历史和文化》,同样是基于现实之需要:"中国人和他们的成就通过历史最能够被欣赏。如果能够追踪他们从何而来的过去,那么他们、他们的文明和他们经历的彻底的进步,以及他们所做的贡献就能够最好地被理解。"[3]赛勒斯·H.毕格(Cyrus H. Peake)于1934年获得哥伦比亚大学博士学位后,亦主要致力于现当代中国研究,著有《近代中国的民族主义与教育》。出生于南京的饶大卫,于1937年来北京进修,其间撰有《日本在华北的宣传(1937—1938)》,对日军侵占华北初期的宣传策略进行了详细考察,[4]返美后,近代中国的历史和国际关系为其研究方向,著有《强国之间的中国》(1945)等。

颇为值得注意的是,这一时期在中国境内高校任教的美国学人中,亦有

---

[1] Kenneth S. Latourette, *The United States Moves across the Pacific: The A. B. C.'s of the American Problem in the Western Pacific and the Far East*, New York & London: Harper & Brothers, 1946, prefix VIII, V.

[2] Kenneth S. Latourette, *The Development of China*, Boston & New York: Houghton Mifflin Company, 1937, prefix.

[3] Kenneth S. Latourette, *The Chinese: Their History and Culture*, New York & London: The Macmillan Company & Collier-Macmillan Limited, 1934, p.9. 正因如此,曾经在金陵大学建立历史系并任系主任多年的史学家 M. S.贝德士(M. S. Bates)如是评价赖德烈:"没有任何一位学者在唤醒和教育美国人民和其他说英语的人民,使他们了解中国的生活经验上比赖德烈发挥的作用更大。"参见 M. S. Bates, "Kenneth Scott Latourette: Major Informant on China," *China Notes*, Vol.VII, No.1。

[4] David N. Rowe, "Japanese Propaganda in North China, 1937-1938," *The Public Opinion Quarterly*, Vol.3, No.4(Oct 1939).

不少致力于现当代中国问题研究。约翰·L.卜凯(John L. Buck)[1]于1914年大学毕业后,拒绝了印度和美国农业部的邀请,1915年以传教士身份到安徽宿州从事农村改良和推广工作。1920年,受邀赴金陵大学农学院任教,至1944年返美。在宿州的四年多时间里,卜凯致力于农业改良试验和推广工作;金陵大学农学院任教期间,他除主讲农业经济、农村社会学、农场经营和农场工程等课程外,主要是开展农村调查。他曾要求凡读过农场管理的学生必须利用暑假完成至少一百个农家的经济及社会状况调查,正如有学者所说:"在1921—1925年的时间里,他用大量的时间来审查他学生的农家调查。"[2]学生调查所获得的这些资料[3],经他分析、统计、整理后于1930年以《中国农家经济》(China Farm Economy)[4]为题出版。1929—1934年,受太平洋学会委托,卜凯主持对中国22省16 786个农场和38 256户农家的土地、作物、牲畜、家具和农具等进行调查和研究,此项调查及统计分析历时9年,在此基础上卜凯写成《中国土地利用》(Land Utilization in China)。此外,由他主持在中国开展的调查以及运用这些调查资料完成的成果还有《1931年中国水灾地区之经济调查》《中国农村的所

---

[1] 卜凯于1890年11月生于美国纽约州德彻斯县快乐谷的一个农家,父亲是当地长老教会的长老,母亲也是一位虔诚的基督教徒,卜凯在农业和宗教方面深受其父和家庭的影响,他"通过看父亲常常订阅的农业报刊,开始对科学农业和改良物种感兴趣",中学毕业后,进入以农科著称的美国常春藤大学之一的康奈尔大学农学院,就学期间,对中国问题颇感兴趣,加入了J. H.芮思娄(J. H. Reisner)发起的中国研究俱乐部,认为"中国人民更需要了解科学的农业"。1917年与镇江长老教会牧师赛兆祥(Absalom Sydenstricker)之女——赛珍珠(Pearl S. Buck)结婚。1920年,他接受了金陵大学农学院院长、康奈尔大学的校友芮思娄的邀请,到金陵大学农学院任教,并结合教学组织学生利用暑假开展农村调查。1924年他返回康奈尔大学攻读硕士学位,1925年获农业经济学硕士学位后又回到金陵大学,担任农业经济系的首任主任,1933年获得康奈尔大学农业经济学博士学位,1935年任美国财政部驻中国代表,暂时离开金陵大学。1936年与赛珍珠离婚。1940年卜凯又重新回到金陵大学任教,1941年与张洛梅女士结婚。1944年返回美国,1975年9月在纽约州德彻斯县逝世。

[2] Randall E. Stross, The Stubborn Earth—American Agriculturalists on Chinese Soil, 1898-1937, Oakland: University of California Press, 1986, p.14.

[3] 学生所做的调查有:1922年夏,农林科学生陶延桥在安徽芜湖对102户农家进行的调查,该调查于1925年在金陵大学《农林丛刊》第42号以《芜湖近102农家之社会的及经济的调查》(An Economic and Social Survey of 102 Farms Near Wuhu, Anhwei, China, 1924)为名发表,"此篇仅为研究之开端"。1923年夏,农林科学生崔毓俊对家乡河北盐山3个村庄150户农家开展了经济及社会调查,成果于1926年6月在美国以英文发表,1929年孙文郁将其翻译为《河北盐山县150农家之经济及社会调查》(An Economic and Social Survey of 150 Farms Yenshan County, Chihli Province, China, 1926),并在金陵大学《农林丛刊》第51号上发表。

[4] 该书即成为卜凯的博士论文,并于1936年由张履鸾译成中文由商务印书馆出版。

有权和租佃关系》《四川省农业概况》《中国统计中的农业利用》《中国农业的若干基本问题》等。①M. S.贝德士②于1920年到金陵大学文学院任教,直至1950年中美关系恶化后返回美国。他在金陵大学执教30年,除致力于金陵大学历史系的创建及史学教授外,撰著有《南京地区农作物调查及周日经济数据》(1938)、《南京人口:就业、收入与支出》(1939)、《远东文化关系的使命》(1942)及《一半的人类:远东人民及其问题》(1942)等有关南京及远东关系的调查与思考之作。③宓亨利(Harley F. MacNair)生于传教士家庭,基于基督教信仰和对中国的兴趣,1912年获得学士学位后即来到上海圣约翰大学任教,直至1927年回国。在中国的15年时间里,除主编《中国学生短篇读物》(1919)、《西方史导论》(1922),编著《中国近代史选读》(1923)等教学用书,并完成博士论文④外,他还针对远东的时事政治发表评论⑤,以旁观者的视角记录中国社会政治状况,同时批评美国人对东方了解过于片面,为西方的读者提供了一个了解中国的窗口。回国后,宓亨利继续致力于远东国际关系研究,并密切关注中国的发展,出版了西方了解东亚关系的教材《远东国际关系史》(1928)、分析辛亥革命至1931年近二十年中国国内战争和政治发展的《革命中的中国》(1931)、评析中日矛盾问题的《中日冲突之真相》(1932)、记录其随教会参与华北饥荒救济工作和对沿路华北农村的风俗、建筑、历史之观察的《中国赈灾纪实》(1939)等。⑥戴德华于1930年来北京进

---

① 卜凯的"这些调查成果出版至今一直被西方学术界誉为了解近代中国农村的经典著作",并对美国政府产生广泛影响。1944年回国后,他即被政府任命为中国问题顾问和财政部驻中国官员。

② 贝德士,1897年出生于美国俄亥俄州,1916年毕业于哈莱姆学院,同年赴英国牛津大学攻读历史,于1920年获硕士学位后回到美国,当年7月被联合基督教布道会授予传教士资格并前往中国南京,任教于金陵大学。

③ 《文学院之事业及现状》,载《金陵大学六十周年纪念册》,1948年。

④ 其博士论文经修订于1924年出版,1928年,商务印书馆将其翻译出版,名为《华侨志》(The Chinese Abroad)。《华侨志》是目前所见海外最早的华侨史综合性著作。全书共有九章,从法律和政治的视角,论述华侨与国内政府之间的关系演变以及华侨海外生存和分布情况。此书的"华侨"是广义上的华侨,包括了侨居海外的商人与雇工、包工、留学生等主要群体。该书的出版为研究华侨史提供了"翔实可靠的资料"参考。具体见"Book Review: The Chinese Abroad: Their Position and Protection," *The North China Daily News*, Vol.8, No.2(Mar 1925), p.170.

⑤ 这些评论收录于1925年《中国新民族主义论文集》(*China's New Nationalism and Other Essays*)和1926年《中国国际关系论文集》(*China's International Relations and Other Essays*)。

⑥ 有关宓亨利的情况,具体可参见Maurice T. Price, "Harley Farnsworth MacNair(July 22, 1891-June 22, 1947)," *The Far Eastern Quarterly*, Vol.8, No.1(Nov 1948), pp.45-63.

修,并先后在南京中央政治学校(1933—1935 年在职)和燕京大学(1937—1939 年在职)任教。任教期间,戴德华利用在华便利及多年的观察和资料搜集,撰著了《为华北而斗争》一书,对日军控制下的伪中华民国临时政府和中共领导的晋察冀边区政府为争夺华北的控制权所采取的一系列行动进行了详细的论述。①

简而言之,由于远东对于美国利益而言日显重要,美国社会对中国研究的兴趣较之以前有所增加,并开始对以语言学、考据学等人文方法研究传统中国语言、文学、思想、文化的欧洲汉学模式颇有微词,由此以"政策导向"为旨趣的美国中国研究模式开始发轫。然而,由"美国本土汉学派"倡导的这种研究模式,因学术潮流尤其是美国在远东之利益,并没有占据主导地位,相反正如费正清所说"分散在各地",且"大部分由有教会背景的人领导"。②随着远东在美国国家利益的上升以及地缘政治关系的演变,这种"政策导向"的研究模式开始由边缘向主流逐渐迈进。

二、太平洋战争时期:"政策导向"研究模式的初兴

尽管 20 世纪 30 年代后,"美国在东亚的政治、商业和文化使命以及这一地区所发生的事件已经使美国与东亚的关系日渐紧密",但"美国公众却并不关注这一地区",他们"还没有意识到,无论是从历史还是商业,远东对于美国利益而言都具有不可忽视的地位"。③调查表明,超过一半的美国高等院校没有开设一门主要与远东有关的课程;绝大多数关注远东研究的院校所开的课,都局限于少数几门散乱的课程;仅有少数几所院校开设了专攻远东的、打破院系结构的课程。在许多美国大学管理者和教职员看来,远东研究似乎还是奢侈的事情。④同样,受"西方中心论"等因素的影响,美国学生"对

---

① Frank F. Conlon, "George Edmond Taylor(1905-2000)," *The Journal of Asian Studies*, Vol.59, No.3(Aug 2000), pp.807-809.
② 费正清:《费正清中国回忆录》,第 98—99 页。
③ Kenneth S. Latourette, "Far Eastern Studies in the United States: Retrospect and Prospect," *The Far Eastern Quarterly*, Vol.15, No.1(Nov 1955), p.5.
④ Meribeth E. Cameron, "Far Eastern Studies in the United States," *The Far Eastern Quarterly*, Vol.7, No.2(Feb 1948), p.116.

中国只有微弱的兴趣"。①美国高校在1927—1928学年所开设的有关中国和日本的课程中,平均每门课程的选修学生人数仅为22名。②如前所述,在1941年以前的岁月里,推动美国中国研究的是美国高等教育机构中为数有限的专家、曾在远东生活过的美国人,以及美国学术团体理事会、太平洋学会、哈佛燕京学社等几个机构。在太平洋战争爆发以前,美国的远东研究虽有所发展,但正如美国学者梅里贝斯·E.卡梅伦(Meribeth E. Cameron)所说,"仍只是美国教育的'继子'"。③

太平洋战争爆发后,随着美国在东亚地区的参战,远东成为与美国利益休戚相关的重要区域,由此美国社会对远东研究的态度发生了根本性变革。卡梅伦如是言道:"美国卷入远东战争,在对于远东的态度方面,发生了一场至关重要的革命。没有其他任何区域研究被如此深刻地影响着。"④确如其所说,几乎一夜之间,无论是美国政府还是普通公众,都渴望了解亚洲、了解中国,为学校、成人学习团体以及众多不太喜欢阅读但可能会被某些更为短小精悍的读物所吸引之人撰写的小册子呈现引人注目的持续增长即是显证。⑤战时所出版的这些小册子,售价不超过35美分,甚至是免费,最为畅销的有戴德华的《变化中的中国》、伊丽莎白·A.克拉克(Elizabeth A. Clark)的《南海的民族》、麦克斯韦·S.斯图尔特(Maxwell S. Stewart)的《战时中国》、赛珍珠(Pearl S. Buck)的《告诉人民:中国的平民教育》、东西方协会出版的《中国人》及图画集《中国人的家庭生活》、毕乃德的《远东与美国》《中国:一个古老文明的革命性变化》、卜德的《中国给西方的礼物》、顾立雅的《中国人的书写》、A.G.温莱(A. G. Wenley)和约翰·A.波普(John A. Pope)合著的《中国》等。⑥总而言之,"战争期间美国出版的有关远东的'畅销书'之数量多得出奇⋯⋯这些书旨在满足

---

① Eldon Griffin, "The Progress of Chinese Studies in American Colleges and Universities (1929-1930)," in Kenneth S. Latourette, ed., *Progress of Chinese Studies in the United States of America*, p.15.

② Edward C. Carter, ed., *China and Japan in Our University Curricula*, p.37.

③④ Meribeth E. Cameron, "Far Eastern Studies in the United States," *The Far Eastern Quarterly*, Vol.7, No.2(Feb 1948), p.119.

⑤ Meribeth E. Cameron, "Recent Pamphlet Materials on Eastern Asia and the Pacific Area," *The Far Eastern Quarterly*, Vol.4, No.4(Aug 1945), p.378.

⑥ Meribeth E. Cameron, "Recent Pamphlet Materials on Eastern Asia and the Pacific Area," *The Far Eastern Quarterly*, Vol.4, No.4(Aug 1945), pp.378-381.

美国民众新近产生的对东亚事件的求知欲";不可否认,这些小册子是"应一时之需的宣传品",但它们"为远东语言和国家的研究提供了许多有用的工具,而且提升了美国人远东知识的总体水平"。①

太平洋战争的爆发,并不仅仅是激发了美国公众对远东的兴趣,对美国的中国研究同样有着巨大而重要的影响:

首先,汉语言教学方法的变革。太平洋战争前,美国汉语教学注重古代汉语的阅读和语法分析,忽视其在现实生活中的运用。约翰·M.H.林德贝克(John M. H. Lindbeck)曾言道:"在第二次世界大战前,哈佛大学、哥伦比亚大学、芝加哥大学、加利福尼亚大学(伯克利分校)和宾夕法尼亚大学等院校所开设的汉语课程,主要是为培养汉学家而开设的古代汉语。"②卡梅伦也曾指出:"在美国,外语一直以来只是作为理解外国文化和研究工具而教授,强调的是阅读而不是听说……这种方法在1941年前的远东语言教学中是非常流行的。"③太平洋战争爆发后,基于军事和外交的需要,美国政府开始实施各种短期培训计划,旨在使接受培训的人员在短时期内掌握汉语,熟知中国历史文化。例如,为对新入伍的士兵进行远东语言及历史文化知识的培训,美国国防部推行了"特种军事训练计划",要求新入伍的军事人员到哈佛大学、哥伦比亚大学、耶鲁大学、芝加哥大学、加利福尼亚大学、斯坦福大学等国防部所指定的25所高校接受为期6个星期至9个月不等的远东语言及历史文化知识的培训;为培训即将到日本、中国等地区任职的指挥官,美国政府在西北大学、耶鲁大学、芝加哥大学、斯坦福大学等院校开设为期6个月的"外国区域与语言课程"短期培训班;除此之外,美国政府在哥伦比亚大学和普林斯顿大学设立海军语言学校,在弗吉尼亚的夏洛特维尔设立陆军语言学校,并成立多所如博尔德海军语言学校之类的特种语言学校。④很显然,如果采用战前的汉语教学方法,将无法实现在短时期内使接受培训的人员

---

① Meribeth E. Cameron, "Far Eastern Studies in the United States," *The Far Eastern Quarterly*, Vol.7, No.2(Feb 1948), p.123.

② John M. H. Lindbeck, *Understanding China: An Assessment of American Scholarly Resources*, New York: Praeger, 1971, p.47.

③ Meribeth E. Cameron, "Far Eastern Studies in the United States," *The Far Eastern Quarterly*, Vol.7, No.2(Feb 1948), p.131.

④ Meribeth E. Cameron, "Far Eastern Studies in the United States," *The Far Eastern Quarterly*, Vol.7, No.2(Feb 1948), p.117.

掌握汉语这一目的。为此,那些承担培训教学任务的中国学家不得不探索新的汉语教学方法。他们开始尝试对学员进行强化语言训练,强调语言的实际运用,注重现代汉语的听力和口语表达。例如,在哈佛大学所设的"陆军特别训练班",分别开设陆军士兵的中文和日文班。中文班由赵元任先生主持,他找了一批说北京话的中国学生协助,赵先生讲大课,包括课文、语法等,再分小班分别训练。①邓嗣禹与顾立雅合作编撰了《中文报刊归纳法》,他们从《纽约商报》《新华日报》《大公报》《新闻报》《国民日报》《扫荡报》等六种报纸中挑选了四十篇报刊文章,并增添了英文翻译、词汇以及练习,以方便学生通过中文报纸学习现代汉语。②

战时汉语教育方法的成功,冲破了美国人在汉语学习及汉语教学方面所抱持的固有观念。长期以来,美国人视汉语为世界上最令人生畏的语言。然而,战时汉语培训通过短时期强化学习的方式使一大批美国人能够说汉语,这无疑极大增强了美国人学习汉语的信心。对于成千上万的美国年轻人来说,远东语言不再是不可逾越的障碍。所以,当太平洋战争结束后,涌向远东或中国课堂的学生人数较之以前有明显增加,用卡梅伦的话说:"在某种程度上,那时对于中国和日本的学习正在逐渐成为一种时尚,正如任何美国妇女俱乐部的活动所显示的那样。"③更为重要的是,它对战后美国的汉语教学产生了重要影响。太平洋战争结束后,耶鲁大学、哈佛大学、哥伦比亚大学、斯坦福大学、芝加哥大学等多所大学纷纷打破已有的汉语教学模式,力图汲取战时语言教学方法的优点,并将其融入正规大学课堂的教学中。耶鲁大学在战时曾同美国空军合作,成为美国首屈一指的汉语培训基地。战后,耶鲁大学借鉴战时汉语教学的方法,教授中文时强调从口语入手,强调学会会话;④哥伦比亚大学东方语言文学系在狄百瑞(William Theodore de Bary)主持下,也试图通过强化学习方法和暑期学校,将大学生

---

① 周一良:《天地一书生》,北京大学出版社2010年版,第185页。
② H. G. Creel, Têng Ssǔ-yü, *Newspaper Chinese by the Inductive Method*, Chicago: University of Chicago Press, 1943, Preface.
③ Meribeth E. Cameron, "Far Eastern Studies in the United States," *The Far Eastern Quarterly*, Vol.7, No.2(Feb 1948), p.118.
④ 王宇字:《记董作宾先生》,载《董作宾先生逝世十四周年纪念刊》编辑委员会编《董作宾先生逝世十四周年纪念刊》,台北艺文印书馆1978年版,第62页。

4年汉语或日语学习时间压缩为15个月;①在哈佛大学,费正清等人则试图对战时培训方式进行合理改造,认为最为有效的初级语言学习方法是一半时间用于语言学习,一半时间用于现在学校所普遍采用的区域课程。费正清强调:"语言教学的另外一个目标是在口语和阅读方面的提高,应有一个大致的平衡。"②简而言之,在太平洋战争的推动下,美国人对于汉语学习的观念开始转变,不再像以前一样视汉语学习为不可逾越的障碍;与此同时,战争期间美国应战争之需对美国人进行汉语培训所采用的强调语言实际运用和现代汉语的教学方法,打破了过去注重阅读和古代汉语的教学模式,直接推动战后美国高校探索不同以往的汉语教学方法。

其次,推动社会科学与中国研究的"联姻"。早在1932年,社会学家莫里斯·T.普赖斯(Maurice T. Price)便在倡导汉学与社会科学的合作,认为它们之间的合作实质上是一种相互补充,有利于对中国的理解和其学科自身的发展。"无论是东方语言文献和历史方面的专家还是其他任何独立的学科专家,都不应将学术的共同合作研究看作专业化水平的退化或下降。对于其他独立学科的专家而言,通过这种合作将获悉大量一手的关于东方的资料,并且对于他们自己的学科也将做出一些具体的贡献。……我坚信,如果这两种类型的学者的研究成果达到了当前他们各自学科所设定的标准,那么在很多方面他们的研究工作一定是相互补充的。"③然而,一直到太平洋战争爆发前,美国的中国学家大多喜欢"单干",且他们所采用的主要是语言学、哲学等人文科学方法,对于社会科学理论处于"普遍的无知状态"。④

社会科学与中国研究的"联姻",真正始于太平洋战争期间。费正清曾指出:"美国的汉学研究尽管比史学起步早,但它形成专业的过程却比史学多用了二三十年,它对社会科学的影响作出反应也比史学迟二三十年。汉学与社会科学只是在二次大战期间及战后才被迫匆匆联姻。这种结合产生

---

① William Theodore de Bary, "East Asian Studies: A Comprehensive Program," *The Annals of the American Academy of Political and Social Science*, Vol.356, No.1(Nov 1964), p.65.

② Edwin O. Reischauer & John K. Fairbank, "Understanding the Far East through Area Study," *Far Eastern Survey*, Vol.17, No.10(May 1948), p.123.

③ Maurice T. Price, "Sinology and Social Study," *Pacific Affairs*, Vol.5, No.12(Dec 1932), pp.1038-1039.

④ 费正清:《费正清对华回忆录》,第150页。

了地区研究,但美国东方学会竟然不是助产士。起领导作用的是美国学术团体理事会,战时是战略服务署,从1948年起是亚洲研究协会。"[1]基于搜集分析情报资料的需要,战争期间负责情报分析的机构除聘请中国学家之外,还聘用了近千名人文科学和社会科学专家学者。为威廉·威尔德·比尔(William Wild Bill)领导的战略服务办公室效力的韦慕庭(C. Martin Wilbur)回忆说:"研究与分析机构的成员由学者组成,除宾夕法尼亚大学的卜德、芝加哥大学的柯睿格(Edward A. Kracke)等外,还有来自其他各领域的学者。"[2]为了从大量情报资料中快捷地获取有价值的信息,该机构创设了一套战略情报研究方法,即由许多不同学科专业的研究人员共同参与的小组合作研究。例如,为对有关远东城市供水系统的情报资料进行分析,研究分析处成立了由地理学、社会学、水利学、区域研究等学科专家组成的分析小组。[3]由费正清、卜德和在燕京大学讲授心理学多年的夏仁德(Randolph Sailer)所组成的美国陆军情报局远东组,其情报资料分析同样采用的是小组合作方法。[4]

这种战略情报研究方法,对战后美国的中国研究产生了深刻影响。威廉·L.兰格(William L. Langer)曾言:"战略情报研究方法……为战后在美国大学里风行的地区研究和多学科合作项目铺平了道路。"[5]受战略情报研究方法的启发,那些战争期间从事过情报资料分析的中国学家回到高校后便倡导跨学科合作方法。费正清即以《通过区域研究理解远东》为题撰文指出,应集中人文科学和各种社会科学对远东这一地理区域进行综合研究,中国研究者应"在历史学家、语言学家、考古学家、艺术史或是文学家们所熟悉的汉学方法基础之上增加一些人类学、社会学、经济学和政治学方面的技巧"[6]。他还将此理念积极付诸实践,从战场返回哈佛大学任教后便开设中

---

[1] 费正清:《七十年代的任务》,载《现代史学的挑战——美国历史协会主席演说集(1961—1988)》,第134页。

[2] C. Martin Wilbur, *China in My Life: A Historian's Own History*, Armonk & New York: M. E. Sharpe, 1996, p.56.

[3] 布雷德利·F.史密斯:《美国战略情报局始末》,宋静存等译,国际文化出版公司1988年版,第239页。

[4] 费正清:《费正清对华回忆录》,第347页。

[5] 布雷德利·F.史密斯:《美国战略情报局始末》,第416页。

[6] Edwin O. Reischauer & John K. Fairbank, "Understanding the Far East through Area Study," *Far Eastern Survey*, Vol.17, No.10(May 1948), p.122.

国区域研究课程,并邀请不同学科的专家学者参与他组织的讨论课程。①1946年,华盛顿大学远东研究所制订了包括近代中国研究、汉代研究、亚洲腹地研究以及中苏关系研究等内容在内的规模宏大的中国区域研究计划。②为推进该计划的实施,远东研究所所长戴德华力推合作研究方法,即由经济学、社会科学、地理学等学科的研究人员共同组成研究小组,定期举行研究课题讨论,进行学科观点的交流。③很显然,费正清、戴德华等中国学家对于跨学科合作研究方法的倡导与其太平洋战争期间的经历是分不开的。

最后,推动中国学家研究兴趣的转向。太平洋战争爆发后,出于军事和外交的需要,美国的中国学家们被动员参加战争。费正清对此曾形象地描述道:"政府的每一个机关都急需通晓中国情况的人才。我们在北京和中国其他地方的4年间所结识的朋友,很快像佐料撒在菜肴上那样遍布华盛顿全城,每星期都有更多的人到来。"④费正清应召加入由兰格主持的情报研究分析局;戴德华则是陆军情报局副局长助理,担任驻远东地区代表;⑤译注过《盐铁论》的盖尔,被任命为情报协调局的驻华代表;⑥韦慕庭、卜德、厄尔·H.普立查特(Earl H. Pritchard)、毕格、休·波顿(Hugh Borton)等人或担任战略情报中心情报分析员,或到战时情报机构、战略服务署、战时经济委员会等政府部门服务。⑦

卡梅伦曾精辟地指出:"如果远东问题专家曾经是在学术象牙塔中保持超然态度的话,在战争期间这种态度理所当然地被他们抛弃。战争期间的经历和对远东研究的现实需要极大地影响了他们未来的教学与研究。"⑧在战争的影响之下,"几乎在一夜之间,那些一直在美国学术生活边缘顽强挣

---

① Edwin O. Reischauer & John K. Fairbank, "Understanding the Far East through Area Study," *Far Eastern Survey*, Vol.17, No.10(May 1948), p.122.
② 村松祐次编:《外国对中国的研究》,中国科学院哲学社会科学部学术资料研究室译,商务印书馆1966年版,第55页。
③ 张仲礼口述、施扣柱整理:《我的学校生活与教研生涯》,《史林》2004年增刊。
④ 费正清:《费正清对华回忆录》,第197页。
⑤ 同上书,第346页。
⑥ 同上书,第195、211、346页。
⑦ Charles O. Huker, *The Association of Asian Studies: An Interpretive History*, Seattle: University of Washington Press, 1973, p.9.
⑧ Meribeth E. Cameron, "Far Eastern Studies in the United States," *The Far Eastern Quarterly*, Vol.7, No.2(Feb 1948), p.119.

扎的为数不多的远东专家成了国家的财富"①。如前所述,他们或到政府部门服务,或主持政府部门设立的有关远东语言与文化的培训班,或撰写旨在提高美国民众对远东及东亚战争认识和理解的战时出版物,成了美国社会最为忙碌的群体。更为值得注意的是,当他们在政府的召唤下走出学术象牙塔之时,借由对中国现实社会的深入接触与观察,他们对现当代中国的研究兴趣亦随之越来越浓厚,并深切感受到开展这一研究的必要性与紧迫性。费正清的学生本杰明·史华慈(Benjamin Schwartz)曾回忆道:"作为第一批研究生之一,我在约翰从战乱中的中国回来后,在哈佛遇见他,我们马上被他的不可阻遏的紧迫感所感动。"这种紧迫感就是"尽可能多地增加我们对现当代中国的理解"。②在太平洋战争之前,韦慕庭主要致力于中国古代史研究,曾以西汉奴隶制度研究获哥伦比亚大学博士学位。太平洋战争爆发后,他被美国国务院征召担任战略情报中心的情报分析员,并被派往中国工作,1943年至1946年间先后旅居昆明和上海,得以观察中国社会尤其是国共两党关系。正是这段经历,促使他将研究兴趣转向近现代中国,正如他的学生张朋园所说:"这三年的经验,引导其兴趣渐渐转变,成为日后倾力研究国共两党历史的伏线。"③韦慕庭自己亦曾这样言道:"从事战时工作之后,博物馆的工作已不再有吸引力,我对当代的事情越来越感兴趣。"④

太平洋战争期间,美国仍相继出版了有关中国传统历史文化的著述或译著,如韦慕庭的《前汉奴隶制度》、W. C. 怀特(W. C. White)的《中国的犹太人:开封犹太人资料汇编》、德效骞译注的《前汉书》(第2卷)、威特·宾纳(Witter Bynner)的《老子的生活方式》、黄秀玑的《陆象山:十二世纪中国的一位唯心主义哲学家》,以及亚瑟·威利(Arthur Waley)英译的《西游记》、修中诚(E. R. Hughes)英译的《论语》和《中庸》、翟林奈(Lionel Giles)英译的《孙子兵法》等。然而,更多的是有关近现代中国的研究著述。关于近代中

---

① Meribeth E. Cameron, "Far Eastern Studies in the United States," *The Far Eastern Quarterly*, Vol.7, No.2(Feb 1948), p.121.
② 朱政惠:《他乡有夫子——史华兹生平和学术谱略》,载朱政惠《美国中国学史研究——海外中国学探索的理论与实践》,上海古籍出版社2004年版,第269页。
③ 张朋园:《韦慕庭的中国史研究》,载傅伟勋主编《西方汉学家论中国》,台北正中书局1993年版,第48页。
④ C. Martin Wilbur, *China in My Life: A Historian's Own History*, p.78.

国历史的即有梅谷(Franz Michael)的《满族统治中国的起源》、罗波杉(Arnold H. Rowbotham)的《传教士与满大人：中国朝廷中的耶稣会士》、邓嗣禹的《张喜与南京条约》、恒慕义主持的《清代名人传记》以及拉铁摩尔的《现代中国的形成》等；尤为值得注意的是，大量的著述是关于当代中国问题，如罗辛格(Lawrence K. Rosinger)的《中国的战时政治》、卜凯的《四川的农业调查》、饶大卫的《强国中的中国》、辛德(Eleanor M. Hinder)的《中国的生活与劳动》、尼姆·韦尔斯(Nym Wales)的《中国的劳工运动》以及弗兰克·塔玛格拉(Frank Tamagna)的《中国的财政与金融》等。据统计，1942年至1945年期间，美国所出50多部关于中国的重要著作中，研究现当代中国历史及现实问题的著作超过20部。①

费正清曾直言："对于亚洲研究的发展而言，最大贡献者莫过于日本的陆海军，它在一夜之间给予日本研究和中国研究的资助与鼓励远远超过了这之前二十年和平时期所提供的。"②事实上，太平洋战争对于美国的中国研究来说，并不仅仅局限于费正清所说的资助与鼓励。太平洋战争极大地激发了美国公众对远东的兴趣，改变了此前漠视远东的态度。与此同时，太平洋战争推动了社会科学与中国研究的"联姻"以及中国学家研究兴趣的转向，当代中国研究受到更多重视，使得服务于现实需要的"政策导向"这种有别于欧洲汉学的研究模式渐受欢迎，开始由边缘走向中央。

三、冷战对峙时期："政策导向"研究模式的兴盛

太平洋战争结束后，随着美苏冷战的加剧以及美国全球称霸战略的推行，中国对美国而言战略地位日益重要，由此中国研究在美国颇受欢迎，"在大学里，相当多的学生对亚洲和太平洋方面的课程充满热情。……一些过去极少涉足，甚至完全没有接触远东领域的美国高校，在1946—1947年间也

---

① Meribeth E. Cameron, "Outstanding Recent Books on the Far East," *The Far Eastern Quarterly*, Vol.4, No.4(Aug 1945), pp.367-369.

② John K. Fairbank, "A Note of Ambiguity: Asian Studies in America," *Journal of Asian Studies*, Vol.19, No.1(Nov 1959), p.3.

进入了这一领域。……现今的远东研究是如此普及"①。为适应美国全球战略和"目前及未来这个国家在中国及其周围地区将要面临的问题"②,战后以关注现实为特征的区域研究在美国高校蓬勃发展,"战后美国学术界到处都是发展远东研究的计划。……哈佛大学、哥伦比亚大学、耶鲁大学、斯坦福大学、华盛顿大学等在洛克菲勒基金会资助下,正大力开展远东区域研究"。据统计,至1948年已有60多所美国高校开展有关远东的研究。③邓嗣禹在1946年所撰的《美国研究汉学之现状》一文中如是感慨道:"世界上研究汉学的重心,有由法国而转到美国的趋势。"④陈梦家有着同样的感慨:"战后的美国事事占先,似乎也想把'汉学'的中心从英欧移置到美国。"⑤

1949年后,美国国内关于"丢失中国"的争论渐趋白热化。随着国际冷战局势发展以及争论的日趋激烈,美国国内掀起一股歇斯底里的反共狂潮——麦卡锡主义。当以极端"恐共""反共"为特征的麦卡锡主义弥漫美国社会时,美国中国学受到极大冲击与影响。傅高义(Ezra F. Vogel)即曾指出:"美国的大学管理者和基金会管理人员,都急于避免被参议员麦卡锡指控为卖国,远远地躲开建立中国研究一事。"⑥1954年,福特基金会所做的调查报告显示:美国在如它过去那样引人瞩目地提供有关中国的知识方面可能正在一落千丈。大学对中国的兴趣和注册学习中国的学生人数都已大大减少。⑦此时的美国中国学,呈现出一幅惨不忍睹的景象:"共同目标灰飞烟灭、研究资金枯竭、扩展全国性研究活动的计划被束之高阁。"⑧除"有关传统中国的基础性研究仍受到关注"⑨,现当代中国研究成了名副其实的学术雷

---

① Meribeth E. Cameron, "Far Eastern Studies in the United States," *The Far Eastern Quarterly*, Vol.7, No.2(Feb 1948), pp.126-130.
② 保罗·埃文斯:《费正清看中国》,第225页。
③ Meribeth E. Cameron, "Far Eastern Studies in the United States," *The Far Eastern Quarterly*, Vol.7, No.2(Feb 1948), pp.128-133.
④ 邓嗣禹:《美国研究汉学之现状》,《益世报·史地周刊》1946年12月4日。
⑤ 陈梦家:《美国的汉学研究》,《周论》1948年第1卷第10期。
⑥ 傅高义:《当代中国研究在北美:超级强权下的边缘人语》,李恭忠、许荣译,载周晓虹主编《中国社会与中国研究》,社会科学文献出版社2004年版,第122—132页。
⑦ 韩铁:《福特基金会与美国的中国学(1950—1979年)》,中国社会科学出版社2004年版,第81页。
⑧ 保罗·埃文斯:《费正清看中国》,第141页。
⑨ George E. Taylor, "Special Report: The Joint Committee on Contemporary China, 1959-1969," *Asian Studies Professional Review*, Vol.1, No.1(Fall 1971), p.42.

区。J. 威廉·富布赖特(J. William Fulbright)就此这样言道:"无论是在政府部门还是在政府部门以外的其他地方,撰述有关'真实中国'情况被认为是一件非常不明智和不安全的事情。"①"有关中国的问题被弄得像令人恶心的食物一样无人问津,连狗见了恐怕也要掉头作呕。"②在麦卡锡主义狂潮的肆虐下,"无论是已经掌握研究工具并着手研究的专家学者,还是那些为从事中国研究正在接受必要训练的青年学生,对于从事系统性的共产主义中国研究都抱有非常谨慎的态度"③,以致傅高义将20世纪50年代称为"中国研究缺席的年代"。④

20世纪50年代后期,麦卡锡主义狂潮逐渐退去,中国"在亚洲的声望已经有极大上升"⑤,正朝向一个世界大国的方向迈进。在冷战思维的作用下,美国对于中国式发展道路表现出极大的忧虑,担心"中共表现出来的超越自由亚洲国家的持续增长能力会对非共亚洲国家的态度有相当重大的影响"⑥,使"中国模式"在亚洲占据主导性地位。与之同时,对外争取民族独立、对内要求民主改革的民族解放运动进入蓬勃发展阶段。赫鲁晓夫上台后的苏联,则开始将注意力转向这些新独立的国家,利用各种机会扩大其在新独立国家中的影响。1957年,苏联在美国之前成功发射人造地球卫星,更是加剧了美国的不安与恐惧。由此,美国国内各界对苏联在教育领域取得的"成就"进行了全方位的审视,其中就包括"苏联在东方学研究方面取得的领先于美国的成就"。在对比中,美国各界意识到,"正是总体上研究的不足,才使得美国的亚洲政策经常损害我们自身的利益。在这个东方国家日

---

① China and the United States Today and Yesterday: Hearings before the Committee on Foreign Relations, United States Senate, 92nd Congress, 2nd Sess. On China Today and the Course of Sino-U. S. Relations over Past Few Decades, U. S. Gov. Print Office, 1972, p.2.
② 费正清:《费正清对华回忆录》,第429页。
③ George E. Taylor, "Communist China: The Problem before Us," *Asian Survey*, Vol.1, No.2(Apr 1961), pp.32-33.
④ 傅高义:《当代中国研究在北美:超级强权下的边缘人语》,载周晓虹主编《中国社会与中国研究》,第122—132页。
⑤ "Communist China through 1961," National Intelligence Estimate, Washington, March 19, 1957, Foreign Relations of the United States, 1955-1957, Volum Ⅲ, p.231.
⑥ NSC 5913/1, "U. S. Policy in the Far East," Sep. 25, 1959, DNSA, PD 00593, p. 2; "Summary of Principal Changes in Asia since the Jackson Committee Report," DDRS, CK3100323323, p.1. 转引自张扬:《冷战与学术:美国的中国学,1949—1972》,中国社会科学出版社2019年版,第49页。

益在世界事务中左右力量平衡的时代,这种不足是一种真正的国家危机"①。为此,美国于1958年出台了旨在"确保(美国)有充足的、合格的、训练有素的优质人才来满足美国国家防御需要"的《国防教育法》。②该法案的重点是加强对外语教学和非西方地区研究的资助,以便使美国能够"对使用这些语言的区域、地区或国家有充分的了解",汉语和中国问题的研究无疑是重中之重,"毫无疑问,中国最近的核计划的行动,导致把中国研究置于首位"③。

在《国防教育法》的推动与影响下,中国研究获得了前所未有的资助。据统计,在1958—1970年的12年中,各大基金会对中国研究的拨款高达2 593万美元,为1933—1945年12年拨款总额74万美元的35倍,1946—1957年11年拨款总额348万美元的7倍多;联邦政府对中国研究的拨款总额为1 504万美元,高校对中国研究亦投入了近1 500万美元。④巨额资金的作用之下,美国中国学进入了"跃进时代"。仅1960年,就有20所美国大学成立了中国研究中心。根据林德贝克的统计,1964年专门研究中国的机构为12个,1967年上升到20个,1969年则为23个。⑤美国国务院外联研究处曾就设有"中国研究之区域研究项目"的大学进行统计,结果显示1959年有23所,1964年则为29所。⑥另据苏联《美国对外政策思想》一书的作者估计,20世纪70年代初美国有关研究中国的机构有近千个,其规模与对苏研究相当。⑦不仅如此,当代中国研究联合委员会(Joint Committee on Contemporary China, 1959)、中国文化研究委员会(Committee on Chinese Culture, 1962)、中文资料研究中心(1968),以及设在台北的北美大学联合汉语培训

---

① Letter from O. Edmund Clubb, to Mr. Carey McWilliams, May 5, 1958, Hoover Institution Archives, O. Edmund Clubb Papers, Box 24, Correspondence, Folder: The Nation. 转引自张扬:《冷战与学术:美国的中国学,1949—1972》,第63页。

② Patrick O' Meara, Howard D. Mehlinger, and Roxana Ma Newman, eds., *Changing Perspectives on International Education*, Bloomington and Indianapolis: Indiana University Press, 2001, p.6.

③ John M. H. Lindbeck, *Understanding China: An Assessment of American Scholarly Resources*, p.48.

④ Ibid., p.79.

⑤ Ibid., p.55.

⑥ 张扬:《冷战与学术:美国的中国学,1949—1972》,第66—73页。

⑦ 中国社会科学院文献情报中心编:《美国中国学手册》,中国社会科学出版社1993年版,初版前言,第9页。

班(1963)、中文资料和研究服务中心(1964)和设在香港的大学服务中心等协调性机构、资料中心和海外培训服务机构也相继建立。中文图书资料的收藏方面,除美国国会图书馆和哈佛大学图书馆外,耶鲁大学图书馆、加利福尼亚大学图书馆、哥伦比亚大学图书馆等美国其他10家最为重要的东亚图书馆在20世纪40年代的中文藏书量大都在几万册左右不等,然而到1964年,其中文藏书量都增加到十几万册。①根据统计,1868—1930年美国图书馆12个藏书单位入藏中文书仅35.5万册,1961—1965年50个藏书单位中文藏书量已达240.9万册,1971—1975年95个藏书单位(包括加拿大3个)中文藏书量激增至400.6万册。②就研究队伍而言,20世纪50年代初,美国从事中国研究的全职人员仅有50—70人,到20世纪60年代末则增至550—600人;至于所培养的中国问题研究生,1951年为143人,1964年是325人,1967年为750人,1970年为1 000人。③简而言之,在政府与基金会等外在因素的推动之下,美国中国学迎来了"黄金时代",呈现出繁荣发展之势。

在研究机构、中文图书资料及人才培养等方面呈繁荣之势的同时,"政策导向"的研究取径则更为鲜明,并完全取代欧洲汉学模式成为美国中国学界之主潮,这主要表现在以下几个方面:

其一,现当代中国研究占据绝对优势。深受儒家文化影响的中国人为何会拥抱马克思主义?这是让许多美国人难以理解之谜。黄宗智曾如是言道,当他在华盛顿大学读研的时候(1960—1966年),"中国研究的大问题是怎样理解'共产主义中国'。许多汉学家进入中国研究领域是因为他们对中国文化的爱好和认同,尤其是其(精英阶层的)'大传统',但中华人民共和国则明显拒绝了那个传统而拥抱了马列(共产)主义,并且是在'冷战'的大环境中作出了那样的选择"④。正因如此,美国中国学家们纷纷倡导应开展现当代中国研究。戴德华以"共产党中国是我们迫切的问题"为题,呼吁对共

---

① Tsuen-Hsuin Tsien and Edwin G. Beal, Jr., "East Asian Collections in America," *The Library Quarterly*, Vol.35, No.4(Oct 1965), p.265.
② 中国社会科学院文献情报中心编:《美国中国学手册》,初版前言,第10页。
③ John M. H. Lindbeck, *Understanding China: An Assessment of American Scholarly Resources*, p.57.
④ 黄宗智:《我们的问题意识:对美国的中国研究的反思》,《开放时代》2016年第1期。

产主义中国开展研究①。在毕乃德看来,"中国成为共产党国家这一事实使研究和理解这个国家不是变得不重要,而是变得更重要"②。费正清如是警醒道:"我们在中国的灾难不是行动上而是理解上的失败。……研究中国是关系美国的生死存亡的头等大事。"③他主张以历史的视野考察当前共产主义中国的问题,"革命是历史的产物,今天所有东亚国家的急剧变化促使人们从历史的角度来看当代问题是从哪儿产生的"④。芮玛丽(Mary C. Wright)同样主张:"在推动对1949年以后中国研究的同时,应当关注1911年至1949年期间中国政治的相关发展,以及那些与当前中国政治事件具有连续性的中华帝国时代的政治传统与制度。"⑤鲍大可(A. Doak Barnett)亦认为,"在审视中国正在发生的巨变时,必须将目前这种发展置于某种历史视野中",否则"不可能理解当代中国发生的各种事件的真正意义及其对美国的意义"。⑥

在现实需要的召唤及美国中国学家们的倡导之下,现当代中国研究成为这一时期美国中国研究的绝对主潮,正如戴德华所说:"1960年至1970年这段时间,可以称之为现当代中国研究发展的十年。"⑦当代中国研究联合委员会在1959年至1969年10年间资助出版了200部有关现当代中国研究的著作。⑧费正清不无自豪地对哈佛东亚研究中心第一个十年(1956—1965年)总结道:"在第一个十年,我们总共花费了100万美元,出版了75部著作,并为日益增长的当代中国研究奠定了基础。"在所出版的75部著作中,有关

---

① George E. Taylor, "Communist China: The Problem before Us," *Asian Survey*, Vol.1, No.2(Apr 1961), p.32.

② Letter to C. Easton Rothwell from Knight Biggerstaff, April 4, 1953, Ford Foundation Archives, PA 53-81.转引自韩铁:《福特基金会与美国的中国学(1950—1979年)》,第122页。

③ Letter to C. Easton Rothwell from John Fairbank, March 1953, Ford Foundation Archives, PA 53-81.转引自韩铁:《福特基金会与美国的中国学(1950—1979年)》,第122—123页。

④ John K. Fairbank, "Harvard University East Asian Research Center: Ten-Year Report of the Director," Harvard, Dec 1965, p.8.

⑤ George E. Taylor, "Special Report: The Joint Committee on Contemporary China, 1959-1969," *Asian Studies Professional Review*, Vol.1, No.1(Fall 1971), p.74.

⑥ A. Doak Barnett, *Communist China in Perspective*, New York: Frederick A. Praeger Publisher, 1962, p.27.

⑦ George E. Taylor, "Special Report: The Joint Committee on Contemporary China, 1959-1969," *Asian Studies Professional Review*, Vol.1, No.1(Fall 1971), p.74, 83.

⑧ George E. Taylor, "Special Report: The Joint Committee on Contemporary China, 1959-1969," *Asian Studies Professional Review*, Vol.1, No.1(Fall 1971), p.80.

晚清以来的现当代中国研究著作为 43 部。①根据中国社会科学院近代史研究所编辑的《国内外近现代史书目一览(1949—1977)》可知,在这期间英语世界主要是美国所出版的中国近现代史著作达 986 种之多。②从攻读现当代中国课程的研究生在全部研究生中所占比重亦可知现当代中国研究已成主潮。1964 年研究生总数与攻读近现代中国课程研究生人数的比例为 325 比 260,1967 年为 750 比 680,1970 年为 1 000 比 700;在 1960 年至 1969 年取得博士学位的 412 人中,研究 19 世纪以前中国的仅有 174 人。③亚洲学会在 1960 年至 1971 年的 8 次年会中设有 54 个中国专题,38 个是关于现当代中国。④

其二,资政性研究呈勃兴之势。面对共产主义中国已趋稳固,且在亚洲的影响力日益上升,美国的目标是"尽最大可能削弱亚洲共产主义政权,特别是中共政权的力量;削弱共产党政权,特别是中共政权的影响力"⑤。为此,美国决策者需要借助中国学家,以对共产主义中国有全面了解。美国国务院下属的国外区域研究协调委员会(Foreign Area Research Coordination Group),专门成立中国小组委员会,并于 1965 年召开加强中国研究的会议,强调:"我们应该相信非官方的中国研究能够对相关区域的问题提供独立的评估,并能填补有关共产主义中国研究方面的信息空缺。……因此我们应鼓励、资助非官方学者或与他们合作从事共产主义中国研究,这将为直接完成政府内部的研究项目提供稳固保障。"⑥

---

① John K. Fairbank, "Harvard University East Asian Research Center: Ten-Year Report of the Director," Harvard, Dec 1965, p.15.
② 黄宗智:《三十年来美国研究中国近现代史(兼及明清史)的概况》,《中国史研究动态》1980 年第 9 期。
③ 中国社会科学院文献情报中心编:《美国中国学手册》,初版前言,第 11 页。
④ 北大历史系资料室:《十年来美国对中国历史的研究,1960—1971》,载北京大学学报编辑组《国外哲学社会科学动态与资料》,1973 年,第 56 页。
⑤ "The President's Committee on Information Activities Abroad: Asia," July 11, 1960, DDRS, CK3100159285, pp.4-5. 转引自张扬:《冷战与学术:美国的中国学,1949—1972》,第 49—50 页。
⑥ 中国小组委员会拟订了一份供学术界参考的共产主义中国研究项目清单,这份清单按优先顺序分为两大类。第一类:中国少数民族和团体,尤其是边境地区的少数民族和团体情况;对中国出版的教育和科学方面材料进行定性分析;编辑中国外交关系和经济关系的手册;对共产主义中国科学技术的发展进行分析。第二类:中国共产党在对外关系、国内事务管理和发展经济方面的理论及实践;在家庭、村庄、地区、个人团体及国家领域中忠诚信仰方式的转变;官僚、技术人员、管(转下页)

冷战期间,美国中国学界与联邦政府之间有着极为密切的联系。当代中国研究联合委员会即是联络私人基金会、行政机构和中国学专家的纽带,其每一个分委会的领导职位都由福特基金会支持下的哈佛大学、哥伦比亚大学、华盛顿大学和密歇根大学等的中国研究所或中国研究中心负责人担任,而这些学者同时在国务院或国防部担任顾问。1968年,美国国务院国外区域研究协调委员会与当代中国研究联合委员会召开联席会议,专门讨论"美国中国研究的状况与前景"。[1]布鲁斯·卡明斯(Bruce Cumings)认为,国外区域研究协调委员会在某种程度上塑造了当代中国研究,使其与国家需要和福特基金会的资金流向保持一致。[2]国外区域研究协调委员会主席威廉·J.纳格尔(William J. Nagle)在1965年的一封信中亦谈道:"当代中国研究联合委员会提供了(行政机构)与学术共同体联络的天然纽带。"[3]戴德华在总结委员会的十年工作时直言:"委员会没有任何拒绝与美国政府合作的理由;无论何时,与政府合作都是学术团体的兴趣所在。"[4]正因如此,当代中国研究联合委员会为中国研究项目所提供的资助,与政府部门的需求高度契合,这从其资助出版的200多部著作之研究主题即可见一斑。[5]不单当代中国研究联合委员会,哈佛东亚研究中心等研究机构同样如此。哈佛东亚研究中心第一个十年所获100万美元的资助中,国防部和空军分别贡献了

(接上页)理者的地位和作用;社会科学在中国的地位;中国人行为的心理学基础,重点是个人对于不同经济和政治环境的调整;共产主义中国的货币与金融体制;共产主义中国劳动力资源的分配制度;中国共产党人关于美国和世界形势的看法;中国与美国国家利益重叠区域;中苏分裂的过程,尤其是第三世界国家对中苏敌对的反映;海外华人对共产主义中国发展的态度;编辑最新的当代中国地图;编辑中国综合自然地理学手册;编辑共产主义中国所出版的非西方语言书目及注释;有效解释中国共产党领导人行为的运作模式。"Documents Relating to Government—Academic Liaison," *Bulletin of Concerned Asian Scholars*, March 1997.

[1] Report on an Investigation of the American Asian Studies Establishment: The Working Papers, March 1971, Hoover Institution Archives, Pardee Lowe Papers, Box 253, Folder: Asia, p.5. 转引自张扬:《冷战与学术:美国的中国学,1949—1972》,第103—104页。

[2] Bruce Cumings, "Boundary Displacement: Area Studies and International Studies during and after the Cold War," *Bulletin of Concerned Asian Scholars*, Vol.29, No.1(1997), p.21.

[3] Moss Roberts, "Contra Ideocracy," *Bulletin of Concerned Asian Scholars*, Vol. 29, No.1(Jan-Mar 1997), p.48.

[4] George E. Taylor, "Special Report: The Joint Committee on Contemporary China, 1959-1969," *Asian Studies Professional Review*, Vol.1, No.1(Fall 1971), p.82.

[5] 参见 George E. Taylor, "Special Report: The Joint Committee on Contemporary China, 1959-1969," *Asian Studies Professional Review*, Vol.1, No.1(Fall 1971)。

7.4万、17.6万美元。①

冷战时期美国中国学界与官方的关系并非单向,不少中国学家踊跃参与到用于冷战的中国研究项目中去。耶鲁大学政治系教授饶大卫受美国国防部邀请,主持"中国研究计划",旨在撰写供美军参阅的涵盖中国社会政治生活所有领域的《中国:地区导览》;林德贝克、艾克斯坦参与了由艾伦·S.惠廷(Allen S. Whiting)在国务院情报与研究局任职期间所组织的"精英项目",其目标是预测中国的"继承危机"及其对中国内外政策所可能导致的变动;鲍大可则参与了由国防部军控与裁军署资助的"共产党中国的领导层"研究等。②由于档案文献的限制,无法了解中国学家参与此类项目研究的全部概况。然而,从他们在冷战时期所出版的著作亦可知其研究取向,举其要者如理查德·L.沃克(Richard L. Walker)的《共产党统治下的中国:第一个五年》(1955)、艾伦·S.惠廷的《跨过鸭绿江:中国出兵朝鲜决策》(1960)、唐纳德·S.扎戈里亚(Donald S. Zagoria)的《中苏冲突,1956—1961》(1962)、约翰·威尔逊·刘易斯(John Wilson Lewis)的《共产主义中国的领导层》(1963)、埃利斯·乔夫(Ellis Joffe)的《党与军队:中国军队的专业精神与政治控制》(1965)、艾克斯坦的《共产主义中国的经济增长与外贸》(1966)、弗朗茨·舒曼(Franz Schurmann)的《共产主义中国的意识形态与组织机构》(1966)、鲍大可的《共产主义中国的干部、官僚机构和政治权力》(1967)、詹姆斯·R.汤森(James R. Townsend)的《共产主义中国的政治参与》(1967)、傅高义的《共产主义统治下的广东》(1969)、杰罗姆·A.科恩(Jerome A. Cohen)的《共产主义中国的刑事诉讼程序》(1969),等等。

其三,社会科学与中国研究日趋紧密。中美对峙背景之下,透彻地了解中国,以使"我们的行动更为理智"成为美国中国研究的主要取向。受这种使命的驱使,美国中国学家意识到使用传统的分析方法无法有效地使历史变成观照现实的工具,也无力使之具备现实的反省能力,必须结合其他社会科学方法,才能不断提高历史解释的敏感度。费正清就撰文指出:"我们只有吃透了中国人的意图,才能够真正懂得中国事务,才能够运用智慧把我们

---

① John K. Fairbank, "Harvard University East Asian Research Center: Ten-Year Report of the Director," Harvard, Dec 1965, p.37.

② 张扬:《冷战与学术:美国的中国学,1949—1972》,第77、107—108页。

自己同他们联系起来。在这方面,我们的第一步工作必须通过历史、人文科学的门径和各种社会科学准则的门径,从各方面来衡量中国的社会和文化。"①戴德华同样呼吁道:"由于共产主义的威胁,学者们有责任和义务为理解那些不发达国家的社会发挥其应有的作用。……毫无疑问,共产主义社会是非常难以理解的。摆在我们面前的问题,是对我们整个社会知识的挑战,它需要我们应用各种学科知识。"②1959 年,包华德(Howard L. Boorman)在亚洲协会年会上发表演讲时指出:"在过去的十年,中国已经成长为亚洲政治军事实力最为强大的国家,共产主义对中国及国际影响的研究,应该是美国社会科学研究的一个主方向。"③

社会科学领域的专家学者,则开始尝试将中国研究纳入其学科领域。卢西恩·派伊(Lucien Pye)、林德贝克、A. M. 海尔澎(A. M. Halpern)等政治学家即一致认为,"当代共产主义中国是政治学所面临的一个重大问题"④。在查默斯·约翰逊(Chalmers Johnson)看来,社会科学"具备对共产主义中国的社会和政治性质进行系统性思考的能力","如果不系统性地运用社会科学理论去分析中国数据,那么这种知识对于理解中国或是论证西方的东亚外交政策将只能提供最肤浅的帮助"。⑤当代中国研究联合委员会则专门成立由来自社会学、经济学、法学、政治学等学科领域专家组成的中国社会、中国经济、中国法律、中国政府与政治等分委员会⑥。这些分委员会

---

① 费正清:《美国与中国》,孙瑞芹、陈泽宪译,商务印书馆 1971 年版,第 11 页。
② George E. Taylor, "Communist China: The Problem before Us," *Asian Survey*, Vol.1, No.2(Apr 1961), p.34.
③ Howard L. Boorman, "The Study of Contemporary Chinese Politics," *World Politics*, Vol.12, No.4(Jul 1960), p.585.
④ A. M. Halpern, "Contemporary China as a Problem for Political Science," *World Politics*, Vol.15, No.3(Apr 1963), p.361.
⑤ Chalmers Johnson, "The Role of Social Science in China Scholarship," *World Politics*, Vol.17, No.2(Jan 1965), pp.256-257.
⑥ 中国社会分委员会由莫顿·H.弗里德(Morton H. Fried)、约翰·C.佩尔兹(John C. Pelzel)、施坚雅(G. William Skinner)、艾林·B.托伊伯(Irene B. Taeuber)、莫里斯·弗里德曼(Maurice Freedman)、傅高义组成;中国经济分委员会由德怀特·H.珀金斯(Dwight H. Perkins)、罗伯特·F.登伯格(Robert F. Dernberger)、费维恺(Albert Feuerwerker)、约翰·G.格利(John G. Gurley)、马若孟(Ramon H.Myers)组成;中国法律分委员会由杰罗姆·A.科恩、丹·F.亨德森(Dan F. Henderson)、克拉伦斯·莫里斯(Clarence Morris)、维克托·H.李(Victor H. Li)组成;中国政府与政治分委员会由罗伯特·A.斯卡拉皮诺(Robert A. Scalapino)、鲍大可、林德贝克、戴德华、刘易斯、约翰逊组成。

积极致力于推动各自所在学科开展中国研究,例如由人类学家和社会学家组成的中国社会分委员会邀请青年学者参加其举行的一系列研究会议,并先后出版了《中国社会的家庭与宗族》《中国社会的经济组织》《宗教、仪式和中国社会》《中华帝国晚期的城市》《两个世界间的中国城市》《共产党中国的城市》等系列会议论文集。中国经济分委员会则相继资助出版了乔治·埃克隆(George N. Ecklund)的《中国政府的金融财政预算(1950—1959)》、陈乃润主编的《中国经济统计表:中国手册》、康超的《共产主义中国的工业建设》、章长基(John K. Chang)的《前共产主义中国的工业发展》、德怀特·H.珀金斯的《中国农业的发展:1368—1968》、陈乃润和沃特·盖伦森(Walter Galenson)的《共产主义统治下的中国经济》、马丰华的《共产主义中国的对外贸易》、朱元成的《共产主义中国的机械工业》、J. C.刘的《中国的肥料经济》、苏布拉姆尼亚姆·斯瓦密(Subramanian Swamy)的《中印经济发展》等著述。中国法律分委员会举办了"中国法制研究:研究工具""中国法制史""中华人民共和国贸易方面的法律""法律与经济"等四次学术会议,同样将会议论文结集出版。中国政府与政治分委员会亦组织召开了主题为"行动中的中国共产党政治""共产主义中国的领导权和管理权""中国共产党的外交政策""共产主义中国的政治精英"等一系列会议,并先后将会议论文结集出版。在他们的推动之下,一批社会科学领域的专家学者开始介入中国研究领域。①

尤为值得一提的是,第十六届亚洲研究学会年会专门组织了主题为"中国研究与社会科学学科"的讨论会,邀请了约瑟夫·R.列文森(Joseph R. Levenson)、芮玛丽、施坚雅、莫里斯·弗里德曼、罗兹·墨菲(Rhoads Murphey)、史华慈、崔瑞德(Denis Twitchett)、萧公权、牟复礼(Frederick W. Mote)等9位来自汉学、历史学、人类学、社会学等学科领域的学者参与讨论。无论是传统汉学家还是社会科学领域的学者,都强调中国研究与社会科学融合的必要性。芮玛丽认为:"如果社会科学家能多研究这些问题(指宋代社会、清代的国家功能、明末的资本主义萌芽、民初的新文化运动

---

① 具体参见 George E. Taylor, "Special Report: The Joint Committee on Contemporary China, 1959-1969," *Asian Studies Professional Review*, Vol.1, No.1(Fall 1971)。

等),那么他们的援助会受到历史学家的欢迎,因为历史学家很清楚,社会科学家或者'纯粹的'人文学家能在历史学家所希望开拓的某些领域内更好地界定问题、设计调查方法以及评估证据。我并不担心竞争,因为我们需要社会科学家们尽可能多的帮助。"①在弗里德曼看来,"如果说传统汉学的自负在于将其自身视为一个思想独立的学科的话,那么社会科学的自大则在于它认为汉学只有采用社会科学的实践方法才能学会分析社会","只要双方都表现出善意和必要的信任,一种既有趣又明智的合作很快就会出现"。②施坚雅从中国研究对于社会科学的意义出发,认为"中国社会展现了并且还在继续展现诸多独特特征,如果社会科学家忽略它,那么代价就是他们科学的普遍性","如果社会科学要使其理论具有普遍意义,必须对非西方社会尤其是中国社会做大量实证研究"。③从事传统中国研究的崔瑞德认为:"汉学家没有理由去拒绝把能开创中国历史研究全新领域的分析方法引入文字学训练中去,而社会科学家也同样没有理由为保护其专业的纯洁性而反对汉学,毕竟汉学能帮助他接触到大量有关中国传统社会的珍贵文献记载。"④在同样从事传统汉学研究的牟复礼看来,无论是语言文字、哲学还是社会学、经济学、人类学等,都"只是一个更大的研究领域的分支","我们必须把它们当作工具而不是偶像,或者再借用地理比喻来说,必须把它们看作地图上的完美线条而不是标明中国文明实际划分的沙漠和海洋"。⑤列文森从思想史的视角认为:"当人们不再只是从汉学的视角来研究中国的创造性生活时,中国文明才会变得具有历史的意义和历史性的意义。只从纯粹的'汉学'视角

---

① Mary C. Wright,"Chinese History and the Historical Vocation," *Journal of Asian Studies*,Vol.23,No.4(Aug 1964),p.514.

② Maurice Freedman,"What Social Science Can Do for Chinese Studies," *Journal of Asian Studies*,Vol.23,No.4(Aug 1964),pp.527-528.

③ G. William Skinner,"What the Study of China Can Do for Social Science," *Journal of Asian Studies*,Vol.23,No.4(Aug 1964),pp.518-519.

④ Denis Twitchett,"Comments on the 'Chinese Studies and the Disciplines' Symposium (See JAS,Aug.,1964):A Lone Cheer for Sinology," *Journal of Asian Studies*,Vol.24,No.1(Nov 1964),p.111.

⑤ Frederick W. Mote,"The Case for the Integrity of Sinology," *Journal of Asian Studies*,Vol.23,No.4(Aug 1964),p.533.

来仰慕中国文化,这样可能会导致某种轻视。"①史华慈则从反对学科崇拜的角度强调:"如果一个修养有限的人只会机械地应用某种孤立的'学科'方法,而这门学科又是狭隘地孕育于某种自我封闭的文化'模式'或'体系'(无论是当代的还是'传统'的),那么往往都会得到呆板甚至荒谬的结果。"②在萧公权看来,汉学与社会科学本就是一对"孪生兄弟",不可分离。③

可见,中国研究与社会科学的融合已成美国学界的共识,二者的关系亦由此渐趋紧密,正如费正清在1968年美国历史学会年会上发表主席演讲时所说:"作为思维方式来观察,历史、社会科学和包括汉学在内的地区研究目前已交融渗透。它们不再分属于彼此无关的知识渠道。我们在研究一门学科时不可能不涉及其他。"④值得注意的是,推动社会科学与中国研究交融的最主要原因,并非学术本身,而是现实社会的迫切要求。林德贝克就此直率指出:"自第二次世界大战结束以来,历史学已无法满足新的需求。……现在,当前的趋向占据了中心舞台。中国的经济能力、政治体制、社会结构成为国内外关注的中心。来自非学术世界的迫切要求,使得社会科学家显得尤为突出。"⑤总而言之,服务于现实政治和国家利益,是冷战时期美国中国学最为鲜明的特征。对于这一时期的美国中国研究,杜维明认为是"一种反汉学的中国研究"⑥;裴宜理亦认为,是"怀着一种'刺探敌情'的心态","主要目的是对最新情报进行分析和为决策服务";⑦更有学者直言,"是较为典型的学术研究受制于政治利益,学术为政治驱使和为其服务的样本"⑧。正是

---

① Joseph R. Levenson, "The Humanistic Disciplines: Will Sinology Do?" *Journal of Asian Studies*, Vol.23, No.4(Aug 1964), p.512.

② Benjamin Schwartz, "The Fetish of the 'Disciplines'," *Journal of Asian Studies*, Vol.23, No.4(Aug 1964), pp.537-538.

③ Kung Chuan Hsiao, "Chinese Studies and the Disciplines—the Twins Shall Meet," Journal of Asian Studies, Vol.24, No.1(Nov 1964), p.113.

④ 费正清:《七十年代的任务》,载《现代史学的挑战——美国历史协会主席演说集(1961—1988)》,第135页。

⑤ John M. H. Lindbeck, *Understanding China: An Assessment of American Scholarly Resources*, pp.30-31.

⑥ 杜维明:《汉学、中国学与儒学》,载杜维明《十年机缘待儒学:东亚价值再评价》,牛津大学出版社1999年版。

⑦ 裴宜理:《中华人民共和国和美国的中国学研究:50年》,黄育馥译,《国外社会科学》2004年第2期。

⑧ 王海龙:《美国当代汉学研究综论》,《上海师范大学学报(哲学社会科学版)》1999年第1期。

在"认识美国的敌人"的召唤与驱使下,"政策导向"的研究取径走向兴盛,主导着冷战时期的美国中国研究。

需要注意的是,即便如此,美国的中国研究并未像苏联学那样在某种程度上完全沦为政府的政策工具,其有关传统中国和近代中国的研究仍占据着重要位置,并保有相当高的学术水准。顾立雅的《孔子:其人及神话》(1949)、华兹生(Burton Watson)的《司马迁:中国伟大的史学家》(1958)、列文森的《儒教中国及其现代命运》(1958)、费维恺的《中国早期工业化》(1958)、芮沃寿的《中国历史上的佛教》(1959)、史华慈的《寻求富强:严复与西方》(1964)、芮玛丽的《同治中兴:中国保守主义的最后抵抗》(1965)、魏斐德(Frederic Wakeman)的《大门口的陌生人》(1966)、倪德卫的《章学诚的生平与思想》(1966)、孔飞力(Philip Kuhn)的《中华帝国晚期的叛乱及其敌人》(1970)等即是其中的代表。毕竟,对于美国来说,中国始终是其重要的文明参照系,对异质文明及传统中国转型之好奇这一初始的研究推动力,在美国中国学领域从未中断过。

四、余 论

进入 20 世纪 70 年代之后,由于"中国和美国社会内部发生的几个重大变动,中国研究明显不同于过去时代"[1]。一方面,随着冷战缓和时代的到来和美国国内的财政困难,联邦政府和私人基金会开始大幅削减区域研究的经费。福特基金会自 1966 年起便中止对中国研究新项目的资助,将其投资目标转移到美国国内都市和少数民族问题上。[2]傅高义对财政资助潮的消退深有感触:"我必须承认,1973 年当我接替费正清成为东亚研究中心的主任后,我发觉这并不是一份轻松的工作。……中国研究领域获取基金会资助的十五年光荣岁月已无可奈何花落去。"[3]另一方面,自 1972 年尼克松访华

---

[1] 哈里·哈丁:《美国当代中国学的演变与展望(续)》,李向前译,《国外中共党史研究动态》1995 年第 1 期。

[2] 黄宗智:《三十年来美国研究中国近现代史(兼及明清史)的概况》,《中国史研究动态》1980 年第 9 期。

[3] 保罗·柯文、默尔·戈德曼主编:《费正清的中国世界——同时代人的回忆》,朱政惠、陈雁、张晓阳译,东方出版中心 2000 年版,第 152 页。

之后,中美关系趋于缓和,开始走向正常化。如果说隔绝对峙时期的美国中国学是为了更好地"认识美国的敌人",以增强对华决策的有效性,那么,中美关系趋于正常化之后,伴随着"中国问题"优先性相对减弱,美国的中国学开始走出冲突对峙,愈益遵循自身发展规律,拓展学术本身的问题意识,回归到学术理性。

然而,学术与政治仍旧紧密地联系在一起。随着外部压力减轻,学者们虽可以相对从容地寻找学术与权力关系间新的平衡点,"政策导向"的研究取径没有像此前那样显明,但仍或多或少地残存。例如,自改革开放以来,随着中国的崛起,中国发展道路及模式成为美国学界关注和研究的热点。在美国的中国发展道路关注热潮中,出现了宣扬"国家资本主义"、鼓吹"中国发展模式威胁论"及质疑"中国发展模式不可持续"等论调。美国对中国发展道路的否定化、妖魔化倾向,不仅是西方社会"深层自我焦虑"的反映,亦隐含着国际社会话语权的争夺与发展道路合法性的斗争。美国驻华记者孟慕捷(James Mann)即言:"美国人必须从美国的国家利益的角度去看待中国模式,这不仅事关美国的安全和昌盛,而且事关美国的使命能不能够成功。美国使命就是在世界上推进一个政治开放、人人自由的制度。如果中国模式成功了,那美国所代表的理念和价值就面临破产和失败。"[1]又如,有学者曾就美国学人的中国边疆史研究分析指出:"美国学界所总结的边地研究、族群研究乃至于全球史等理论,基本都是建构在以美国以及西方世界为核心的历史经验之上……这些以美国经验为基础的理论背后,主要也传达了美国所构建之普遍话语。从这个角度来说,全球史所关怀的'全球化'叙事,实际上可能也隐含了美国单向对外输出普遍话语的美国化(Americanization)霸权。"[2]知名学者汪荣祖则对美国的新清史提出更为尖锐的批评:"如果清朝真被认为是现代帝国主义的殖民统治,则清帝国崩解之后,少数民族都可以独立成国。但是中华帝国自秦汉以来并不是基于资本主义的殖民帝国,所以政权从清朝到民国的承继无可争辩,中国为何不可像大多数的国家是多民族的统一国家?"汪先生认为,他们的研究"有难以接

---

[1] 《"中国忽悠论"折射美失衡心态》,《国际先驱导报》2015年2月13日。
[2] 孔令伟:《如何看待美国学者笔下的中国边疆史?》,观察者网,2019年11月28日,https://www.guancha.cn/konglingwei/2019_11_28_526634_s.shtml。

受的政治动机",意在"挑战现代国际承认的中国疆域"。①

事实上,美国的中国学从肇始之初就具有强烈的现实观照。传教士裨治文一到中国,即收到美国公理会的指示信,要求搜集有关中国各方面的情况,并向美国国内汇报。1829年10月7日,美国公理会在给裨治文的一封指示信中写道:"由于你要去的地方范围大、利益广,将比几乎所有的兄弟们有更多的便利,为此,在你工作和环境允许的情况下,我们要求你把有关中国人民的特征、状况、风俗、习惯,等等,特别要对这些情况受人们宗教的影响,向公理会差会部作出完整的报告。"②基于此,裨治文主办的《中国丛报》主要关注:第一,有关中国自然经济、地理位置;第二,中国的商业发展情况,特别是中外贸易情况;第三,中国社会发展情况,内容包括中国的政治、经济、军事、文化、历史、法律等;第四,中国的宗教事业发展状况。③美国公使列卫廉(William B. Reed)给国务卿的致函则从侧面道出了传教士的中国研究实际上源于实用主义的目的:"传教士和那些与传教事业有关人们的学识,对于我国的利益是非常重要的,没有他们充作翻译人员,公事就无法办理,我在这里尽责办事,若不是他们从旁协助,就一步都迈不开,对于往来文件或条约规定,一个字也不能读、写或了解,有了他们一切困难或障碍都没有了。"④据统计,《美国东方学会会刊》从1843年创刊至1863年,共刊登18篇有关中国的文章,其中即有《中国:人口、贸易及签订条约的前景》《最近中国与西方列强的交涉》等文章。⑤正因如此,费正清直言:"美国东方学从一开始就拥有一种与众不同的使命感。"⑥这种使命感实质上就是为美国的传教事业服务,为美国对东方的扩张政策服务。⑦

杨念群曾言:"美国中国学的诞生与发展始终建立在美国与其他文明不断变化的复杂现实关系基础之上,即明显具有'地缘政治'的形态,历史研究

---

① 汪荣祖:《海外中国史研究值得警惕的六大问题》,《国际汉学》2020年第2期。
② 转引自顾长声:《从马礼逊到司徒雷登:来华新教传教士评传》,上海书店出版社2005年版,第20页。
③ "Introduction," *Chinese Repository*, Vol.1, 1832, pp.1-5.
④ 泰勒·丹涅特:《美国人在东亚》,姚曾廙译,商务印书馆1959年版,第472页。
⑤ 孟庆涛:《美国中国学的发端史研究》,《华南农业大学学报(社会科学版)》2013年第2期。
⑥ 费正清:《七十年代的任务》,载《现代史学的挑战——美国历史协会主席演说集(1961—1988)》,第133页。
⑦ 侯且岸:《当代美国的"显学"——美国现代中国学研究》,第30—31页。

往往变成了现实关怀的投影。"①太平洋战争及冷战期间,观照现实、服务于国家利益的研究取径更是占据主导地位。正如赖德烈所言:"远东研究的目的是什么?或者说远东研究应该由什么样的动机来指导?很显然,一个是非实用性……另一个是非常明显的实用主义。它具有多种形式,其中之一就是通过欣赏其他文明的价值来丰富我们的知识及美国人的生活,还有就是源自现实社会政治和经济环境的迫切需要。当我们与远东之间的关系变得越来越密切之时,我们对远东研究的这种目的性有着深刻的感受。"②

因此,观照现实、服务国家利益可以说是美国中国学的基因。正是这种强烈的功利主义特质,使得美国的中国学偏离了欧洲传统汉学的发展轨道。20世纪初,当师从法国汉学名宿的叶理绥由法国来美执掌哈佛燕京学社时,他无奈地感叹道:"他们这里完全不了解真正的语文学方法,随意翻译汉文文献。你若给他们讲解,他们经常会问为什么,叫你无言作答。"作为"促进中国研究委员会"委员的他还发现:"大部分成员都是业余汉学家,没有接受过真正的语文学素养训练。"③佛尔克在给劳费尔的信中亦同样写道:"这里其实没什么人对汉学感兴趣。学生们只想学一些口语方面的东西,听一些泛泛而谈的讲座课,课上要尽量少出现中文表达方式。"④在欧洲汉学家的影响下,美国有学者曾以哈佛燕京学社为堡垒,力图在美国推行欧洲汉学模式。1936年,留学于哈佛大学的齐思和在介绍评述《哈佛大学亚洲学报》时即如是指出:"哈佛则以伊里英夫为柱石,以魏鲁男、加丁诺为后劲。诸氏皆旅法有年,为学笃法国汉学家言,思将法国汉学大师之学说方法,移植于美土。"⑤

然而,在哈佛燕京学社力图移植法国汉学模式时,承袭传教士汉学之取

---

① 杨念群:《美国中国学研究的范式转变与中国史研究的现实处境》,《清史研究》2000年第4期。
② Kenneth S. Latourette, "Far Eastern Studies in the United States: Retrospect and Prospect," *The Far Eastern Quarterly*, Vol.15, No.1(Nov 1955), p.9.
③ 阎国栋:《俄国流亡学者与哈佛燕京学社——读叶理绥俄文日记与书信》,载朱政惠、崔丕主编《北美中国学的历史与现状》,第514—528页。
④ 艾默力:《"我总觉得自己一再被那些独特而自由的思想所吸引"——佛尔克评传》,载马汉茂、汉雅娜、张西平、李雪涛主编《德国汉学:历史、发展、人物与视角》,大象出版社2005年版,第407—408页。
⑤ 齐思和:《哈佛大学亚洲学报》,《大公报·史地周刊》1936年8月14日。

径并使之专业化的研究模式亦同时存在。正如费正清所说:"我发现在美国对中国的学术研究分为两大阵营:哈佛燕京学社拥有基金且紧紧跟随欧洲的研究模式,另一个是更加本土化的美国阵营,分散在各地且未设基金。这本土的美国学派大部分由有教会背景的人领导。"[1]齐思和亦曾就哥伦比亚大学与哈佛大学的中国研究之不同如是言道:"二校学术风气本彼此不同,今两校之汉学家亦各树一帜,互相抗衡。哥伦比亚以戴闻达、韩慕义为柱石,古得利、皮克(Peake)为中坚,诸氏皆居中国甚久,为学主采撷吾人研究成绩,树立美国汉学。"[2]随着太平洋战争的爆发及冷战的到来,不同于欧洲汉学的研究模式渐趋占据主导地位。1948年,选举远东协会第一届理事会时,在提名的13位候选人中,叶理绥成为唯一落选之人。[3]对于这一趋向,陈梦家早在1948年就如是指出:"近来在美国似乎有一种趋势,将 Sinology 一词限制于中国语文的研究,而改用他们所称的 Chinese Studies 来包括'国学'一门,其实可翻回来叫'中国学'。"他从这一名称的更动中,敏锐地察觉这"正代表近代美国人对治理中国学问的一种态度,即是不再追步欧洲学者迂阔而不切实际的读中国古书的办法,而变为美国人实利主义的以治中国学为用的目标。此点由美国注重中国近代史的研究,可以表达其意趣"[4]。

确如陈梦家的预见,到20世纪五六十年代,在实用主义研究动机以及强大外部因素的双重作用之下,美国的中国研究完成了由汉学到中国学的蜕变,形成了应用社会科学方法并以近现代中国为研究主体的中国研究模式。自此以后,不仅这一研究模式成为美国中国研究的绝对主潮,而且越出国界,引发国际中国学界的研究范式之转向。由此,美国成为国际中国研究的重镇和引领者。

(吴原元,华东师范大学马克思主义学院教授、海外中国学研究中心研究员)

---

[1] 费正清:《费正清中国回忆录》,第98—99页。
[2] 齐思和:《哈佛大学亚洲学报》,《大公报·史地周刊》1936年8月14日。
[3] 费正清:《费正清中国回忆录》,第100页。
[4] 陈梦家:《美国的汉学研究》,《周论》1948年第1卷第10期。

下 编
"一带一路"与世界中国学

第七章　中国方案:"一带一路"与经济全球化新阶段

经过数百年的技术进步和国际合作的深化,现代世界经济、文化和人口之间的相互依存关系比人类历史上的任何时期都更加紧密。这种"全球化"现象已经成为我们所身处的世界的经济运行秩序,其影响深远而复杂,背后也充满了政治博弈。迄今为止,人类社会共经历了三波全球化浪潮,而每一波全球化在推进的同时,也积累起矛盾和问题,从而逐渐形成与之相反的"逆全球化"思潮和趋势。二者之间的交替演进表现为一种周期性运动。当前"全球化"进程正在经受第二次世界大战以来最重大的挫折和挑战。随着第四次工业革命的兴起,全球价值链深度调整,全球收入分配形势不断恶化。面对这样的新趋势,一方面,发达国家内部的"去全球化"思潮高涨,并向发展中国家外溢;另一方面,对全球化发展模式与治理机制的改革呼声不断增强。构建以发展为导向、强调包容性增长、兼顾效率与公平的新型全球化,成为当前世界面临的最紧迫议题。中国是这一新型全球化理念的坚定倡导者和实践者。过去四十多年中国的改革与发展,与全球化进程同步。中国是经济全球化的积极参与者和受益者。当前中国正在把过去参与全球化的经验,转化为其推动全球化转型的动能,而中国的"一带一路"倡议正是中国在全球化中角色转变的例证与载体。

一、从"全球化"到"逆全球化"

(一)什么是全球化?

经过数百年的技术进步和国际合作的深化,世界比以往任何时候都更加紧密连接。商品和服务、技术和投资、人员和信息的跨境流动日益频繁,各个国家之间建立起经济伙伴关系。人们用"全球化"来描述这种现代世界经济、文化和人口之间日益相互依存的现象。[①]

全球化带来的国家间经济合作和世界经济秩序的安排,影响了现代人类日常生活的方方面面。如同重大的技术进步一样,全球化既造福于整个人类社会,也损害了人类社会中某些群体的利益。

(二)全球化与逆全球化的历史演进

自古以来,人类分散在世界各地定居,由于技术和运输的改善,不同地域之间得以交换各自生产的物品。但是直到19世纪,全球一体化(global integration)才真正开始兴起。15世纪中叶的"地理大发现"开启了世界经济全球化的进程。美洲新大陆的发现和跨大西洋新航路的开辟,使人类的经济活动空间扩大。在经历了几个世纪的欧洲殖民和贸易活动之后,轮船、铁路、电报等现代科技突破,以及各国之间日益加强的经济合作推动了全球一体化的第一波浪潮。

西欧近代资本主义是第一波全球化的主要动力。西欧早期资本主义为实现资本的原始积累,在全球范围内开展殖民掠夺与征服,用强制手段建立起世界市场体系。世界市场体系进一步促进了率先完成工业革命的国家的生产不断朝向国际化方向发展。以英美等为代表的发达国家扩大工业制成品销售市场,稳定原材料和初级产品来源,提升资本投资收益,极力推动贸易和资本流动的自由化。它们既是第一波经济全球化的倡导者,也是其受益者,而世界其他民族和地区则被动卷入这一世界历史的洪流中。

第一波全球化引起的最突出问题是利益分配。在国家内部,产业间贸易对国内要素所有者收益影响各异,导致资本家、工人、农场主、农民的福利差距扩大。在国际方面,西方列强为瓜分海外市场与领土进行残酷争斗,国家间发展不平衡,新旧政治力量矛盾激化。第一波全球化最终在1914年爆发的第一次世界大战的灾难中衰退,随之而来的是战后贸易保护主义的兴起、经济大萧条和第二次世界大战。究其原因乃是,在第一波全球化中利益

[①] Peterson Institute for International Economics,"What is Globalization? And How Has the Global Economy Shaped the United States?" October 8, 2018, https://www.piie.com/microsites/globalization/what-is-globalization.

受损的阶层公开表达不满,并促使各国采取保护主义政策来应对国内危机,其发展的顶峰是右翼极端民粹主义(法西斯主义)上台和第二次世界大战的爆发。这三次历史事件共同构成了现代人类历史上的第一次逆全球化。

20世纪40年代中期,一方面,经过第二次世界大战的残酷洗礼,世界各国充分认识到零和博弈和"以邻为壑"的保护主义政策的恶果,寻求合作、促进繁荣与和平成为普遍诉求。另一方面,冷战时期(1947—1991年)也形成了以美、苏为首的资本主义和社会主义两大阵营,产生了"两个平行的世界市场",即两个相对独立的全球化体系。

然而,"马歇尔计划"奠定了美国在资本主义全球化体系中的领导地位。在其主导下,战后资本主义世界建立起以自由贸易和法治为支柱的世界经济新秩序。通过设立国际货币基金组织(IMF,1944)、世界银行(WD,1944)、联合国(UN,1945)、世界贸易组织(GATT,1948;WTO,1995)等多边机构,形成了监督和调解国际纷争的运行框架。部分欧洲国家通过加速区域一体化(欧洲共同体、欧盟)进程,促使各国联合起来面对战后恢复的问题。贸易自由化的重启和区域经济一体化的加速,开启了第二波全球化浪潮。[①]

第二波全球化与资本主义制度的创新和成熟期同步。战后的和平红利、人口红利为其提供了有利条件。混合经济在西欧、美国、日本和东亚其他地区扎根,大大提高了市场的效率和合法性,使这些国家进入前所未有的繁荣时期。全球化加强了贸易和金融一体化,为混合经济提供了机遇。特别是20世纪90年代以后,技术革命带来的交通和通信成本大幅降低,进一步促进了基于比较优势形成的国际劳动分工和专业化,市场的全球扩张带来更大的繁荣。各国按照其对全球价值链的贡献程度分享全球化红利。

而以苏联为首的社会主义全球化体系,以1991年苏联解体为标志,最终瓦解。有学者认为,冷战结束,美国成为世界上唯一的超级霸权国家,以美国为首的资本主义成为全球化的主导,标志着第二波全球化的结束。与此

---

① Peterson Institute for International Economics,"What is Globalization? And How Has the Global Economy Shaped the United States?" October 8, 2018, https://www.piie.com/microsites/globalization/what-is-globalization;鲁明川:《逆全球化的政治经济学析论》,《浙江社会科学》2021年第1期;盛斌、黎峰:《逆全球化:思潮、原因与反思》,《中国经济问题》2020年第2期。

同时,全球化进入金融化和信息化的新发展阶段。[1]

（三）全球化的当代挑战：第三次逆全球化

从货物、服务和生产要素市场等指标来看,与流行的见解相反,第二波全球化的程度仍非常有限,要充分实现经济全球化带来的效益,还有很长的路要走。在此过程中,国际分工和国内要素的收益分配不平衡问题依然突出；同时,全球化的加深对民族国家自身的制度建设构成了新的挑战。

全球性市场所对应的制度支持在很大程度上仍然是有国境线限制的。跨国公司和国际金融家抱怨各国的经济制度降低了贸易和资本流动的效率,而跨国资本的全球逐利,把维护劳工、环保、消费者权益的成本留给了政府和社会,损害了社会公平和政治合法性。在1997年亚洲金融危机爆发至2001年"9·11"事件之间,西方左翼和民粹主义社会团体针对全球化的抗议示威活动频发,推动了现代人类历史上的第二次逆全球化思潮的出现。这一思潮带有反对跨国资本主义、反对现行国际秩序、反对西方发达国家的行为特征。

进入21世纪后,以自动化、数字化、智能化为特征的第四次工业革命,推动了服务业发展和经济虚拟化,创造了经济增长的新契机,对冲了第二次逆全球化思潮的影响；同时,产业与技术升级冲击了劳动密集型行业,进一步导致了国家间发展差距扩大,发达国家内部收入分配不公问题恶化。

2008年美国次贷危机波及全球,经济长期低迷使国内矛盾不断爆发,加剧了身份政治冲突。2016年英国"脱欧"公投,直接威胁欧盟作为世界最大规模区域一体化组织的前景。2017年鼓吹"美国优先"的右翼民粹主义代表特朗普当选美国总统,煽动单边主义、贸易保护主义,反移民、反建制的右翼政治力量在世界范围内高涨。第三次逆全球化思潮从发达国家扩散到部分发展中国家,在发达国家内部从低收入阶层扩大到中产阶级。美英作为历史上全球化的推动者,如今却扛起了反全球化的大旗。[2]2020年新冠病毒全球大流行,成为人类现代历史上最大的"黑天鹅"事件。尽管世界卫生组织已宣布这场世纪疫情的终结,但世界各国仍处于疫情的影响下,全球化进程

---

[1] 丹尼·罗德里克:《相同的经济学,不同的政策处方：全球化、制度建设和经济增长》,张军扩等译,中信出版社2009年版,第186—187页。

[2] 盛斌、黎峰:《逆全球化:思潮、原因与反思》,《中国经济问题》2020年第2期。

也因此正在经受第二次世界大战以来最重大的挫折和挑战。

全球收入分配形势不断恶化是一个不争的事实。经济开放与要素流动确实影响了收入分配,而且这种影响随着全球化与区域一体化的深入发展愈发显著,这构成当前逆全球化的重要政治经济基础。但是进一步深入的研究表明,国内一些不平等现象的更主要原因是飞速发展的技术进步、劳动力市场因素以及社会政策。不少学者已指出,当前逆全球化的一个教训,是在单一市场导向的理念和模式下推进全球治理,而忽略了主权国家的差异性和发展主权,这必然导致全球化进程与国家政策的不匹配。[1]

全球化的历史大势不可阻挡。近年来,随着第四次工业革命的兴起,全球价值链深度调整,经济全球化呈现出新的发展态势。概言之,世界经济进入数字时代,消费需求的地理结构发生变化,国际贸易重要性下降,服务贸易增长迅猛;发达国家推进"再工业化"并收缩生产布局,全球价值链变得更加区域化,逐步向技能密集型发展。[2]面对这样的新趋势,"去全球化"并非解决问题之道,全球化的发展模式与治理机制的改革才是出路。世界呼唤一种以发展为导向、强调包容性增长、兼顾效率与公平的新型全球化。中国经过40多年改革开放的奋斗,取得了举世瞩目的经济成就,成为世界经济的"稳定器",并有望成为新型全球化理念的主要倡导者和实践者。

二、"一带一路"倡议:应对"逆全球化"的"中国方案"

(一)中国从全球化的"受益者"到"贡献者"的角色转变

20世纪80年代以来,中国是世界上增长最快的经济体,也是世界上工业增长率最高的国家,服务业增长率也名列前茅。整个20世纪八九十年代的大部分时间里,中国保持着两位数的增长速度,人均GDP年均增长高达8%。进入21世纪以来,中国经济改革取得的巨大成就越发引起世界瞩目。"中国世纪"(China's Century)、"中国挑战"(The China Challenge)、"中国综

---

[1] 盛斌、黎峰:《逆全球化:思潮、原因与反思》,《中国经济问题》2020年第2期;约瑟夫·斯蒂格利茨:《全球化及其不满》,夏业良译,机械工业出版社2004年版;丹尼·罗德里克:《贸易的真相:如何构建理性的世界经济》,卓贤译,中信出版社2018年版。

[2] 盛斌、黎峰:《逆全球化:思潮、原因与反思》,《中国经济问题》2020年第2期。

合征"(The China Syndrome)等标题占领了《商业周刊》《经济学人》《福布斯》等西方主流财经杂志的封面。西方评论感叹,中国在 20 世纪最后 25 年中实现了大多数发展中国家需要半个世纪乃至更长时间才能实现的成就。①

中国通过发展来解决治理中的矛盾和问题,开创了渐进式共同富裕的减贫治理模式。2012 年以来,中国平均每年有 1 000 多万人(相当于一个中等国家的人口规模)脱贫。2021 年,中国宣布全面消除绝对贫困。按照现行贫困标准计算,中国共计有 7.7 亿人口脱贫;按照世界银行国际贫困标准,中国减贫人口占同期全球减贫人口 70%以上,提前 10 年实现《联合国 2030 年可持续发展议程》减贫目标。②

过去 40 多年中国的经济增长,恰好与第三次全球化进程同步。中国实现经济持续高速增长的一个重要原因,是在国内政策选择方面对外部影响做出了正确反应,并且成功利用了全球化力量为自身的国家利益服务。中国在第二次全球化后期开始改革开放,逐步参与全球化进程。社会主义市场经济体制和中国加入世界贸易组织的契机,为中国继续深入参与第三次全球化进程,提供了内部动力和外部环境。③

诚如一些发展经济学家所指出的,如果中国不能进入发达国家相对开放的商品和服务市场,中国的经济不可能发展得这么好;如果中国除了服装和农产品以外没有别的东西可供出口,那么中国从外贸和外国直接投资中得到的收益也不会这么大。④中国是经济全球化的积极参与者和受益者。当前中国正在把过去参与全球化的经验,转化为其推动全球化转型的动能,而中国的"一带一路"倡议正是中国在全球化中角色转变的例证与载体。海外学者和观察家要理解中国的"一带一路"倡议,必须在理解中国过去 40 多年

---

① Yuen Yuen Ang, *How China Escaped the Poverty Trap*, New York: Cornell University Press, 2016, Introduction, p.2; Doug Guthrie, *China and Globalization: The Social, Economic and Political Transformation of Chinese Society*, New York: Routledge, 2006, pp.3-4;丹尼·罗德里克:《相同的经济学,不同的政策处方:全球化、制度建设和经济增长》,第 13 页。

② 习近平:《在全国脱贫攻坚总结表彰大会上的讲话》,新华社,2021 年 2 月 25 日,http://www.gov.cn/xinwen/2021-02/25/content_5588869.htm。

③ 鲁明川:《逆全球化的政治经济学论析》,《浙江社会科学》2021 年第 1 期。

④ 丹尼·罗德里克:《相同的经济学,不同的政策处方:全球化、制度建设和经济增长》,第 9—10 页。

逐步形成的经济、政治、政策发展的基础之上加以研究。[①]在某种意义上,海外学者专家研究"一带一路"与研究过去中国40多年的改革开放历程是一脉相承的,这两种研究的积极意义在于从一个新的角度反思全球经济治理问题,即"经济全球化的制度应当如何设计才能最大限度地支持各国的发展目标"[②]。

(二)"一带一路"倡议:从愿景到行动

2013年9月和10月,习近平在出访哈萨克斯坦、印度尼西亚两国时,先后提出推动共建"丝绸之路经济带"和"21世纪海上丝绸之路"的愿景与行动。2014年中国出资400亿美元成立丝路基金,并与印度、新加坡等20个国家联合成立亚洲基础设施投资银行,为"一带一路"建设和促进双边、多边互联互通化、区域经济一体化提供投融资支持。2015年3月,中国国家发展改革委、外交部、商务部联合发布《推动共建丝绸之路经济带和21世纪海上丝绸之路的愿景与行动》,详细阐述"一带一路"主张与内涵,提出共建"一带一路"的方向与任务。自此,中国发出的"一带一路"倡议引起全球关注,并得到国际社会的积极响应。[③]

如海外研究者注意到的,"一带一路"倡议涵盖了世界近65%的人口和世界近三分之一的国内生产总值。"一带"主要包括中国的邻国,特别是历史上跨欧亚大陆的"丝绸之路"经过的中亚、西亚、中东和欧洲国家。"一路"则将中国东南沿海港口与远至非洲的海岸相连,并穿过红海进入地中海,与15世纪郑和下西洋的航海路线正相吻合。以和平、发展、合作和互利为宗旨,"一带一路"倡议涉及的中国主导项目投资数以亿计,包括高速公路、铁路、通信系统、能源管道、港口等基础设施项目,有助于加强中国与欧亚大陆、东非和60多个伙伴国家之间的经济互联和共同发展,为世界和平与发展

---

① David Lampton, Selina Ho, Cheng-Chwee Kuik, *Rivers of Iron: Railroads and Chinese Power in Southeast Asia*, Oakland: University of California Press, 2020, p.xi.

② 丹尼·罗德里克:《相同的经济学,不同的政策处方:全球化、制度建设和经济增长》,第10页。

③ 《丝路基金的"五个W和一个H"》,新华网,2015年4月22日,http://www.scio.gov.cn/ztk/wh/slxy/31213/Document/1426164/1426164.htm;《"一带一路"顶层方案出炉引多角度解读》,人民网,2015年4月13日,http://www.scio.gov.cn/ztk/wh/slxy/31213/Document/1414726/1414726.htm;金灿荣、孙西辉:《亚投行:机遇与责任的复合体》,新华网,2015年5月5日,http://www.xinhuanet.com//politics/2015-05/05/c_127766680.htm。

注入新的积极能量。①

2017年1月18日,习近平在联合国日内瓦总部的演讲中明确指出,"一带一路"倡议,正是中国为应对当前全球经济治理重大问题提出的制度性解决方案。他在演讲中谈道:"经济全球化是历史大势,促成了贸易大繁荣、投资大便利、人员大流动、技术大发展。……发展失衡、治理困境、数字鸿沟、公平赤字等问题也客观存在。这些是前进中的问题,我们要正视并设法解决,但不能因噎废食。"针对这些问题,"中国方案是:构建人类命运共同体,实现共赢共享。……'一带一路'倡议,就是要实现共赢共享发展"。②2018年8月,在推进"一带一路"建设工作5周年之际,习近平再次总结并强调:"共建'一带一路'不仅是经济合作,而且是完善全球发展模式和全球治理、推进经济全球化健康发展的重要途径。"③

"一带一路"倡议提出10年以来,中国遵循共商共建共享原则,推动构建互联互通伙伴关系,中国与"一带一路"相关国家在经贸合作领域取得了丰硕成果,协同互补效应显著。截至2023年6月,中国已与152个国家、32个国际组织签署200余份共建"一带一路"合作文件。④截至2021年9月,中国同"一带一路"相关国家的货物贸易额累计增加至10.4万亿美元。2013年至2020年间,中国在"一带一路"伙伴国家的直接投资总额接近1 400亿美元。2021年第四届中国国际进口博览会上,共有143个国家以及区域和国际组织、2 900余家企业参展,采购协议总金额高达707.2亿美元。2021年,连通中国和欧洲23个国家、180座城市的中欧班列开行超过1.5万列次,创下新纪录。⑤

此外,依托推进"一带一路"建设的实践经验,中国在多边合作、区域次区域合作、双边合作、构筑高标准自贸区网络、推进第三方市场合作、共建融

---

① 李形主编:《聚焦"一带一路"倡议:以国际政治经济学为视角》,林宏宇译,天津人民出版社2019年版,第6—7页。
② 习近平:《共同构建人类命运共同体》,《求是》2021年第1期。
③ 《习近平出席推进"一带一路"建设工作5周年座谈会并发表重要讲话》,新华社,2018年8月27日,http://www.gov.cn/xinwen/2018-08/27/content_5316913.htm。
④ 《已同中国签订共建"一带一路"合作文件的国家一览》,中国一带一路网,2023年6月26日,https://www.yidaiyilu.gov.cn/xwzx/roll/77298.htm。
⑤ 《携手合作,共享美好未来——"一带一路"倡议支持联合国2030年可持续发展议程的进展报告》,2022年9月,第9页。

资合作平台等方面,持续共商深化合作路径。"一带一路"理念立足深化国际合作,成为现有多边贸易体制和区域贸易安排之外驱动经济全球化的重要力量。①

在多边合作方面,2019年11月,中国在上海主办世界贸易组织小型部长会议,成功推动包括与会成员在内的92个成员发表《投资便利化部长联合声明》。中国建设性参与二十国集团(G20)经贸合作,深入阐述中方立场主张,成功推动G20峰会和贸易部长会议发表声明,发出支持多边主义、开展世界贸易组织改革等积极声音。中国也向世界贸易组织提交《中国关于世贸组织改革的建议文件》,全面阐述中方改革主张。

在区域次区域合作方面,2019年,第22次中国—东盟领导人会议发表了《中国—东盟关于"一带一路"倡议同〈东盟互联互通总体规划2025〉对接合作的联合声明》等成果文件,推动中国与东盟各国发展规划有效对接。2019年10月起,中国与欧亚经济联盟经贸合作协定正式生效,中国与联盟成员国从项目合作进入制度引领的新阶段。希腊正式加入中国—中东欧合作机制,"16+1合作"拓展成为"17+1合作",助推中国与中东欧经贸合作再上新台阶。新版《上合组织成员国多边经贸合作纲要》《上合组织经济智库联盟章程》等纲领性文件获得批准,助力上海合作组织区域经济合作向纵深发展。中国推动亚太经合组织(APEC)贸易部长会议发表联合声明,维护自由贸易和区域经济一体化大方向,积极提出并推动《APEC包容性贸易投资行动计划》《供应链4.0单一窗口互操作倡议》。中国成功主办大图们倡议(GTI)第十九次部长级会议,推动建成东北亚商业联盟、《GTI贸易投资合作发展图景》等一批务实项目收获成果。中国举办第十二次中日韩经贸部长会议,参与东亚合作系列经贸部长会议、中国—东盟东部增长区第二次部长级会议,举办第十八次中日韩泛黄海经济技术交流会议。

在双边合作方面,截至2021年底,中国与沙特阿拉伯、南非等17个国家建立了贸易畅通工作组,与吉尔吉斯斯坦、孟加拉国等46个国家和地区建立了投资合作工作组。此外,中国与韩国、缅甸、马来西亚、日本、奥地利、芬

---

① 商务部研究院:《中国"一带一路"贸易投资发展报告2020》(一),2020年9月14日,https://mp.weixin.qq.com/s/WuqI60nD_LmQQ9CGjqo6KQ;商务部研究院:《中国"一带一路"贸易投资发展报告2020》(二),2020年9月21日,https://mp.weixin.qq.com/s/cE5PoAdVEWnhwBp9gal_jg。

兰、希腊、捷克等国共同召开双边经贸联委会等机制性会议。①

在构筑高标准自贸区网络方面，截至2023年6月，中国已与26个国家和地区达成了19个自贸协定，正在开展10个自贸协定谈判或升级谈判，8个自贸协定联合可行性研究或升级研究。②

在推进第三方市场合作方面，截至2019年底，中国与法国、日本、意大利、英国等14个国家签署第三方市场合作文件，与这些发达国家共同推动第三国产业发展、基础设施水平提升和民生改善，实现"1＋1＋1＞3"的效果。

在共建融资合作平台方面，财政部联合亚洲基础设施投资银行、亚洲开发银行、拉美开发银行、欧洲复兴开发银行等成立多边开发融资合作中心。截至2020年7月，亚洲基础设施投资银行成员总数已达103个，累计批准项目87个，项目投资额逾196亿美元。截至2019年11月，丝路基金签约34个项目。国家开发银行牵头成立中拉开发性金融合作机制。亚洲金融合作协会"一带一路"金融合作委员会成立。中日韩—东盟成立"10＋3"银行联合体并共同签署《中日韩—东盟银行联合体合作谅解备忘录》。阿联酋阿布扎比投资局、中国投资有限责任公司等主权财富基金对"一带一路"沿线国家投资规模显著扩大。

上述实践数据表明，"一带一路"理念已经成为现有多边贸易体制和区域贸易安排之外驱动经济全球化的重要力量。2020年9月7日，商务部国际贸易经济合作研究院发布的《中国"一带一路"贸易投资发展报告2020》指出："共建'一带一路'将始终坚持共商共建共享原则，坚持高质量发展，不断推动相关国家实现优势互补、互利共赢，为促进各国经济增长提供强劲动力和广阔空间。"③

（三）"一带一路"倡议：面向发展中国家的"邀请机会"

中国在改革开放40多年中取得的经济成就，并非盲目照搬其他国家的教条与模板，而是始终立足基本国情，在实践中不断摸索前进。有学者将中

---

① 马尔万·拉吉卜：《中国"一带一路"贸易投资发展报告2022》，*Asian Perspectives*，No.10（Sep 2022），p.42。
② 数据来自中国自由贸易服务网，http://fta.mofcom.gov.cn。
③ 商务部研究院：《〈中国"一带一路"贸易投资发展报告2020〉发布》，2020年9月7日，https://mp.weixin.qq.com/s/Hn-GU4LzlqKAHX1KO_EtzQ。

国发展的经验总结为"政府主导的市场化、基础设施先行的工业化、开发性金融、经济飞地先行先试的'四大法宝'"。最近10年来,中国在自主创新、互联网、电商、绿色金融等新经济发展模式方面也积累了不少思路与经验。中国学者认为,这些积极经验可依托"一带一路"倡议的国际合作平台,为解决发展中国家的发展问题提供有益借鉴。①

从中国自身的发展经验出发,"要想富先修路,道路通百业兴",基础设施建设是经济发展的先决条件。当前基础设施投入不足是制约许多国家经济发展的瓶颈。因此,在"一带一路"建设中,基础设施联通是促进区域经济一体化的"中国解决方案"。②中国将"基础设施先行的工业化"的发展理念和"开发性金融"的工具相结合,快速推进国际大通道建设,与"一带一路"沿线国家的基础设施互联互通程度不断加深。经过七年的谋划和施工,现已基本形成了"六廊六路、多国多港"的合作格局。其中,"六廊"指中蒙俄、新亚欧大陆桥、中国—中亚—西亚、中国—中南半岛、中巴、孟中印缅经济走廊,"六路"指铁路、公路、航运、航空、管道、空间综合信息网络,"多国"指选取若干重要国家作为合作重点,"多港"指构建若干海上支点港口。根据世界银行在2019年4月发布的《公共交通基础设施——量化模型与"一带一路"倡议评估》报告,"一带一路"交通基础设施项目为沿线经济体带来3.35%的GDP增长,不仅如此,这些项目的溢出效应明显,将为全球带来2.87%的增长。③

此外,将"经济飞地先行先试"的发展政策理念与中国在互联网和电商等新经济模式方面的经验相结合,中国通过"一带一路"积极扩大对外投资,建设境外经贸合作园区,将打造和发展各类功能性经贸开发园区方面积累的成熟经验与模式,带到沿线发展中国家,为其提供重要发展契机。

在"丝路电商"发展方面,自2016年至2022年底,中国已与28个国家建立双边电子商务合作机制,跨境电商贸易已覆盖"一带一路"沿线所有国家和地区,在政策沟通、产业对接、能力建设、地方合作等方面开展多层次、宽

---

① 盛斌、黎峰:《逆全球化:思潮、原因与反思》,《中国经济问题》2020年第2期。
② 李形主编:《聚焦"一带一路"倡议:以国际政治经济学为视角》,第15页。
③ 艾渺:《一带一路基础设施建设步履不停》,《中国对外贸易》2020年第2期。

领域务实合作,促进中国与"丝路电商"伙伴国家的协同发展。①

在边境经济合作区方面,截至2021年6月,已在我国7个沿边省区建立17个边境经济合作区和2个跨境经济合作区,成为我国深化与周边国家和地区合作、推进高质量共建"一带一路"的重要平台,也是沿边地区经济社会发展的重要支点。比如云南省最南端的中老磨憨—磨丁经济合作区,是中老铁路、昆曼国际大通道及老挝南北公路关键节点,集国际客运、货运集散、中转枢纽功能于一体。通过把通道经济变成口岸经济,把参与进出口的企业、产业留在当地,并实现大通道带动大物流、大物流带动大贸易、大贸易带动大产业、大产业带动大发展。②

在境外经贸合作区方面,截至2021年底,纳入商务部统计的合作区分布在46个国家,累计投资507亿美元,上缴东道国税费66亿美元,为当地创造就业岗位39.2万个。③比如,2016年底启动建设的中国·越南(深圳—海防)经贸合作区,位于我国"一带一路"与越南"两廊一圈"发展规划的交会点上。中资光伏企业在中越产能合作方面先行先试,将中国光伏行业10多年的发展经验引进越南,在当地为"中国制造"树立了积极的品牌形象。随着中越产能合作不断深化,越南可吸收中国的先进生产技术和管理理念,来弥补自身的制造业"短板";中国企业也可在其中壮大实力和调整自身,双方共同实现转型升级。

对发展中国家而言,中国的经济奇迹的故事是令人鼓舞的,而中国成功实现全球经济扩张是吸引他们的最主要原因。④"一带一路"倡议大力提倡国际产能合作,以及中国与"一带一路"支点国家的发展战略对接,实现区域经济融合发展,有助于增强"一带一路"沿线国家和地区在全球经济体系中的"向上流动性",使渴望实现经济腾飞的发展中国家和欠发达国家,抓住外部的"邀请机会",实现自身的经济积累和产业升级,最终探索出一条适合自身的可持续经济发展之路。

---

① 中华人民共和国商务部:《中国电子商务报告2022》,第60页。
② 周东洋:《加快推动边(跨)境经济合作区高质量发展》,《中国贸易报》2023年3月21日。
③ 中华人民共和国商务部:《中国对外投资合作发展报告2022》,第1页。
④ Shannon Tiezzi, "The New Silk Road: China's Marshall Plan?" *The Diplomat*, November 6, 2014.

三、"一带一路"倡议引领"新型全球化"

（一）两种全球化经济发展趋势说

自"一带一路"倡议提出起，国际学术界和智库对其解读就存在着分歧。西方国际关系领域的现实主义学者认为，人类社会中的国际关系行为受到零和博弈逻辑的主宰，历史上新兴大国的崛起，均伴随着与现存霸权国家的冲突。因此，中国的崛起也无法跳脱霸权过渡的历史路径。在此背景下，中国的"一带一路"倡议，被视为中国的产能和资本的对外扩张，最终将挑战全球"结构性权力"主导下的地缘政治、经济现状。①

与此同时，一些马克思主义领域的中国学者提出，一种新型经济全球化的趋势因为资本主义经济体系的内在矛盾而出现，中国不过是"顺势而为"。20世纪以来西方大国主导的以"国际垄断资本霸权、普遍价值霸权、强权军事霸权"为基础的资本主义经济全球化，自2017年以来，随着英国"脱欧"和特朗普当选美国总统两大关键事件的推动，日益承受逆全球化思潮的冲击；与之相对的是，一种以"人类命运共同体、人类共同价值、各国合作共赢"为基础的新型经济全球化正在兴起，而中国自2013年以来发起的"一带一路"倡议，正是倡导和实践新型经济全球化的一个案例。②

无论如何，"一带一路"是经济全球化深入发展、世界经济格局变化以及中国自身发展模式转变共同作用的结果。与有关"一带一路"的世界影响的讨论同步兴起的"经济全球化新阶段论"方兴未艾。③

（二）基于"一带一路"倡议的"包容性全球化"理论

2017年以来，中国学界围绕"经济全球化新阶段论"展开了热烈讨论。在此过程中，基于"一带一路"倡议提出的"包容性全球化"概念脱颖而出，受到越来越多中外研究者的关注。"包容性全球化"最初只是中国学者提出用

---

① 李形主编：《聚焦"一带一路"倡议：以国际政治经济学为视角》，第32—62页。
② 鲁品越、王永章：《从"普世价值"到"共同价值"：国际话语权的历史转换——兼论两种经济全球化》，《马克思主义研究》2017年第10期；刘卫东等：《"一带一路"倡议的理论建构——从新自由主义全球化到包容性全球化》，《地理科学进展》2017年第11期。
③ 王立胜主编：《中国特色社会主义政治经济学研究报告2018》，济南出版社2019年版，第186—193页。

以解读"一带一路"倡议的概念工具,近期则有向一种新型全球化理论转变的趋势。①

所谓"包容性全球化"指开放包容、互惠互利的经济合作和继承古代丝绸之路精神的政治文化交流模式相结合的全球化。中国的"一带一路"倡议是在继承发扬"古丝绸之路"精神基础上,对现行全球经济秩序(即全球化)的积极补充和改善。一方面,中国国内经济发展新阶段,提出了中国对外开放新格局的需求。中国在全球价值链中的分量,决定了中国的产业重组、对外投资增长、能源来源和路径多样化,对全球经济产生影响。另一方面,中国对外开放新格局,包含了建立开放合作和新型多边金融机构的基础框架,这具体落实为"一带一路"建设的大平台,通过项目和融资奠定"一带一路"沿线国家的基础设施及产业基础,客观上有利于维护和巩固中国同相关国家的关系,同时可将新兴国家纳入实现现代化和减贫的全球化经济发展进程中。②

"包容性全球化"的提法,实则并非中国学术界的首创。进入21世纪以来,可持续性、包容性全球化的提法,屡屡见诸国际多边机构的议程。这些提法代表着来自现行全球化体系内部的不满与反思。比如,2007年10月,世界银行集团主席罗伯特·B.佐利克(Robert B. Zoellick)在就职100天时发表题为"一个包容的和可持续的全球化"的演讲,指出国际减贫是全球化的题中之义——全球化不能落下"垫底10亿人"(bottom billion)。在现行国际多边机构中,唯有增加发展中国家的话语权,才能更

---

① 中国社会科学院的刘卫东研究员是国内以"包容性全球化"解读"一带一路"的主要倡导者,并在国内外发表了不少相关论著,其代表作有《"一带一路"——引领包容性全球化》(商务印书馆2017年版)。其他国内外主要论文包括:Weidong Liu, Michael Dunford, "Inclusive Globalization: Unpacking China's Belt and Road Initiative," *Area Development and Policy*, Vol.1, No.3(2016), pp.1-18;谢丹阳、程坤:《包容性全球化探析》,《中国工业经济》2017年第6期;刘卫东等:《"一带一路"倡议的理论建构——从新自由主义全球化到包容性全球化》,《地理科学进展》2017年第11期;龚晓莺、陈健:《中国"一带一路"背景下的包容性全球化理论与引领路径分析》,《教学与研究》2018年第1期;金成晓、李傲:《"一带一路"倡议下包容性全球化与东北亚经贸合作的路径选择》,《学术交流》2019年第5期;盛斌、靳晨鑫:《"一带一路"倡议:引领全球包容性增长的新模式》,《高等学校文科学术文摘》2020年第1期。

② Weidong Liu, Michael Dunford, "Inclusive Globalization: Unpacking China's Belt and Road Initiative," *Area Development and Policy*, Vol.1, No.3(2016);刘卫东等:《"一带一路"倡议的理论建构——从新自由主义全球化到包容性全球化》,《地理科学进展》2017年第11期。

好地实现这一目标。①

在西方的全球化叙事中,经济和政治自由主义的胜利在许多方面是真正全球化的开始。虽然第二次世界大战后,国际贸易和投资在资本主义世界逐渐扩展,但直到冷战结束后,世界上绝大部分国家才真正逐步参与到全球经济中来。②冷战结束以来的历史进程表明,全球化并非"历史的终结"。

在以伊曼纽尔·沃勒斯坦为代表的世界体系理论派看来,跨国资本主义主导下的全球化有其根本的结构性矛盾。沃勒斯坦在1976年指出,资本主义世界体系通过奴隶贸易、殖民、"自由贸易"和世界大战,成功地将多种文化体系吸纳到单一的综合经济制度中,并在世界范围内进行劳动分工。现代世界体系是建立在单一劳动分工基础上,由中心国家、半边缘国家、边缘国家三个层次构成的经济网络,其基本逻辑是资本主义剩余价值的不平等分配。这一世界秩序是以全球化为核心,资本主义的"中心—边缘"框架约束不同经济体,"中心侵蚀边缘""边缘依附中心"是其无法摆脱的内在结构性矛盾,并最终表现为周期性危机。苏珊·斯特兰奇(Susan Strange)则指出,国际社会机制与规范造就的"世界秩序",保证了全球"结构性权力"的稳定,从而维持资本主义制度的运行。斯特兰奇创造的理论术语"结构性权力",指向的正是第二次世界大战后以美国霸权为中心的全球关系格局,在这个格局中,落后国家、发展中国家与发达国家的关系严重不平等,全球贫富差距日益扩大。

从上述理论角度出发来看,1997年亚洲金融危机和2008年全球金融危机,恰好暴露出全球化内部的弱点。全球化有利于金融部门不断创新,但金融部门盲目相信市场力量,排斥政府监管,其逐利的高风险偏好,导致了不平等问题的加剧。在应对全球性经济危机时,各国政府在市场监管力度和经济刺激方面缺乏必要的协调性,国家至上主义而非人类命运共同体的理念甚嚣尘上。从国民经济内部来看,社会中的中下层受到全球性经济危机的冲击更大,而从国际经济角度来看,发展中和欠发达国家被迫承受更多的负面后果,与发达国家之间的经济差距日益扩大。全球性经济危机进一步

---

① "Robert B. Zoellick, An Inclusive & Sustainable Globalization," October 10, 2007, https://www.worldbank.org/en/news/speech/2007/10/10/an-inclusive-sustainable-globalization.

② Francis Fukuyama, "The End of History?" *The National Interest*, No.16(1989), pp.3-18.

放大了全球化的不公平效应。

全球化故事的另一条主线是以中国的经济崛起为龙头的全球新兴经济体的成长,这是第二次世界大战以来经济全球化过程中的一个重要事件。国际关系领域的现实主义派,将全球化的危机归咎于中国和其他新兴经济体的崛起,认为这"扰乱"了现行全球生产、交换、分配体系中的权力分配,以及国家与市场的关联方式,从而对现行结构性权力构成挑战。①

但是从世界体系理论的角度出发来看,中国的经济崛起,必须在资本主义体系自身的逻辑中加以理解。冷战以来的全球化,使以中国为首的发展中国家实现了工业化,客观上也改变了许多国际产业的空间格局,从而使全球化发展到一个新的阶段。"一带一路"倡议的五个主要方面,即发展政策协调、设施联通性、消除贸易壁垒、金融一体化和民间(文化心理)纽带,应将其理解为中国试图提升其在全球价值链中地位的努力。中国需要与周边的发展中国家合作,才能充分实现其竞争优势。这也是人类历史上首次出现一个经济上庞大、政治上独立的国家,试图将自己从半边缘国家提升到世界经济的核心位置。②

如沃勒斯坦在《现代世界体系》(中文版)序言中指出:"'一带一路'是对当前陷入结构性危机的资本主义世界体系的'超越',路、带、廊、桥等'去中心'的中国式话语开始崛起,代表着平等、包容,代表着国际社会的'非极化'发展倾向。"③非极化的发展,即包容性全球化,其目的与逆全球化相反,不仅要进一步保持贸易市场的开放,而且要向那些没有从迄今为止的全球化中受益的人提供机会,并以此为出发点,促进各国之间的合作。从这个意义上说,"包容性全球化"并非中国式的全球化概念,而是全球化发展新阶段的产物。

四、结　语

自 2013 年"一带一路"倡议提出以来,中国遵循共商共建共享原则,推动

---

① 李形主编:《聚焦"一带一路"倡议:以国际政治经济学为视角》,第 2—4 页。
② I. Chubarov, D. Kalashnikov, "Belt and Road Initiative: Globalization Chinese Way?" *Mirovaia ekonomika i mezhdunarodnye otnosheniia*(*World Economy and International Relations*), Vol.62, No.1(2018), pp.25-33.
③ 赵磊主编:《"一带一路"年度报告:从愿景到行动(2016)》,商务印书馆 2016 年版,第 6 页。

构建互联互通伙伴关系。中国改革发展的积极经验,正在依托"一带一路"倡议的国际合作平台,为解决发展中国家的发展问题提供借鉴。中国积极推动"一带一路"共建,努力使之成为应对当前逆全球化潮流的中国方案。随着"一带一路"建设的持续发展,国际学术界和智库的相关研究也不断丰富、深化。"一带一路"已经成为理解当代中国的最重要课题之一。无论有关"一带一路"具体实践的地缘政治博弈如何、评价如何,国际学术界的讨论均将"一带一路"视为经济全球化深入发展、世界经济格局变化以及中国自身发展模式转变共同作用的结果。将有关"一带一路"的世界影响的讨论与经济全球化新趋势、新阶段、新形态的讨论挂钩,是深化"一带一路"研究的题中之义。进入21世纪以来,可持续性、包容性全球化的提法,便屡屡见诸国际多边机构的议程中。这些提法代表着来自现行全球化体系内部的不满与反思。构建以发展为导向、强调包容性增长、兼顾效率与公平的新型全球化是全球治理改革的人心所向和大势所趋。"包容性全球化"虽然最初只是中国学者提出用以解读"一带一路"倡议的概念工具,但其理论前景和现实内涵已随着"一带一路"共建的持续发展而不断凸显。"一带一路"倡议已成为实现"包容性全球化"的一个中国方案。"包容性全球化"概念能否最终落地,在很大程度上取决于以中国的"一带一路"倡议为代表的"另类全球化"道路能否取得成功。未来"一带一路"的进一步建设能否为构建"包容性全球化"理论提供坚实的实践基础,全球将拭目以待。

(潘玮琳,上海社会科学院世界中国学研究所副研究员)

第八章　中国经验:"一带一路"与后发国家现代化

"后发国家"(late developers/ late comers)也被称为"后进国家""发展中国家"。这一概念最早是在20世纪50年代发展经济学的框架下形成的,主要针对的是当时新独立的殖民地、半殖民地国家在战后国际秩序中要面对的工业化与现代化①的任务。②

与"后发国家"概念相对应的是先行完成现代化的"先发国家"(early leaders)。从历史的角度看,主要欧美国家经历几次工业革命后,不仅先发完成工业化,而且依托于工业化带来的强大生产力和领先地位,塑造了以欧美国家为主导的世界秩序。第二次世界大战后,全世界后发国家在现代化进程上的差距拉大。一方面,在广袤的亚欧大陆腹地和非洲大陆等地区,占世界总人口六分之一以上的十多亿人还摆脱不了贫穷落后的困境,尽管这些后发国家自身做出了不懈的努力,各种发展机构也施以援手,但它们长期处于落后状态,甚至国家之间的贫富差距还在不断拉大,绝大多数后发国家陷入现代化困境。另一方面,以日本、韩国、新加坡、中国、印度、巴西等为代表的少数后发国家在短短几十年的时间里通过快速工业化使几亿农业人口迅速脱贫,迈向中等收入甚至成为高收入国家,取得西方发达国家历经几个世纪的努力才实现的成果。

那么,为什么大多数后发国家无法实现现代化？中国在现代化进程中积累了哪些可供借鉴的经验？中国如何借助"一带一路"实现与沿线国家的

---

① 现代化的内涵有两层意思:一是广义的现代化,即经济、政治、文化的现代化;二是狭义的现代化,即伴随着工业化过程、以经济发展为目标的经济现代化。本章所指现代化,主要集中于狭义的现代化——经济现代化。

② 《后发国家发展道路》,《文化纵横》2019年第3期。

共同现代化？海外对"一带一路"有哪些认知？"一带一路"的理念和实践将对发展经济学做出什么样的理论突破？本章将从以上几个问题展开，探讨"一带一路"与后发国家现代化。

一、后发国家现代化：后发优势和后发劣势

经济学家从多个角度对后发国家的现代化问题进行了研究甚至是论战，提出了许多理论和假说。这些假说可分为两大类：乐观的后发优势论和悲观的后发劣势论。①了解这些理论学说，有利于我们对现实中的后发国家现代化困境及其原因进行更全面的理解和更准确的判断。

（一）后发优势

俄裔的美国经济史学家亚历山大·格申克龙（Alexander Gerschenkron）对19世纪德国、意大利、俄国等欧洲较为落后国家的工业化过程进行了分析，于1962年创立了后发优势论，认为这些国家具有一种得益于落后的"后发优势"，把后发优势归结为利用外在的技术、劳动、资本的可能性，其中模仿和利用先发国的技术极为关键。

继格申克龙后，纳尔逊（Nelson）从后发国家的技术差距的角度，列维（Levy）从现代化的前提条件的角度，阿伯拉莫维茨（Abramovitz）提出追赶假说并从追赶的限制因素的角度丰富了后发优势理论。这些学者同样认为，虽然发展中国家具有天生后发劣势，比如技术发展水平、资本积累水平、产业结构水平等与发达国家有差距，但可以利用这些差距，通过引进先发国家的技术、设备和资金的方式来加速技术变迁，从而实现高资本积累和快速的结构变迁，使经济发展得更快。②

特别值得指出的是，阿伯拉莫维茨论述了后发国家追赶先发国家所面临的三大限制因素，即追赶潜力的三大实现条件。他认为，第一个限制因素是技术差距，即后发国与先发国之间存在着技术水平的差距，这是经济追赶的重要外在因素。第二个限制因素是社会能力，即制度建设和新技术的吸

---

① 郭熙保、胡汉昌：《后发优势研究述评》，《山东社会科学》2002年第3期。
② 林毅夫、蔡昉、李周：《中国的奇迹：发展战略与经济改革》，上海三联书店、上海人民出版社1994年版。

收能力。单纯的技术模仿并不会最终导致后发国家的工业化成功,后发国家实现现代化,还需要一定的制度基础及制度创新配合,这是实现后发优势的基础。第三个限制因素是历史、现实及国际环境的变化。某些历史因素为经济追赶提供了良好的机遇。阿伯拉莫维茨的理论在一定程度上解释了为什么有些后发国能够成功追赶,而大部分后发国与先发国的差距逐渐扩大的历史现实。

20世纪80年代以来,随着拉美和以日本为代表的东亚国家经济的高速增长,后发优势论得到进一步深化。亨利·罗索夫斯基(Henry Rosovsky)、南亮进等人将后发优势论应用于对日本、韩国等亚洲新兴工业化国家经济高速增长的分析,在很大程度上印证了格申克龙的后发优势论和阿伯拉莫维茨的追赶理论,使其更具解释力。

(二)后发劣势

后发国家的劣势地位体现在内外因两个方面,其内部因素包括资本积累、技术进步、产业发展、结构转换、制度创新的不利影响。发展中国家劣势地位也体现于外因,即发达国家对发展中国家外部因素的影响,如发展中国家面临着不平等的国际经济秩序,以及发达国家与发展中国家间不平等的政治、经济、文化关系等。[1]其中,针对后发劣势的外因部分,最著名的理论之一是以不发达问题及其成因为研究对象的依附论。

20世纪50年代,现代化理论在美国逐渐兴起。以欧美经验为中心的现代化理论认为,第三世界国家的发展必须重走欧美工业化的老路,遵循欧美模式及其经验,才能取得成功。而同时期一批拉美知识分子提出,几个世纪以来资本主义的发展导致发达的中心国家和不发达或欠发达的外围国家形成了不平等结构。[2]于是他们基于对上述现代化理论的批判,针对发达国家对发展中国家外部因素的影响,逐渐发展出了依附论,如20世纪50年代劳尔·普雷维什(Raúl Prebisch)提出的"中心—外围"(即核心—边缘)理论、20世纪70年代以费尔南多·卡多索(Fernando Cardoso)和萨米尔·阿明为代表的依附发展论以及伊曼纽尔·沃勒斯坦提出的世界体系等一系列理

---

[1] 胡隐昌、胡汉昌:《后发劣势研究述评》,《湖北大学学报(哲学社会科学版)》2002年第6期。
[2] 张建新:《依附论与拉美国际政治经济学》,载复旦大学当代国外马克思主义研究中心编《当代国外马克思主义评论(6)》,人民出版社2008年版。

论。这些理论有一脉相承的关系,也有分化和自我扬弃的关系,但都有一个共识:核心国家(即先发国家、发达国家)与边缘国家(即后发国家、发展中国家)之间的经济关系是不平等的。核心国家在资本主义发展早期到第二次世界大战结束前,通过殖民制度对边缘国家进行显性的经济掠夺;在第二次世界大战结束、各殖民地民族意识觉醒并纷纷独立后,核心国家则利用不平等的世界经济体系和现代世界体系等级结构对边缘国家进行隐性的经济掠夺,从而获取了绝大多数利益,导致边缘国家的经济长久以来陷入低水平的发展。

依附论在第三世界国家中产生了广泛而深刻的影响,但其激进观点和左派传统也不断受到西方主流国际关系学者的批评与排斥。特别是20世纪六七十年代,东亚新兴工业化国家和地区在经济上迅速崛起,不是基于拉美依附论学者提出的"脱钩"政策和社会革命,而是由于这些国家和地区主动参与到资本主义的生产体系和交换体系中去,成功实现两个市场(世界市场和民族市场)的结合和互动。在这个互动过程中,资本主义中心国家的跨国公司与外围国家的民族资本、私人资本出现了共同扩张、利益趋同的现象。[1]20世纪80年代后期,拉美危机爆发,依附论者未能找到解决危机的有效方法,依附论逐渐式微。

然而,近年来,资本全球扩张带来的消极后果,墨西哥金融危机、亚洲金融危机的相继爆发,新兴工业化国家所遭遇到的新的发展难题,在不同程度上验证了依附论的某些结论。应该承认,虽然依附论的某些主张因偏激而缺乏现实操作性,但在研究方法、价值取向、研究结论等方面,对于当前全球化条件下的后发国家现代化问题具有重要的参考价值。[2]

从英国的工业革命到今天的现代化可以称为"传统现代化"。其特点是国家利益至上,行为主体是民族国家,核心原则是竞争取胜,甚至会不惜采取"战争殖民"的形式攫取利益以支持本国的现代化进程。历史上,欧洲列强为争夺殖民地,不断发起战争。20世纪上半叶,西方列强为争夺殖民地和势力范围,发生了越来越激烈的矛盾和冲突,最终导致了两次世界大战,由此带来的灾难严重损害了人类社会的进步和发展。当今的世界虽然没有殖

---

[1] 张建新:《依附论与拉美国际政治经济学》,载复旦大学当代国外马克思主义研究中心编《当代国外马克思主义评论(6)》,人民出版社2008年版。

[2] 孙来斌、颜鹏飞:《依附论的历史演变及当代意蕴》,《马克思主义研究》2005年第4期。

民和大规模战争,但仍然是一个由先发国家(中心)和后发国家(边缘)组成的"中心—边缘"结构的世界。中心国家借助于大卫·李嘉图(David Ricardo)的"比较优势理论"和沃尔特·W.罗斯托(Walt W. Rostow)的"现代化理论",固化国际分工,限制"边缘"的经济发展模式,迫使边缘国家要么选择主动融入"中心—边缘"结构中获得依附性发展,要么就只得与整个世界体系脱钩。①边缘国家对竞争秩序的盲从,使中心可以"通过国际贸易以及广泛的国际交往而把边缘国家发展中所取得的成果占为己有。实质上,是实现了对边缘国家的剥削,让边缘国家源源不断地向中心国家输送利益"②。在攫取利益的同时,中心国家则源源不断地向边缘国家转移自身的危机和风险,③最终导致了收入差距拉大、社会矛盾冲突加剧、环境问题突出等全球性问题,这类问题在边缘国家尤其严重。

因此,贯穿于西方国家现代化进程始终的零和竞争性思维以及阻碍后发国家现代化进程的"中心—边缘"结构,不符合时代发展的潮流。要实现全人类的发展,时代呼唤新的国际合作理念下的现代化路径。

后发国家现代化是一个复杂的问题,取决于多种因素。虽然上述后发优势理论和劣势理论来自不同的学科领域,有不同的研究角度,研究结论也相对分散,也就是说还没有形成一个完整的、逻辑严密的理论体系,但通过对上述理论的分析、梳理和归纳,我们至少可以得出以下思考:

从内功角度看,第一,现代化不等于西方化,后发国家在借鉴先发国家的成功经验的同时,应结合本国历史、文化、发展水平、外部环境等具体国情,探索一条适合本国的、独立自主的发展道路;第二,积极培养社会能力,提升教育水平和新技术的吸收能力,加强相关制度建设,是实现现代化的先决条件之一。

从外力角度看,第一,积极融入全球化潮流,引进先发国家的技术、设备和资金,可以解决后发国家工业化中资本不足、技术落后的问题,从而克服一部分后发劣势,"逆全球化"甚至是"脱钩论"的战略选择,不利于后发国家

---

① 张康之、柳亦博:《"一带一路"战略:国际社会"去中心化"时代的合作秩序建构》,《国家发展与战略研究院思想评论》2016年第1期。
② 张康之、张桐:《在"中心—边缘"结构中重新看世界》,《前线》2014年第7期。
③ 张康之:《公共行政的行动主义》,江苏人民出版社2014年版,第155页。

的现代化进程;第二,传统国际秩序的零和竞争实质反映的是不平等的国际经济政治关系,国际社会需要建立以合作共赢而不是竞争控制为核心的新型国际关系,共同走向现代化;第三,后发国家只有顺应时代潮流,抓住历史机遇,才有可能实现经济的赶超。

二、"一带一路"与后发国家现代化

中国的发展可谓是近半个世纪以来全世界现代化进程中最闪耀的亮点之一。1987年10月党的十三大提出的中国经济建设分三步走的总体战略部署,提出"到二十一世纪中叶基本实现现代化"的战略目标。从1978年到2018年,改革开放40年来,中国GDP年实际增长9.5%,远高于同期世界经济2.9%左右的平均增速,国内生产总值占世界生产总值的比重由改革开放之初的1.8%上升到2017年的15.2%,多年来对世界经济增长贡献率超过30%,中国跃升为世界第二大经济体。[①]虽然要完成"到二十一世纪中叶基本实现现代化"的战略目标仍有待时日,但中国在经济、社会等方方面面已经发生了翻天覆地的变化和令世人瞩目的成就,积累了大量的发展经验。

(一)中国的发展经验

谈中国的发展经验时,常常以改革开放为起点。其实,新中国前30年对现代化所需的社会能力的培养——对公共卫生、基础教育的投入,为后40年的经济快速发展打下了坚实的基础。新中国在公共卫生和教育方面做了大量投入。中国人均寿命从1949年的35岁上升到1978年的65.86岁;婴儿死亡率从1949年前的200‰下降到1978年的41‰。在教育方面,中华人民共和国成立初期也做了大量投入,成人文盲率从1949年的80%下降到1978年的19.5%。这一时期小学入学率也大幅度提高,从1949年的49.2%上升到1978年的94%。[②]

改革开放前对公共卫生和基础教育的投入,极大地提升了整整两代人

---

① 习近平:《在庆祝改革开放40周年大会上的讲话》,求是网,2018年12月18日,http://www.qstheory.cn/dukan/qs/2018-12/22/c_1123888045.htm。
② 李稻葵:《新中国发展经济学分析:70年的总结与30年的展望》,《全球商业经典》2019年第11期。

的劳动力数量和质量。因此,一方面,提高了改革开放后对引进的技术和管理的吸收能力;另一方面,中国从人口大国转变为劳动力资源大国,在 20 世纪 90 年代改革开放的关键时期,具备了发展劳动密集型产业的比较优势。对于这点,不少海内外专家都发表过评述。比如,诺贝尔经济学奖获得者阿玛蒂亚·森曾指出,中国在改革开放前实行的社会主义政策为其市场经济发展奠定了扎实的基础,从某种程度来说,中国 1978 年前在扩大初等教育范围、提供基本的医疗保障等方面的成就,使改革开放后的政策成功成为可能。[1]

改革开放后,在劳动力资源比较优势的基础上,中国又抓住了欧美、日本等先发国家(地区)向外转移制造业产能的历史机遇,大力发展制造业等劳动密集型产业,引进先发国家的技术、设备、资金和管理,积极融入全球化,从而有力拉动了经济的整体发展。

同时,在中国经济发展的过程中,基础设施也发挥了不可或缺的作用——改革开放以来,尤其是 20 世纪 90 年代以来,中国在建设和改善基础设施上取得的显著成就极大地促进了要素流通和市场集聚,扩大了市场规模,大大促进了工业化进程和经济发展。这条发展经验也被国内外的研究结果所印证。国外不少研究认为,交通基础设施是一种社会的先行资本,应当优先发展。基础设施(特别是交通基础设施)的投资能带动制造业投资,进而社会的工业化会实现从低水平均衡向高水平均衡的转变。[2]国内研究也发现,国内基础设施对经济增长存在溢出效应,改革开放以来交通基础设施的跨越式发展是中国经济高速增长的重要源泉之一。[3]

值得一提的是,中国的发展道路,不同于西方国家的现代化道路。历史告诉我们,探索自己的适应国际新环境又适合国情的发展道路,都不是靠外

---

[1] 沙健孙:《毛泽东于 20 世纪的中国》,《思想理论教育导刊》2003 年第 10 期。

[2] P. N. Rosenstein-Rodan, "Problems of Industrialisation of Eastern and South-Eastern Europe," *The Econnomic Journal*, Vol. 53, 1943; W. W. Rostow, *The Stages of Economic Growth: A Non-Communist Manifesto*, Berkeley: Cambridge University Press, 1990; J.P. Tang, "Railroad Expansion and Industrialization: Evidence from Meiji Japan," *The Journal of Economic History*, Vol.74, No.3(2014), pp.863-886.

[3] 刘生龙、胡鞍钢:《基础设施的外部性在中国的检验:1988—2007》,《经济研究》2010 年第 3 期;张学良:《中国交通基础设施促进了区域经济增长吗——兼论交通基础设施的空间溢出效应》,《中国社会科学》2012 年第 3 期。

国人,而是靠自己在困难环境中的不断摸索。中国有自己特色的社会主义发展新模式,也是在脱离苏联的影响之后经历漫长的探索,才逐渐找到的。每个国家都有权利探索适合自己的发展道路。因此,每个国家的发展道路都有其特殊性,但其中发展的普遍性是存在的。中国经济的快速发展,印证了后发优势和后发劣势理论的某些重要观点,也给其他发展中国家提供了可资借鉴的经验。

(二)中国发展经验通过"一带一路"建设惠及后发国家

著名全球发展问题专家杰弗里·D.萨克斯(Jeffrey D. Sachs)在《贫穷的终结》一书中指出:"当基础设施(道路、电力、港口)和人力资本(卫生和教育)的先决条件具备时,市场就是发展的强大引擎。如果没有这些先决条件,市场可能会残忍地绕过世界上大部分地区,让它们陷入贫困和痛苦。只有通过政府提供有效的卫生、教育、基础设施……才能支撑经济成功。"[1]

现实确实如此。"一带一路"贯穿亚欧非大陆,一头是活跃的东亚经济圈,一头是发达的欧洲经济圈,中间广袤的腹地国家却形成了经济的深度凹陷区。长期以来,沿线国家或地区基础设施严重不足、贸易政策壁垒严重等情况导致要素流动障碍,卫生和教育水平等社会能力不高,从而使得该地区难以充分享受经济全球化的红利,面临发展滞后的困境,但同时蕴含着巨大的发展潜力。

"一带一路"正是中国为该地区贡献自身在基础设施建设、社会能力、产能合作等方面发展经验的中国智慧、中国方案。

"一带一路"建设以推动发展中国家共同现代化为目的。"要致富,先修路"是一条重要的发展经验。中国经过几十年的经济发展,不仅在国内基础设施建设中积累了较为成熟的技术和管理经验,而且具备了在基础设施建设中开展国际合作的优势。互联互通是贯穿"一带一路"的血脉。[2]一方面,中国希望通过帮助发展中国家解决基础设施瓶颈问题,促进要素有序自由

---

[1] Jeffrey D. Sachs, *The End of Poverty: Economic Possibilities for Our Time*, New York: Penguin Press, 2005.
[2] 《习近平在伊朗媒体发表署名文章》,新华社,2016年1月21日,www.xinhuanet.com//politics/2016-01/21/c_1117854563.htm。

流通,提升其"造血"功能,带动经济发展;另一方面,如今的中国正迈向高质量发展阶段,制造业大国向制造业强国转变,需要产业结构的调整和升级。在此过程中,必然有大量的劳动密集型产业对外转移以及国际产能合作。对沿线国家和地区而言,"一带一路"建设是重要的历史机遇——通过"一带一路"建设,对产业转移和产能合作进行合理引导,对接沿线国家的实际需求,促进中国优势产能的输出,实现与沿线国家和地区产能互补和供需对接,有助于沿线国家实现快速发展,反过来又会给发达国家带来巨大的市场。

(三)"一带一路"的本质和理念——共同现代化

如前文所述,"中心—边缘"结构下传统国际秩序的零和竞争实质是不平等的国际经济政治关系,国际社会需要建立以合作共赢而不是竞争控制为核心的新型国际关系,共同走向现代化。习近平曾指出:"我提出'一带一路'倡议,旨在同沿线各国分享中国发展机遇,实现共同繁荣。"[1]共同现代化,是"一带一路"的理念和本质。

从"一带一路"的理念上来看,国家发展改革委、外交部、商务部于 2015 年 3 月联合发布的《推动共建丝绸之路经济带和 21 世纪海上丝绸之路的愿景与行动》表示,"一带一路"是"促进共同发展、实现共同繁荣的合作共赢之路,是增进理解信任、加强全方位交流的和平友谊之路"。[2]"一带一路"建设坚持共商共建共享的原则,积极推进沿线国家发展战略的相互对接。可以说,该文件中出现频率最高的词汇就是"共同"及"合作"。

"一带一路"在本质上并非自我利益的扩张,也并非"中心—边缘"结构下实现边缘国家对中心国家的依附性发展。换句话说,"一带一路"寻求的不是竞争和控制逻辑下的"传统现代化",而是开放合作的"共同现代化"。"一带一路"实际上可以包含着两个层面的战略目标:其一,发展中国家的广泛合作可以实现"去中心化";其二,把发达国家引入合作行动中来,可以在经济社会发展中让发展中国家与发达国家之间实现平等合作,最终打破世

---

[1] 习近平:《中国发展新起点 全球增长新蓝图——在二十国集团工商峰会开幕式上的主旨演讲》,《人民日报》2016 年 9 月 4 日。

[2] 国家发展改革委、外交部、商务部:《推动共建丝绸之路经济带和 21 世纪海上丝绸之路的愿景与行动》,人民出版社 2015 年版。

界的"中心—边缘"结构,①最终走向共同现代化。

三、"一带一路"的海外认知

自从习近平在2013年提出"一带一路"倡议以来,"一带一路"引起国际社会普遍关注。国外政要、专家学者、智库或媒体对这一倡议的认知程度不断加深,研究的广度与深度进一步拓展,形成了不同认知。

(一)对"一带一路"的错误认知

目前对"一带一路"的错误认知主要有以下几种:

其一,地缘博弈论。受到传统地缘政治理论、冷战思维和零和思维的影响,以美国为首的一部分西方国家指责中国的一些"一带一路"项目具有军事用途和战略目的,认为"一带一路"是中国的"马歇尔计划",旨在扩大中国的地缘政治影响力,挑战现有的政治经济秩序,构成了地缘政治威胁。自2017年下半年以来,特朗普政府在诸多双边及多边国际场合,公开或私下抹黑中国"一带一路"倡议。比如,2017年底,特朗普政府发布首份《美国国家安全战略报告》,对中国的"一带一路"倡议进行了间接批评,认为"中国寻求取代美国在印太地区的地位,扩大其国家驱动经济模式的影响,以有利于本国的方式重新安排地区秩序"。②美国国家安全顾问约翰·R.博尔顿(John R. Bolton)于2018年10月在传统基金会发表政策简报时称,中国的"一带一路"的终极目的是扩大中国在全球的主导力。③同时,特朗普政府提出印太战略和印太经济倡议以应对中国的"一带一路"倡议,特别是"海上丝绸之路"。可以说,"地缘博弈论"是20世纪90年代以来掀起的"中国威胁论"的最新变种。

从倡议的动机、性质和影响等各方面看,"一带一路"倡议与"马歇尔计划"具有根本区别。美国推出马歇尔计划,本质上是为了遏制苏联对欧洲的

---

① 张康之、柳亦博:《"一带一路"战略:国际社会"去中心化"时代的合作秩序建构》,《国家发展与战略研究院思想评论》2016年第1期。

② The White House, "National Security Strategy of the United States of America," December 2017, p.38, 53.

③ The White House, "Remarks by National Security Advisor Ambassador John R. Bolton on the The Trump Administration's New Africa Strategy," December 13, 2018.

影响的"冷战"战略考虑。马歇尔计划带有意识形态的附加条件,具有明显的排他性,一定程度上造成了欧洲的分裂。"一带一路"是一个开放、包容、共赢的经济发展新倡议,不以意识形态划线。①"一带一路"参与国基于但不限于古代丝绸之路的范围,各国和国际、地区组织均可参与,让共建成果惠及更广泛的区域。"一带一路"也不是政府主导的倡议,而是依靠市场化运作的倡议,投资主体是各类企业,充分发挥市场在资源中的决定性作用。

从现实层面来看,吉布提港、希腊比雷埃夫斯港等备受"地缘博弈论"者指责的"一带一路"项目是开放包容、平等互利的经济合作项目,而不是政治或军事合作。比如,目前,中国与吉布提开展的"一带一路"合作主要包括吉布提自贸区、吉布提—阿迪斯铁路、吉布提多哈雷码头扩建、新机场建设等项目,预计吉布提自贸区建成后,将成为"非洲最大自贸区",进一步帮助吉布提打造区域物流中心。吉布提驻华大使阿卜杜拉·阿卜杜拉希·米吉勒（Abdallah Abdillahi Miguil）认为:"'一带一路'倡议旨在全球互联互通,国际社会都能共享这一机遇。我们基于悠久的历史基础、互信互利、基本的价值观、双赢的合作理念。"②比雷埃夫斯港是中国和希腊共建的"一带一路"旗舰项目。近年比雷埃夫斯港发展迅速,已经跃居为地中海第一、欧洲第四大港。2020年第一季度,比雷埃夫斯港在逆境中实现了集装箱吞吐量同比增长3.9%的成绩。③

其二,新殖民主义论。"新殖民主义论"由来已久,主要是西方国家针对中非合作提出的论调,认为中国开展的对非援助、经贸等活动是为了获取当地资源,扩大在当地的影响力。早在"一带一路"倡议提出前的2006年,正值新中国开启对非洲外交关系50周年,是年2月,英国外交大臣杰克·斯特劳（Jack Straw）在访问尼日利亚时声称,"中国今天在非洲所做的,多数是150年前在非洲做的",影射中国在非活动具有"殖民"性质。2011年9月,美中经济与安全评估委员会发布了一份题为《中国对外援助概况及其对美国

---

① Alek Chance, "The 'Belt and Road Initiative' is not 'China's Marshall Plan'—Why Not?" *The Diplomat*, January 26, 2016.

② 郭艳:《吉布提愿为"一带一路"倡议发挥重要作用——专访吉布提驻华大使阿卜杜拉·米吉勒》,《中国对外贸易》2017年第5期。

③ 张六陆:《希腊驻华大使:"一带一路合作发展令人惊喜"》,《人民日报》(海外版)2020年7月17日,第8版。

的启示》的报告。该报告认为过去10年,中国通过在发展中国家援建基础设施来满足其战略目标和经济需求,比如获取中国发展需要的石油、天然气等自然资源及产品市场准入。①"一带一路"倡议提出后,随着中国对非洲贸易和投资的扩大,一些西方国家大炒冷饭,老调重弹,污蔑中国在非洲获取资源、倾销商品。

回顾历史事实,我们可以看到,中国对非洲的援助是真诚友好、成效显著的。1956年,中国克服自身困难,开始向非洲国家提供援助,援建了以坦赞铁路为代表的一大批基础设施项目,为支持其他发展中国家争取民族独立和发展民族经济提供了最大限度的支持。②中国对外援助的"历史厚度和经验广度不亚于任何一种成熟的西方援助"③。

改革开放后,特别是进入21世纪以来,随着中国逐渐融入全球化,中非合作拓展至贸易和投资领域。有学者基于欧盟、中国、美国、印度和日本5个经济体与非洲国家之间的贸易和投资数据,通过数理模型和数据分析,得出中国"一带一路"倡议下的中非合作对非洲并不是"新殖民主义",而是合作共赢、共同发展的关系,也是缓解全球化过程中发达国家与发展中国家之间不平等加剧的重要举措。④在2018年9月举行的中非合作论坛上,所谓"新殖民主义论"的对象国——非洲各国的政府首脑纷纷发声,批驳西方抹黑中非合作的"新殖民主义论"。非洲联盟主席、卢旺达总统保罗·卡加梅(Paul Kagame)称赞中国在非洲的援助和投资战略是深刻变革的源泉,认为中非之间的合作是建立在相互尊重的基础上的,是为了双方的利益。南非总统西里尔·拉马福萨(Cyril Ramaphosa)也指出:"中国帮助非洲大陆发展,中国不是为了攫取资源而是非洲的伙伴,中国是非洲发展及经济增长的伙伴,非洲所有国家以及中国都将获益。"纳米比亚总统哈格·根哥布(Hage

---

① U. S.-China Economic and Security Review Commission, "China's Foreign Assistance in Review: Implications for the United States," September 2011.
② 国务院新闻办公室:《〈中国的对外援助〉白皮书》,2011年4月。
③ Deborah Brautigam, *Chinese Aid and African Development: Exporting Green Revolution*, London: Macmillan Press, 1998, p.4.
④ 周文、赵方:《中国"一带一路"倡议下的中非合作是"新殖民主义"吗?》,《马克思主义研究》2017年第1期;马艳、李俊、王琳:《论"一带一路"的逆不平等性:驳中国"新殖民主义"质疑》,《世界经济》2020年第1期。

Geingob)认为西方一些所谓"新殖民主义"的论调是不实的,双方合作的硕果就是最好例证。在中方的帮助下,非洲国家基础设施建设蓬勃发展,博茨瓦纳、赞比亚等不少非洲内陆国有了出海口,有力推动了非洲区域一体化进程。

其三,债务陷阱论。"债务陷阱论"起源于印度学者布拉马·切拉尼(Brahma Chellaney)于2017年1月发表的《中国的债务陷阱外交》[①]。该学者以中国参与投资的斯里兰卡汉班托塔港口项目为例,认为中国在"一带一路"沿线一些地缘位置重要的国家投资基础设施建设项目,为当地政府提供无力偿还的大规模债务,使得这些国家陷入"债务陷阱",目的是扩大中国的地缘政治影响力,获取战略利益。汉班托塔港口项目就此成为"债务陷阱论"的导火索。随后,印度和一些西方国家不断炒作斯里兰卡、非洲等国家或地区的外债问题,一味指责中国制造或加重了"一带一路"沿线国家的债务危机。2018年10月,美国副总统迈克·彭斯(Mike Pence)首次在官方发言中使用"债务外交"(debt diplomacy)一词,指责中国利用债务压力将汉班托塔港口变成自己的军事基地。

对此,美国约翰斯·霍普金斯大学教授博黛蓉(Deborah Brautigam)曾撰文称,多名研究中国海外借贷的学者发现,外界对汉班托塔港口"存在广泛的误解"。她援引两位经济学家的话说:"斯里兰卡的债务问题不是中国制造的。"另外,从约翰斯·霍普金斯大学中非研究所和波士顿大学全球发展政策中心的研究发现来看,被国际货币基金组织认定为面临风险的17个非洲国家中,多数债务的持有人是非中国借贷方,并且中国贷款绝大多数并未超过国际货币基金组织的债务可持续性门槛。因此,"'一带一路'的风险似乎常常被过于夸大或歪曲表述"[②]。在2019年的一项研究中,罗兰·拉贾(Roland Rajah)等考察了太平洋沿线"一带一路"项目的财务结构,得出"迄今为止,证据表明中国尚未在太平洋地区进行蓄意的债务陷阱外交"[③]的结

---

① Brahma Chellaney, "China's Debt-Trap Diplomacy," December 29, 2020.
② Deborah Brautigam, "Is China the World's Loan Shark?" *New York Times*, April 26, 2019.
③ Roland Rajah, Alexandre Dayant, and Jonathan Pryke, "Ocean of Debt? Belt and Road and Debt Diplomacy in the Pacific," Lowy Institute, October 21, 2019, p.4, 12, 14.

论。兰德公司网站于2020年7月6日发表文章称,"一带一路"倡议参与国的金融逻辑很简单。据亚洲开发银行估计,亚洲国家每年面临4 590亿美元的基础设施投资缺口。尽管发达国家拥有大量廉价资本,世界银行等国际组织也提供贷款,但大多数发展中国家无法获得这些资本,因此它们的基础设施极度匮乏。文章还认为,"债务陷阱论"不仅站不住脚,而且在受新冠肺炎疫情影响,各国主权债务偿付可能面临较大困难的情况下,中国采取灵活办法,做出了缓债安排。[1]在事实面前,"债务陷阱论"不攻自破。

那么,斯里兰卡、非洲等国家或地区外债的主要来源到底是什么?有研究认为,斯里兰卡外债问题主要由其生产、外贸、财政支出及债务管理等内部结构失衡所致,外部宏观环境及全球金融市场变化则进一步恶化了该国的增长、收入及偿债条件。2011年以来,斯里兰卡外债负担虽然不断扩大,但偿债风险预期可控,来自中国的贷款对斯里兰卡外债问题影响不大。汉班托塔港所谓"债务问题"是斯里兰卡政府主导下按照商业惯例的债转股项目,斯里兰卡前总统拉贾帕克萨及前总理维克勒马辛哈都已对此做出了正式澄清。[2]英国皇家国际问题研究所发表的长篇报告持有同样的看法——通过对斯里兰卡和马来西亚"一带一路"项目的分析,该报告发现,两国的债务问题主要来源于本国精英和西方主导的金融市场的失职,从"一带一路"的运行逻辑上看,"一带一路"项目遵循的是经济学逻辑,而非地缘政治。[3]

目前非洲国家的外债源于其经济发展结构和债务管理水平等内部因素,以及外来直接投资下降和全球经济疲软等外部因素的共同作用。中国的投资与援助并没有显著地增加非洲国家的外债压力。[4]肯尼亚总统肯雅塔(Kenyatta)曾表示:"肯尼亚贷款分别来自美国、日本等许多国家和国际多边机构,结构非常均衡健康。"[5]由此可见,有关"债务陷阱"的指责缺乏事实

---

[1] Rafiq Dossani, "Demystifying the Belt and Road Initiative," July 6, 2020, www.rand.org/blog/2020/07/demystifying-the-belt-and-road-initiative.html.

[2] 李艳芳:《斯里兰卡外债问题的生成逻辑与争议辨析》,《国际展望》2020年第1期。

[3] Lee Jones and Shahar Hameiri, "Debuking the Myth of 'Debt-Trap Diplomacy': How Recipient Countries Shape China's Belt and Road Initiative," Chatham House, August 2020.

[4] 卢凌宇、古宝密:《怀璧其罪:中国在非洲推行"债务陷阱式外交"?》,《西亚非洲》2020年第1期。

[5] "China isn't Kenya's Only Lender, Uhuru Kenyatta Tells CNN," October 31, 2018, www.chinadaily.com.cn/a/201810/31/WS5bd9ab66a310eff303285c15.html.

依据。

相反,"一带一路"倡议反而具有一定的降债效应。有专家通过对2010—2017年42个沿线国家以及65个非沿线国家相关数据进行实证分析后发现,"一带一路"倡议在使中国对沿线国家基础设施投资规模显著扩大的同时,并没有导致沿线国家的债务水平显著上升,反而具有一定的降债效应。①"债务陷阱论"的核心观点并不成立。

在分析了"一带一路"与后发国家现代化的关系后,我们不难看出,以上错误认知是西方国家受现实利益冲突、历史文化差异、地缘政治等因素和意识形态偏见影响,误解甚至抹黑"一带一路",从而挑拨"一带一路"沿线国家对中国产生疑虑的"舆论抓手",目的是要将具体问题全局化、经济问题政治化,从而混淆视听甚至颠倒黑白,抹黑和妨碍中国的"一带一路"建设,破坏中国和沿线国家的友好经贸合作关系,从而维护某些国家在沿线国家的特权和霸权。但随着"一带一路"的推进,也有一些国际组织和西方学者能从客观的角度解读"一带一路",用事实和数据来澄清误解、抨击误读。

与此同时,中国自身在不断调整"一带一路"倡议的具体细节,用实际行动和效果驳斥西方国家的抹黑,打消国际舆论场上的疑虑。比如,2019年4月在北京举办的第二届"一带一路"国际合作高峰论坛,特别强调高质量、高标准的建设,尤其强调债务的可持续性。论坛发起了几项重要倡议,这一定程度上用实际行动回应了西方国家针对透明度和债务的质疑,其中包括与有关国家、国际组织以及工商界、学术界代表共同发起的《廉洁丝绸之路北京倡议》,强调增强政府信息的公开透明;发布《"一带一路"债务可持续性分析框架》,与共建"一带一路"国家共同提高债务管理水平,促进可持续融资,实现可持续、包容性增长。

(二)对"一带一路"的正面认知

"酒香不怕巷子深",随着"一带一路"的推进和沿线国家民众早期获得感的增强,沿线国家对"一带一路"的认知也逐渐从不了解转向主动了解、主动分析研究。政界、智库、媒体等从动机、内涵、影响、机遇和挑战等多维度,

---

① 蓝庆新、赵永超:《"一带一路"倡议导致沿线国家落入债务陷阱了吗?》,《西南民族大学学报(人文社会科学版)》2020年第8期。

剖析和解读"一带一路"。其中,关于"一带一路"的影响,沿线国家和地区最关注的是"一带一路"能给自己带来什么,能否推动自身发展。围绕这个问题,主要有以下几种代表性观点:

第一,"一带一路"将促进沿线国家和地区的经济发展,改善民生状况。"一带一路"沿线国家的绝大多数研究者认为,沿线国家和地区对基础设施建设有巨大的资金需求,对发展有强烈的渴望,"一带一路"倡议通过基础设施建设,加强互联互通,从而促进要素的流通,大幅度改善和扩大沿线国家的贸易和投资,最终促进经济发展,有效解决教育、失业、贫困、社会冲突等民生问题。世界银行测算,大多数走廊沿线经济体将因贸易和投资扩大而实现经济发展和收入增加——全面实施共建"一带一路"交通项目可帮助760万人口摆脱极端贫困和3 200万人口摆脱中度贫困,使全球和"一带一路"经济体的贸易额分别增加6.2%和9.7%,使全球收入增加2.9%。[①]因此,可以说,"一带一路"能为沿线国家带来切实利益,是"一带一路"获得沿线国家支持的根本原因。

保加利亚经济学家、前副总理兼财政部部长西蒙·德加科沃(Simeon Djankov)在《中国的"一带一路"倡议:动机、范围和挑战》一书中认为,在"一带一路"倡议下,整个亚洲和欧洲公路、铁路、港口及其他基础设施的新建和改造,将推动中国及其沿线贸易伙伴经济的发展。[②]原《南华早报》驻北京记者汤姆·米勒(Tom Miller)在《中国的亚洲梦》一书中称,"一带一路"倡议、建立亚洲基础设施投资银行等一系列举措给亚洲乃至世界带来了巨大影响,大力投资贫困国家、加大彼此贸易往来、帮助兴建基础设施等方式,给广大发展中国家带来了福利,亚洲国家大都愿意搭上中国的发展快车,抓住机遇,使本国经济发展焕发生机与活力。[③]南非驻联合国大使杰里·马特吉拉(Jerry Matjila)撰文称,到2025年,非洲预计每年有930亿美元的基础设施投资缺口。"一带一路"朝着正确的方向迈出了重要的一步,将释放非洲和

---

① Michele Ruta, etc., *Belt and Road Economics: Opportunities and Risks of Transport Corridors*, Washington DC: World Bank Group, 2019.

② Simeon Djankov, Sean Miner, eds., *China's Belt and Road Initiative: Motives, Scope, and Challenges*, Washington DC: Peterson Institute for International Economics, 2016.

③ Tom Miller, *China's Asian Dream*, London: ZED Books, 2017.

亚洲的潜力。"一带一路"将连接亚洲、欧洲和非洲，开启了新时代的全球互联，有望促进沿线国家的经济繁荣和地区经济合作、不同文明的交流学习以及世界和平与发展。①联合国经济和社会事务部经济分析师金南苏（Namsuk Kim）认为，联合国 2030 年可持续发展目标与"一带一路"倡议虽然议程相异，但目标一致，都是加快最不发达国家的发展进程。在目前情况下，因为巨大的资金缺口，预计只有一半的最不发达国家能实现 2030 年的可持续发展目标。而"一带一路"有助于填补资金缺口，为联合国可持续发展目标进程提供关键而又必要的有利条件，可谓是最不发达国家的发展加速器。可以将"一带一路"视作可持续发展目标的补充倡议，努力寻求二者的对接。②

第二，"一带一路"将有利于维护本地区的和平与稳定。许多沿线国家研究者认为，"一带一路"建设将带来经济社会发展，从而成为地区和平与稳定进程的催化剂。和平稳定与发展，两者是互为因果的关系，和平与稳定的环境是发展的重要保障，发展又能促进地区的和平与稳定。长久以来，沿线地区民族、宗教、社会矛盾交织，某些地区甚至成为三股极端势力滋生的温床，很大程度上导致经济社会发展相对落后，经济社会发展长期落后又导致冲突和矛盾的激化。因此，"一带一路"建设有望成为地区和平与稳定问题的解决之道和破局之道。

以缅甸为例，长期以来，缅北地区民族地方武装冲突不断，中缅边境局势动荡不安，其中一个重要原因在于缅北地区的贫困封闭、经济凋敝。以"一带一路"建设为契机，着力消除缅北贫困、改善民生，对于缅甸的和平进程和稳定发展有重要意义。缅甸国内政府官员、智库代表等对"一带一路"总体持积极正面的看法，普遍认为中方提议建设的"一带一路"具有重大现实意义，可以促进区域经济发展与地区和平稳定，缅甸及其他沿线国家必将从中受益。③巴基斯坦参议院财经委员会主席萨利姆·曼迪瓦拉（Saleem Mandviwalla）表示，必须通过一系列的经济活动和倡议来减少恐怖主义，要

---

① Thokozani Simelane, Lavhelesani Managa, *Belt and Road Initiative: Alternative Development Path for Africa*, Sharjah: Africa Institute of South Africa, 2018.
② Namsuk Kim, "Will the Belt and Road Initiative Boost Least Developed Countries towards Sustainable Development?" *The Belt and Road Initiative and the SDGs: Towards Equitable, Sustainable Development*, Vol.50, No.4(Dec 2019).
③ 李晨阳、宋少军：《缅甸对"一带一路"的认知和反应》，《南洋问题研究》2016 年第 4 期。

给出现恐怖主义的这些国家带来富强、繁荣,减少贫富之间的差距,这是消除恐怖主义最好的途径。所以,不管是"中巴经济走廊"还是"一带一路"倡议,都强调经济合作的重要性。①柬埔寨副首相贺南洪(Hor Nam Hong)表示,中国的改革发展经验值得柬埔寨认真学习,中国提出的"一带一路"倡议和构建人类命运共同体理念有益于地区与世界和平稳定发展。②捷克著名政论家、布拉格扬·考门斯基大学全球问题研究所主任克莱伊齐教授认为:"'一带一路'沿线参与各方在经济上的互利互惠,能够大大降低爆发战争的危险性,'一带一路'倡议因此也成为世界和平的基石。"③

第三,"一带一路"将有助于改革和完善国际政治经济秩序,形塑一个更加自由平等、开放互惠的国际合作新秩序。中国提倡"对话而不对抗、结伴而不结盟"的国与国交往新路,通过"一带一路"这一开放的"去中心化"倡议,与广大后发国家携手共建全球治理体系,共同走向现代化,不仅展现了负责任大国的担当,而且将有助于突破世界的"中心—边缘"结构,超越传统国际秩序下"中心"国家为维护自身特权与霸权而对"边缘"国家实行的控制,推动更加公平合理的国际政治经济新秩序的建立。

泰国前副总理桑基德·贾图斯里皮塔克(Somkid Jatusripitak)指出,"一带一路"倡议引领着一种更加普惠、更加包容的全球化,这会让全世界都受益,而不是小部分人享受好处。④捷克前总理伊日·帕鲁贝克(Jiri Paroubek)撰文称,在捷克,大多数人都能积极看待中国提出的"一带一路"倡议。共建"一带一路"已经在中亚、南亚、东非、地中海经济体见到了效果,让老百姓得到了好处。一种新的全球经济和政治秩序正在形成,"一带一路"倡议将是促进这种秩序变化的最活跃因素。⑤

总体而言,沿线国家和地区对"一带一路"的总体认知是正面的,认为

---

① 《"一带一路"国际合作,看外国政要怎么说(2)》,人民论坛网,2017年5月16日,www.rmlt.com.cn/2017/0516/474713_2.shtml。
② 《专访:"一带一路"建设将推动地区与世界和平稳定发展——访柬埔寨副首相贺南洪》,新华网,2018年3月30日。
③ 贺斌等:《共同获利、共同发展的中国方案——外国政要、各界人士眼中的"一带一路"》,《光明日报》2017年5月14日,第7版。
④ 杨舟:《泰国的发展要与"一带一路"对接》,《人民日报》2017年5月10日,第3版。
⑤ 伊日·帕鲁贝克:《"一带一路"促进新的全球经济秩序形成》,《光明日报》2019年4月29日,第8版。

"一带一路"能为本国和地区发展带来机遇。有了沿线国家和地区对"一带一路"这份共同事业的支持,"一带一路"所展现的时代魅力和发展潜力必将得到释放。

四、结　　语

摆脱贫穷落后的状态、走向现代化的发展道路是后发国家的共同愿望和首要任务,也是联合国可持续发展目标之一。在这方面,国际社会有一个发展的共识。

传统的发展经济学以发展中国家的工业化为研究问题,以政府主导的结构调整为政策手段,其中强调了投资的不可分性与部门之间的互补性,突出政府的大规模投资如基础设施建设在经济发展中发挥的重要作用。前文所提及的后发优势和后发劣势理论也是发展经济学的一部分。这些思路虽然与"一带一路"倡议的实施内容如出一辙,但发展经济学强调的是国家战略,"一带一路"倡议强调的是中国带动的区域共同发展,因而需要发展经济理论在"一带一路"背景下的开放条件中进行更多的拓展。[1]

作为世界上跨度最长的国际合作大走廊,"一带一路"致力于实现沿线国家和地区共同现代化,将对世界的发展做出巨大的贡献。同时,"一带一路"倡导"共同打造开放、包容、均衡、普惠的区域经济架构,实现沿线各国多元、自主、平衡、可持续的发展",将会改变"发展"和"现代化"的底层逻辑,使人们重新思考和审查历史发展前景的可能性。随着"一带一路"的推进,从"一带一路"的实践中,可能会生长出一种合作共赢的新发展经济学理论。

(邹祎,上海社会科学院世界中国学研究所博士生;张焮,上海社会科学院世界中国学研究所副研究员)

---

[1] 郭平:《"一带一路"倡议的经济逻辑——国家优势、大推进与区域经济重塑》,《当代经济管理》2017年第1期。

第九章　中国贡献:"一带一路"与国际秩序的演进

"一带一路"倡议自2013年提出以来,已获得国际社会越来越广泛的认可和接受,正成为推进国际秩序演进的重要理念和实践。"一带一路"建设,不仅是一个涵盖经济、文化、生态、科技、社会发展的全球性系统工程,是各参与方通过互联互通,实现互利共赢携手发展的合作平台,更是中国推动构建人类命运共同体和推进国际秩序演变的具体举措。在"一带一路"高质量建设过程中,新型大国关系的发展、共商共建共享全球治理理念的贯彻、构建人类命运共同体崇高目标的探索等一系列中国智慧、中国方案,都将对当代国际关系和国际秩序产生深远影响。虽然国际社会对"一带一路"倡议仍存在一些疑虑和负面反应,如冲击自由国际秩序,破坏全球价值链等,但"一带一路"倡议通过关照对象国的特点、综合运用各种合作机制、打造机制化的合作平台及提升战略沟通的韧性,使"一带一路"建设的国际合法性日益充分。因此,"一带一路"建设是对现有国际秩序的有益补充,不仅有利于弥补国际秩序合法性的缺失,超越现有的国际秩序悖论,还会创新全球治理理念和路径,实现国际秩序顺利演进。

一、"一带一路"与变革中的国际秩序:中国实践

2013年,习近平出访中亚和东南亚期间,先后提出丝绸之路经济带与21世纪海上丝绸之路的倡议,致力于实现"一带一路"沿线国家的基础设施、贸易、金融等领域的互联互通,即"五通"。经过几年的发展与酝酿,2015年3月,国家发展改革委、外交部、商务部联合发布《推动共建丝绸之路经济带和21世纪海上丝绸之路的愿景与行动》,系统阐述了"一带一路"的时代背

景、共建原则、框架思路、合作重点和合作机制等,意味着"一带一路"建设从理念转化为行动,从愿景转变为现实。2019年4月,在第二届"一带一路"国际合作高峰论坛开幕式上,习近平提出要推动共建"一带一路"沿着高质量发展方向不断前进。

(一)"一带一路"的发展路径

推进"一带一路"倡议,加强内外联动。习近平强调我国经济发展的基本特征是由高速增长阶段转向高质量发展阶段,强调添动力、增活力、聚红利。"一带一路"建设要沿着高质量发展方向不断前进,遵循高标准、惠民生、可持续目标,引入各方普遍支持和接受的规则标准,聚焦重点、深耕细作。习近平反复强调生态文明建设的重要性,强调"生态兴则文明兴"、"绿水青山就是金山银山"。"一带一路"建设坚持绿色理念,把绿色作为底色,推动绿色基础设施建设、绿色投资、绿色金融,保护好我们赖以生存的共同家园,共谋全球生态文明建设。共建"一带一路"不仅为世界各国发展提供了新机遇,也为中国开放发展开辟了新天地,预示着未来"双循环"新发展格局将与"一带一路"建设协同发展。

推进"一带一路"倡议,坚持务实合作。互联互通正取代传统的地缘政治原则,基础设施的发展成为各国关注的优先事项。基础设施的互联互通是新一轮全球化的基石,基础设施互联互通的正面外溢效应将扩散到商品、资金、技术和人员的互联互通,相关行为体可以沿着新建设的路线开展新业务,创造大量的就业岗位,提高各国的经济发展水平,提升合作水平和扩大合作范围,从而为"一带一路"沿线国家平衡、可持续增长提供强劲动力和广阔空间。"六廊六路、多国多港"互联互通构架为双边合作、三方合作、地区合作、多边合作搭建了平台,不仅有助于资源的流转和合理配置,而且有助于加强社会、经济和地域凝聚力,解决发展不均衡、分配不公平的问题。

推进"一带一路"倡议,汇聚强大合力。中国积极发展全球伙伴关系,扩大同各国的利益交会点。一方面,按照亲诚惠容理念和与邻为善、以邻为伴周边外交方针深化同周边国家关系;另一方面,秉持正确义利观和真实亲诚理念加强同发展中国家团结合作。与此同时,推进大国协调与合作,构建总体稳定、均衡发展的大国关系框架。截至2019年7月底,136个国家和30个国际组织同中国签署了195份共建"一带一路"政府间合作协议,从亚洲地区延伸到非洲、拉美、南太平洋、西欧等相关国家,涉及发展中国家、发达国家。东盟、非盟、欧盟等一体化组织通过发展合作规划、发展战略与"一带一路"倡议进行对接,推动与合作基础上坚实、合作体量较大、合作意愿强烈的国家联合制定合作规范。中国与沿线国家最大限度地提供国际和区域公共产品,实现协同效应,惠及参与"一带一路"建设的国家、企业、社会力量以及人民。

"一带一路"倡议是中国参与全球经济治理、推进国际经济合作、深化对外开放的路径。共建"一带一路"以共商共建共享为原则,以"和平合作、开放包容、互学互鉴、互利共赢"丝路精神为指导,贯彻创新、协调、绿色、开放、共享的新发展理念。丝路精神与具体举措的有效结合为共建"一带一路"提供了方向与路径。近期,中央提出的"双循环"发展理念需要我们把握好国内、国际两个市场的关系。中国与世界的良性互动、内外联动为"一带一路"沿线国家改善经济、政治和安全现实提供动力,释放发展合力,为高质量共建"一带一路"提供中国举措,为建设开放、包容、普惠、平衡、共赢的经济全球化提供中国方案,为构建人类命运共同体提供中国智慧,共同将"一带一路"建成和平之路、繁荣之路、开放之路、创新之路、文明之路。"一带一路"成为变革与重塑国际秩序的中国实践。

(二)"一带一路"带来国际关系实践的发展

"一带一路"框架下的中国周边外交、发展中国家外交和特色大国外交构成了中国参与变革国际秩序的重要国际关系实践。

一是新型大国关系。"一带一路"与新型大国关系互为依托。新的国际秩序形成的重要前提仍是大国关系维持基本稳定,"一带一路"建设需要大国的理解与支持,只有构建良好的新型大国关系,才能确保"一带一路"顺利推进;"一带一路"的建设为构建新型大国关系提供了一个互利合作、增进互信的平台。全面推进中国特色大国外交,形成全方位、多层次、立体化的外交布局,为我国发展营造了良好外部条件。大国合作是多边领导者角色的重要维度,是推进"一带一路"建设的关键,这需要中国及其他大国关注议程、设定截止日期、采取折中方案,同时推动其超越最低限度标准,提升全球治理的有效性。因此,多边协议需要密集的双边外交和大国合作,比如重点议程的关注、严格的时间管理、折中可能性的探索及已达成协议的有效实施。①中国积极参与推动"一带一路"并引领全球治理进程,确定议题优先级,扩大朋友圈,但要量力而行,不去构建超出国家实力的多边机制。

二是地区合作。习近平指出,"一带一路"建设努力共同打造沿线区域经济一体化新格局。"一带一路"建设不是要代替现有地区合作机制和倡议,而是在已有基础上,推动沿线国家实现发展战略相互对接、优势互补。因此,中国与区域一体化组织的合作将成为中国"一带一路"建设的重要组成部分和参与全球治理的重要实现形式。"一带一路"建设面临着诸多平台的相互交织,全球性机制与地区性机制共存,如金砖国家、二十国集团、上海合作组织、中非合作论坛、中阿合作论坛等。具体而言,在中国—中东欧国家合作中加入第三方合作,比如中国邀请欧洲复兴开发银行参与中国—中东欧国家合作,成为"一带一路"建设的新思路,这既有助于中国与欧盟的互动合作,也有助于中东欧地区特别是巴尔干地区的发展。

三是人类命运共同体。全球化进程进入新的时代,逆全球化与再全球化共存。当前,各国是经济相互依存、文明深度融合、安全相互倚重的共同体,谁也离不开谁。"一带一路"建设有利于推进各个国家更加开放、更加包容、更多共享,形成开放、包容、共享的全球化,这既是"一带一路"带来的国际关系实践,也是"一带一路"所倚重的国际环境,两者相辅相成。"一带一路"建设,容纳沿线所有国家,不分大小、贫富、制度类型,最后打造利益共同体、责任共同体和命运共同体。"一带一路"以命运共同体为最终目标,以共同利益为重要基础,以共赢为基本原则,以合作为主要方式。"一带一路"是中国参与全球治理的路径,这个路径不是整齐划一的,而是多元一体的,是在承认与尊重多样性基础上求同存异、寻求更大公约数的治理理念。

世界经济复苏乏力、局部冲突和动荡频发、全球性问题加剧,中国通过"一带一路"建设,推动新型大国关系的成熟、稳定,提升地区合作和三方合作的开放性和广泛性,全球治理朝着更加均衡、合理和公平的方向发展。中国的身份既是发展中国家又是社会主义国家,既是新兴经济体又是世界第二大经济体。当中国为地区和世界提供公共产品时,"一带一路"倡议是重要的路径,既通过

---

① 贺之杲:《重塑全球治理:包容性多边主义的路径》,《新视野》2020年第6期。

展示中国经验提供路径选择,又通过"五通"加强国际合作、推动世界繁荣发展。在历史终结论与新自由主义主导的情境下,中国这一国土广阔、人口众多的发展中国家发展出适合自身发展状况和基本国情的道路,本身就是对国际社会的贡献。与此同时,中国在谋求发展的同时坚持民族自主性和独立性,这为世界上那些既希望加快发展又希望保持自身独立性的国家和民族提供了全新选择,为解决人类问题贡献了中国智慧和中国方案。

二、"一带一路"与变革中的国际秩序:海外视角

国际秩序正处于大发展大变革时期,国际社会对中国"一带一路"倡议的态度呈现出多元、变化与矛盾的特点。"一带一路"倡议是一个策略选项,是应对美国全球战略东移"重返亚洲"的策略选项,[1]是对俄罗斯"欧亚联盟"建设的反应,[2]是新一轮全球经济再平衡、重塑全球新均势的有机组成部分,是中国大国外交自信的体现,是实现中国能源安全的途径。"一带一路"倡议是一个经济选项,是应对国内过剩产能、过剩资本的转移途径,[3]是寻求新市场的尝试,是强调中欧的铁路运输的联结。有学者从马克思主义的世界市场失灵理论出发,指出"一带一路"倡议有利于增加公共产品供给,缓解外部性压力,增进国际公平等。[4]有学者从批判和超越新自由主义立场出发,指出"一带一路"是克服新自由主义的未来之路,为经济合作与发展提供另外一种选择。[5]有学者从话语权和话语体系来分析"一带一路"倡议。[6]同时,

---

[1] Lai-Ha Chan, "Soft Balancing against the US 'Pivot to Asia': China's Geostrategic Rationale for Establishing the Asian Infrastructure Investment Bank," *Australian Journal of International Affairs*, Vol.71, No.6(2017), pp.568-590.

[2] Jeanne L. Wilson, "The Eurasian Economic Union and China's Silk Road: Implications for the Russian-Chinese Relationship," *European Politics and Society*, Vol.17, No.1(2016), pp.113-132.

[3] Usman W. Chohan, "What is One Belt One Road? A Surplus Recycling Mechanism Approach," *Development Economics*, June 13, 2017.

[4] 郑伟、桑百川:《"一带一路"倡议的理论基础探析——基于世界市场失灵的视角》,《东北亚论坛》2017年第2期。

[5] 汪晖:《"一带一路"何以成为对世界历史路径的重新修正》,2015年4月4日。

[6] 刘再起、王蔓莉:《"一带一路"战略与中国参与全球治理研究——以话语权和话语体系为视角》,《学习与实践》2016年第4期。

"一带一路"建设遇到负面评价是可以理解的,这一方面说明"一带一路"这一全球性的世纪工程动了某些国家的"奶酪",挑战了既有的权力格局和利益拼图。在西方看来,这与以西方规则为基础的国际秩序相矛盾,背后隐藏的逻辑是中国被认为是现行国际秩序的威胁,不仅因为中国的国家实力不断提升,更因为中国对西方来说是"绝对他者"。另一方面说明中国方案反映了广大发展中国家的诉求,给现有国际秩序带来了有益补充,带来了国际关系理论和实践的新发展。"一带一路"倡议是中国面对日益复杂的国际社会的积极反应,受到丝路沿线国家的支持与欢迎。全球100多个国家和国际组织支持和参与"一带一路"建设,此外,联合国大会、联合国安理会等重要决议也纳入"一带一路"建设内容,这说明"一带一路"倡议从理念转化为行动,得到了国际社会的承认与认可。"一带一路"建设落实到国际关系发展层面,要扩大共同利益,不要损人利己;要加强对话合作,不要对立对抗;要实现多赢共赢,不要零和博弈;要打造命运共同体,不要分裂分化。

(一)西方国家对"一带一路"倡议的误解

误解一,"一带一路"倡议是不自由的、非民主的。美国国家民主基金会(NED)国际民主研究论坛主任香缇·卡拉提(Shanthi Kalathil)认为,"一带一路"是对民主国家支持的规则和制度的直接打击,最终针对的是自由国际秩序。[1]"一带一路"发展的可能后果是自由国际秩序被巨大的、非自由的、以中国为中心的经济社会政治国家网络所代替。

误解二,"一带一路"倡议是破坏性的。一些外国专家认为"一带一路"不仅是一个基础设施投资项目,还是中国大战略的一部分,即通过互联互通的基础设施来瓦解和改变全球价值链结构,进而影响世界经济。葡萄牙前欧洲事务部部长、卡内基研究人员布鲁诺·玛萨艾斯(Bruno Maçães)认为,"一带一路"将会改变组织全球经济的规则,并创造一系列政治和制度工具。这为中国重组全球价值链和建立全球经济规则做好准备。[2]

误解三,"一带一路"倡议是分裂性的。一些欧洲政治精英认为"一带一路"具有政治冲击效应。欧洲对外关系委员会亚洲项目研究员安吉拉·施

---

[1] Shanthi Kalathil, "Redefining Development," *Journal of Democracy*, Vol. 29, No. 2 (2018), pp.52-58.

[2] Bruno Maçães, *Belt and Road:A Chinese World Order*, London:Hurst, 2019.

坦策尔(Angela Stanzel)表示,欧盟机构和中国—中东欧国家合作框架外的欧盟国家担心中国利用"一带一路"倡议对欧盟分而治之,这体现在对欧盟经济指导方针和共同政治立场的冲击上。[1]

误解四,"一带一路"倡议是地缘政治的。2017年10月,《时代》杂志的文章《港口、管道和地缘政治:中国新丝绸之路是华盛顿的挑战》,抹黑"一带一路"建设的意图。[2]对"一带一路"倡议的地缘政治解读恰恰是中国试图避免的,因为这会阻碍倡议的实施,强化西方的争议性观点。从地缘政治角度对"一带一路"倡议进行过分解读也将会引发俄罗斯和美国的警惕,并且引来丝路沿线国家的阻挠,破坏已存在的微弱平衡,导致由诸多相互连接的不同部分组成的复杂计划分崩离析。

误解五,"一带一路"倡议是无效的。一些专家对"一带一路"的有效性持怀疑态度,认为实际效果不温不火,甚至存在大量烂尾和不成功的例子,称其为"一路一陷阱"。[3]

此外,部分国家对"一带一路"倡议持保守立场,排斥甚至攻击"一带一路"倡议。[4]美国官方对"一带一路"倡议关注升温,战略竞争色彩浓厚,[5]美国媒体对"一带一路"倡议的报道较为负面和消极。[6]欧洲学者对"一带一路"倡议持怀疑态度,他们担心中国之于国际秩序的真实意图,审慎应对"一带一路"倡议。[7]

(二)国际社会对"一带一路"倡议的正面评价

"一带一路"倡议是在世界格局和国际秩序发生深刻变革的背景下提出

---

[1] Angela Stanzel, "China's BRI and Europe's Response," American Institute for Contemporary German Studies, January 17, 2019.

[2] Charlie Campbell, "Ports, Pipelines, and Geopolitics: China's New Silk Road is a Challenge for Washington," TIME, October 23, 2017.

[3] Dylan Gerstel, "It's a (Debt) Trap! Managing China-IMF Cooperation Across the Belt and Road," Center for Strategic and International Studies, October 17, 2018.

[4] 付蕾、沙涛:《2018年以来印度英文媒体"一带一路"报道分析》,《国际传播》2019年第2期。

[5] 丑则静:《美国"一带一路"研究:基本理论取向与最新发展动态》,《国际研究参考》2019年第11期。

[6] 张薇:《政治话语的批评架构分析——以美媒对"一带一路"的报道话语为例》,《贵州社会科学》2019年第6期。

[7] 赵惠冉、杨守明:《中法学术界对"一带一路"倡议的认知差异及原因探析》,《法国研究》2019年第4期。

的,国际社会对"一带一路"倡议和发展持有正面评价并给予较高期待。自2013年习近平提出"一带一路"倡议以来,"一带一路"倡议成果丰硕、平台多样、朋友圈不断壮大,呈现出内外联动、务实合作、强大合力的发展图景。2017年5月,首届"一带一路"国际合作高峰论坛召开,29位国家元首和政府首脑出席,1 600多名代表参会,形成5大类279项务实成果。2019年4月26日,第二届"一带一路"国际合作高峰论坛在北京开幕,习近平发表题为《齐心开创共建"一带一路"美好未来》的主旨演讲。这是"一带一路"建设推向高质量发展的契机,更是国际合作与发展务实推进的新篇章,38位国家元首和政府首脑出席,6 000多名外宾参会,形成6大类283项务实成果。同首届论坛相比,第二届论坛"规模更大、内容更丰富、参与国家更多、成果更丰硕"。①

欧盟机构对中欧"一带一路"经济合作的评价较为积极,比如提升联通度、增贸易、促发展,但也担忧"一带一路"倡议对西方主导的国际规范和秩序的影响。②新加坡南亚问题研究所研究员拉吉夫·兰詹·查图维迪(Rajeev Ranjan Chaturvedy)认为,"一带一路"构想体现了中国全球发展战略的调整与创新。③马里奥·埃斯特班(Mario Esteban)认为"一带一路"倡议是中国提升国际秩序中权力地位的战略,从规则接受者转变为规则制定者。④阿斯特里德·H.M.诺丁(Astrid H.M. Nordin)和米凯尔·威斯曼(Mikael Weissmann)认为"一带一路"将在重塑现有世界体系中提供更多的政治和经济杠杆,从而证明在地区和全球建立新的中国中心秩序的正当性。⑤乔瓦尼·B.安东尼奥(Giovanni B. Andornino)认为"一带一路"塑造了中国的领导者身份,并且以非霸权的方式整合现有世界秩序。⑥日本前首相

---

① 《图解:"一带一路"倡议六年成绩单》,中国一带一路网,2019年9月9日,https://www.yidaiyilu.gov.cn/xwzx/gnxw/102792.htm。

② 王振玲:《欧盟机构对"一带一路"倡议的认知以及中国的应对策略——认知与权限类别基础上的多重对接》,《太平洋学报》2019年第4期。

③ 《国际社会对"一带一路"倡议的评价》,国务院新闻办公室网站,2014年8月11日,http://www.scio.gov.cn/ztk/wh/slxy/31214/Document/1377599/1377599.htm。

④ Weifeng Zhou and Mario Esteban, "Beyond Balancing: China's Approach towards the Belt and Road Initiative," *Journal of Contemporary China*, Vol.27, No.112(2018).

⑤ Astrid H. M. Nordin and Mikael Weissmann, "Will Trump Make China Great Again? The Belt and Road Initiative and International Order," *International Affairs*, Vol.94, No.2(2018).

⑥ Giovanni B. Andornino, "The Belt and Road Initiative in China's Emerging Grand Strategy of Connective Leadership," *China & World Economy*, Vol.25, No.5(2017).

安倍晋三认为"一带一路"对于维护世界的和平稳定、促进人类文明的多样性和持续发展具有深远的历史意义。[1]"一带一路"倡议是按照"北京共识"构建的以中国为中心的世界秩序。[2]根据对"一带一路"沿线十国留学生的调查,大部分留学生对中国充满好感,认同"一带一路"倡议对世界的贡献,但对"一带一路"中"五通"的具体内容及合作模式还不够了解。[3]海外政要、智库、学者、商界人士等对"一带一路"倡议的认知和评析总体呈现积极、客观态度,但也存在过度解读和曲解误读的情况。[4]

中东欧地区是"一带一路"沿线重要地区,为"一带一路"在欧洲的建设起到示范作用。中东欧国家已全部签署"一带一路"合作谅解备忘录,凸显了中东欧国家积极参与"一带一路"建设的极大兴趣,以及中东欧地区在"一带一路"建设中的重要性,通过经贸互动、投资协作、基础设施建设等多样化的合作机制,中国—中东欧国家合作也成为"一带一路"倡议融入欧洲经济圈的重要窗口。2017年,捷克总统泽曼、希腊总理齐普拉斯、匈牙利总理欧尔班、波兰总理谢德沃、塞尔维亚总理武契奇等出席首届"一带一路"峰会,捷克总统泽曼、希腊总理齐普拉斯、匈牙利总理欧尔班、塞尔维亚总统武契奇等出席第二届"一带一路"峰会。塞尔维亚第一副总理兼外长伊维察·达契奇认为:"'一带一路'倡议是一项改变世界图景的倡议,将在历史上因其对所有参与国家的全球联系和经济发展的积极贡献而被铭记。"[5]中国—中东欧研究院2017年民调显示,在回答"如何看待'一带一路'倡议今后5年对发展中国与自己国家的经贸关系的影响"问题时,34%的民众认为会有积极影响,其中14%的民众认为会富有成效。只有5%的民众认为对本国没有影响。此外,有51%的民众持中立态度。认为会给中国与本国的双边经贸关系带来积极影响的民众比重最高的国家是立陶宛,达到51%以上。罗马尼

---

[1] 《推动中日关系得到新的发展》,《人民日报》2018年10月27日。
[2] Kim Hyunju, "Neo-Sinocentric Globalization through Cultural Soft Power," *Dongbuga Yeoksa Nonchong*, Vol.57, 2017.
[3] 刘晓麒:《"一带一路"沿线国家留学生对中国的认知调查——以10个国家为样本》,《中国青年社会科学》2019年第6期。
[4] 贺方彬:《海外精英对"一带一路"倡议的认知及启示》,《当代世界与社会主义》2019年第4期。
[5] 伊维察·达契奇:《"一带一路"倡议的历史角色》,载陈新主编《塞尔维亚看"一带一路"和中国—中东欧国家合作》,中国社会科学出版社2019年版。

亚、保加利亚、塞尔维亚、北马其顿四国的民众比重达到40％以上。中东欧国家对"一带一路"倡议以及中国的发展持乐观态度,对中国在国际事务中的作用做出积极评价。"一带一路"倡议既能解决发展不均衡、分配不公平的问题,又能在一定程度上缓解民粹主义对全球治理架构的冲击,因为经济良性发展和社会稳定运转会弱化民粹主义的呼声。

中国坚持"摸着石头过河"的政策模式,这意味着"一带一路"建设并不是一个战略,而是一个倡议,在"一带一路"建设的过程中,不断将新的经验与教训反馈到"一带一路"倡议中,形成新的合力。"一带一路"不同于现有的基于条约的一体化结构与进程,因为其地理范围、伙伴国家、战略、原则和规则从一开始就有明确的界定。①"一带一路"倡议将不同的国内外政策与现有的政治、经济合作机制以新的地理形式结合起来,这体现为"一带一路"建设既是一项多边进程,又有许多双边层面的项目。中国的政策逻辑不同于西方的逻辑,这导致西方国家认为"一带一路"项目是宏大的、不明确的,产生对"一带一路"建设的质疑。"一带一路"倡议具有公共产品属性和区域主义属性。公共产品是"一带一路"倡议推进的基础和关键,公共产品属性是"一带一路"推进国际秩序演变的基础,既带来国际关系理论与实践的发展,又引导国际秩序走向公平正义、稳定有效。

三、"一带一路"与变革中的国际秩序:中国视角

任何一种(国际)秩序都是三种力量的结合:权力的分配、制度的作用、规范行为界限的认同与意识形态。世界格局与国际秩序是理解大变局的两个关键变量。②作为国际话语体系中的新话语,"一带一路"倡议超越西方构建的现代地缘政治观念,超越西方对域外文明的征服或同化路径。"一带一路"弥补了国际秩序合法性的缺失,超越了国际秩序构建的悖论,构成了变革国际秩序的中国路径。"一带一路"建设不仅要推动金融和贸易联系、基

---

① Gisela Grieger, "One Belt, One Road(OBOR): China' Regional Integration Initiative," European Parliamentary Research Service, July 2016.
② 赵磊:《从世界格局与国际秩序看"百年未有之大变局"》,《中共中央党校学报》2019年第3期。

础设施互联互通,更重要的是改善国际关系和重塑国际秩序。黄仁伟认为"一带一路"可以成为中国实践国际秩序新理念的实验场。①"一带一路"建设可能带来国际经济、政治、安全秩序的新变化。

（一）当前国际秩序的困境

国际秩序演进是推进全球治理改革的必然要求,如果没有一个有效的国际秩序相伴随,全球治理很难有效推进。全球治理改革是国际秩序变迁的题中之义,从可持续发展到气候变化,从大规模暴力冲突到全球性大流行病,从经济衰退到金融危机,它一直被视为应对全球共同利益挑战的重要组成部分。但是,全球治理实践的丰富多元并未带来全球治理理论的成熟与完善,因为难以确定一个全球问题的结果在多大程度上取决于复杂的背景和结构,从而难以进行归纳总结。鉴于经验驱动的理论创新经常发生在较低层次上,折中理论可能是一个突破点。②除了描述性的努力之外,全球治理还必须确保理论创新不会在真空中发挥作用,并保持对世界变化的响应,从而弥补当前国际秩序的缺陷。

一是单边主义和保护主义对全球治理的冲击。全球治理遭到单边主义、保护主义、排外主义和国家主义等"零和思维"的冲击,越来越多的国家政府无法承诺或支持建立更牢固的多边关系。与此同时,这些理念的支持者认为全球化和全球治理侵犯了国家主权,限制了民主决策。最为明显的例子是美国的战略调整极大地冲击了现有全球治理体系。在奥巴马政府时期,美国的国家主要目标不是大国博弈,而是应对相互依赖带来的共同脆弱性,③美国有能力并有意愿在全球治理制度改革上与新兴国家进行合作,共同维持和管理已达成共识的全球秩序。但是,特朗普政府追求美国优先的单边主义和保护主义路径,不仅挑战多边主义治理框架,还试图"规锁"④新兴国家的正常发展。比如,有学者认为中国绕开现有多边主义秩序是建立

---

① 黄仁伟:《"一带一路"是国际秩序新理念的实验场》,人民网,2015年7月5日。
② Peter Katzenstein and Rudra Sil, "Eclectic Theorizing in the Study and Practice of International Relations," in Christian Reus-Smit and Duncan Snidal, eds., *The Oxford Handbook of International Relations*, Oxford: Oxford University Press, 2008.
③ The White House, "National Security Strategy of the United States of America," May 2015.
④ 张宇燕、冯维江:《从"接触"到"规锁":美国对华战略意图及中美博弈的四种前景》,《清华金融评论》2018年第7期。

以亚洲为中心的等级制。①美国的战略调整成为多边主义全球治理陷入困境的主要因素。拜登政府上台后,美国重返多边舞台,但是其政策仍受到国内政治与社会裂痕的掣肘。除了单边主义和保护主义等思潮对全球治理体系的冲击,全球治理面临着区域化治理的挑战。②但国家间的联系也比以往任何时候都更加紧密,更需要多边治理。

二是全球治理体系本身面临的困境。治理鸿沟持续存在源于跨国问题的规模往往超出了国家和国际机构的治理能力范围。托马斯·韦斯(Thomas Weiss)认为全球治理问题的实质是政府间机构的发展远远落后于跨越边界的(尤其是全球性的)集体问题的出现。③近年来,传统的多边合作已达到极限。比如,《联合国气候变化框架公约》的国际气候协定的达成可能需要花费很多年,还面临着实施困境。再比如,世界贸易组织框架下的多哈回合谈判进度缓慢,并陷入停滞。同时,全球治理体系内生出两种主要竞争形式,一是国际权威的政治化,二是反制度化。④由于西方主导的基于规则的秩序(或称自由国际秩序或自由开放秩序)日益无法维持体系内部的正常运行,西方国家主导的影响力和势力范围之争可能带来紧张局势和冲突,并导致边界关闭、全球化终结、多边主义双赢路径的中断,继而造成全球治理的动荡和衰落。同时,全球治理体系内部的紧张关系呼唤对治理体系的改革和调整,以弥补多边治理的缺陷。因此,全球治理体制会出现深化和衰落的并行演进,对抗与合作共存的局面。

三是新冠肺炎疫情等新全球议题对全球治理的挑战。新冠肺炎疫情加剧了疫情暴发前已出现的全球治理动荡和离散趋势,例如多边制度和规则的侵蚀、去全球化趋势的加快等。新冠肺炎疫情暴露了全球贸易和供应链、产业链的脆弱性,同时表明领土边界并不能提供保护与豁免。新冠肺炎疫情造成全球范围内较为惨重的经济损失,世界经济陷入衰退。根据国际货

---

① Oriana Skylar Mastro, "The Stealth Superpower: How China Hid its Global Ambitions," *Foreign Affairs*, Vol. 98, No. 1(2019), pp. 31-39.
② 张云:《新冠疫情下全球治理的区域转向与中国的战略选项》,《当代亚太》2020 年第 3 期。
③ Thomas Weiss, *Global Governance: Why? What? Whither?* Cambridge and Malden: Polity, 2013, p. 2.
④ Michael Zürn, "Contested Global Governance," *Global Policy*, Vol. 9, No. 1 (2018), pp. 138-145.

币基金组织最新预测,2020年全球经济增长预期是－4.9%,具体来看,美国约为－8%,欧元区是－10.2%,新兴市场国家是－3%。①根据德国发展研究所和世界银行的研究,由于新冠肺炎疫情,全世界将额外有大约7 000万人陷入极端贫困,即每天生活费不到两美元。②这意味着已经处于赤贫状态的6亿人将再增加10%以上,更不要说还有大量人口处于非常贫困但非赤贫水平。并且,疫情对不同收入水平的人带来的影响是不成比例的,从而加剧了不平等。比如,全球性别工资差距为16%,女性首当其冲地遭受了疫情带来的经济和社会后果,因为非正规部门工作的女性人数多于男性,更容易失去生计。③新冠肺炎疫情进一步刺激了单边主义和保护主义倾向,比如一些国家利用疫情危机来煽动民族主义情绪。单个国家或国际组织显然不能独自应对,单边主义或霸权主义路径无法保证全球治理。同时,面对全球挑战,如果一个国家在全球范围内最大限度地提高国家利益,通过多边方法实现双赢战略变得更加困难。疫情民粹主义使得本已脆弱的全球治理面临新的打击,加深了全球治理体系的内在矛盾。

当今国际社会比以往任何时候都更加复杂,存在着诸多相互交织的全球挑战,如增长乏力、气候变化、流行病和难民等。同时,全球治理在保护全球公域和减轻贫困方面的集体能力比过去更加受到限制。这就导致更进一步合作的需求不断增加与国际社会集体行动的意愿下降之间存在着根本性的矛盾。多边主义作为增进所有国家和民众福祉的手段,正被另外一个话语叙述代替,即大国博弈和地缘政治,以及单边主义和民粹主义行动。考虑到解决全球化问题和维持全球治理效力的机会窗口正在关闭,我们需要积极挖掘多边主义路径来进一步提振全球治理。考虑到资本主义制度的经济

---

① IMF, "A Crisis Like No Other, An Uncertain Recovery," World Economic Outlook Update, June 2020, https://www.imf.org/en/Publications/WEO/Issues/2020/06/24/WEOUpdateJune2020.

② Mario Negre, Daniel Gerszon Mahler and Christoph Lakner, "Covid-19, Poverty, and Inequality: Growing Inequality Can Worsen the Pandemic's Effects," Deutsches Institut für Entwicklungspolitik, June 18, 2020, https://www.die-gdi.de/en/the-current-column/article/growing-inequality-can-worsen-the-pandemics-effects/.

③ Andrea Cordes and Jacqueline Götze, "How to Respond Inclusively to Covid-19 in the Interests of the Common Good," Deutsches Institut für Entwicklungspolitik, June 2, 2020, https://www.die-gdi.de/en/the-current-column/article/how-to-respond-inclusively-to-covid-19-in-the-interests-of-the-common-good/.

危机是周期性和不可避免的,国家政府必须在政治体系中体现出应对经济危机的前瞻性思考。当前的全球治理体系是不公平、不合理和不均衡的,"和平赤字、发展赤字、治理赤字,是摆在全人类面前的严峻挑战"。①"一带一路"倡议作为提升全球治理合法性与有效性及引领国际秩序转型的一剂良药,备受世界关注。

（二）"一带一路"和中国的国际秩序观

西方主导的自由国际秩序正在走向终结,特别是西方国家提供公共产品的意愿和能力在下降,西方国内政治矛盾丛生,甚至受到民粹主义的多重掣肘。近年来,慕尼黑安全会议的年度主题涉及"后西方""后秩序""西方缺失"等概念,都指向了国际体系面临深刻调整,美欧对国际秩序走向的不确定性的焦虑。世界正迈向后西方时代,以中国为首的新兴市场国家需要构建世界事务的新框架和国际秩序的四梁八柱。2018年召开的中央外事工作会议,确立了习近平外交思想的指导地位,其中包括坚持以共商共建共享为原则推动"一带一路"建设,坚持以公平正义为理念引领全球治理体系改革,坚持以维护世界和平、促进共同发展为宗旨推动构建人类命运共同体等内容。共建"一带一路"顺应了全球治理体系变革的内在要求,彰显了同舟共济、权责共担的命运共同体意识,为完善全球治理体系提供了新思路、新方案。

"一带一路"突破安全困境、零和博弈、丛林法则,坚持共商共建共享的合作原则,重塑国际秩序的理论基础和实践原则。"一带一路"建设不会干涉他国内政,不会输出社会制度和发展模式,不会强加于人,不会重复地缘博弈的老套路,不会形成破坏稳定的小集团,中国不会走过去大国必霸,通过侵略、掠夺、殖民,攫取市场实现资本积累的道路。"一带一路"建设的是"相互尊重、公平正义、合作共赢"的新型国际关系,最终目标是实现人类命运共同体。

第一,"一带一路"带来灵活的、包容的和开放的国际秩序观。西方国家狭隘的价值观与行为模式带来的是诸如民主和平论或同盟理论。"一带一

---

① 《习近平在"一带一路"国际合作高峰论坛开幕式上的演讲》,2017年5月14日,http://www.beltandroadforum.org/n100/2017/0514/c24-407.html。

路"不是一个制度或组织,而是涵盖不同机构和机制的网络。"一带一路"是促进丝绸之路沿线国家、地区和城市间合作与互联互通的文化、经济、政治网络。"一带一路"强调倡议的包容性和合作共赢,强调与不同经济走廊、既有组织机构的密切关系,强调国内和社会经济维度。

第二,"一带一路"带来共商共建共享的国际秩序观。西方国际关系理论强调弱肉强食、强者为王、赢家通吃的理念,尊崇实力与强权,带来的是大国欺负小国、强国欺负弱国、不公平和不公正的局面。"一带一路"则旨在促进经济要素有序自由流动、资源高效配置和市场深度融合,推动沿线各国的经济政策协调,开展更大范围、更高水平、更深层次的区域合作,共同打造开放、包容、均衡、普惠的区域经济合作架构。中国秉持共商共建共享的全球治理观,将全球治理的主张转化为各方共识,形成一致行动。

第三,"一带一路"带来互利、共赢的国际秩序观。西方国际关系理念强调零和博弈、"你失便是我得"的逻辑。"一带一路"建设则反对富国剥削穷国,反对强权政治和霸权主义,比如,"一带一路"的基础设施互联互通和经贸与投资联通合作,为参与国提供获得全球产业链和价值链的优势位置。党的十九大报告指出,"中国将高举和平、发展、合作、共赢的旗帜,恪守维护世界和平、促进共同发展的外交政策宗旨,坚定不移在和平共处五项原则基础上发展同各国的友好合作,推动建设相互尊重、公平正义、合作共赢的新型国际关系"。中国在开展经贸合作、投资往来时,对东道国产业水平提升和经济社会发展做出贡献。

第四,"一带一路"带来创新的国际秩序观。西方国际关系理念,特别是现实主义,认为"不论采取何种措施,都难以逃避邪恶的权力","国家之间的冲突是必然的"。"一带一路"倡议带来的则是国际关系民主化,参与国无论大小、贫富、强弱以及先进与落后,都要平等相待与协商,不让历史决定论的悲剧重演。"一带一路"倡议旨在促进基础设施建设和互联互通,对接各国政策和发展战略,深化务实合作,促进协调联动发展,实现共同繁荣。中国的发展经验为"一带一路"沿线国家提供了一种有别于西方发展模式的选择。"一带一路"建设拓展了发展中国家走向现代化的途径,给世界上那些既希望加快发展又希望保持自身独立性的国家和民族提供了全新选择,为解决人类问题贡献了中国智慧和中国方案。中国矢志不渝走和平发展道路,奉行互利共赢的开放战略,坚持正确义利观,树立共同、综合、合作、可持续的新安全观,谋求开放创新、包容互惠的发展前景,促进和而不同、兼收并蓄的文明交流,构筑尊崇自然、绿色发展的生态体系,始终做世界和平的建设者、全球发展的贡献者、国际秩序的维护者。

第五,"一带一路"带来互学互鉴的国际秩序观。西方国际关系理念是一种典型的"文明的傲慢与偏见",欧美国家以自由民主为普遍价值向世界推广,继而单维度、自上而下地推广其制度模式。"一带一路"建设的互学互鉴,不仅是发展层面,还包括四个"全面",即全面建设社会主义现代化国家、全面深化改革、全面依法治国、全面从严治党。以全面从严治党为例,欧洲的反腐经验、政党政治也值得中国学习。比如中国与欧洲的党际交流是开展最多,也是较为成熟的,包括执政党与在野党。这对中国共产党既能执政,又能与时俱进,既能率领我们发展经济,又具有先进性,具有重要意义。互学互鉴可以实现平等对话交流,孕育出互补性的文化。中国的合作共赢、中庸之道、和谐、阴阳关系、治国平天下等理念、方式可以通过中国故事、中国声音讲出去、传播出去。

四、"一带一路"助力国际秩序改革的理论与实践创新

习近平指出:"当今世界是一个变革的世界,是一个新机遇新挑战层出不穷的世界,是一个国际体系和国际秩序深度调整的世界,是一个国际力量对比深刻变化并朝着有利于和平与发展方向变化的世界。"[①]"一带一路"建设的国际背景是世界正处于大发展、大变革、大调整时期,和平与发展仍然是时代主题。世界多极化、经济全球化、社会信息化、文化多样化深入发展,全球治理体系和国际秩序变革加速推进,各国相互联系和依存日益加深,国际力量对比更趋平衡,和平发展大势不可逆转。同时,世界面临的不稳定性、不确定性突出,世界经济增长动能不足,贫富分化日益严重,地区热点问题此起彼伏,非传统安全威胁持续蔓延,人类面临许多共同挑战。

---

① 《习近平出席中央外事工作会议并发表重要讲话》,新华网,2014 年 11 月 29 日,http://www.xinhuanet.com/politics/2014-11/29/c_1113457723.htm。

(一)"一带一路"推进国际秩序演变的可行性路径

国际行为体在不同领域扮演着规范倡导者的角色,权力和合法性塑造其相对比较优势。合法性是指各国所内化的国际(地区)规范和制度安排。各国在遵守国际法与国际规范的基础上,创设并扩散新的规范。国际合法性应被理解为某一特定政治社会文化系统在特定时期的规范,所以合法性的生命周期成为历史变迁的基础,系统变化被视为政治合法性维度的变迁。国际层面的合法性是指"国际社会的成员在观念上达成的共识,而对这种共识的寻求会受到既有规范的引导和约束"[1]。国际合法性的来源在于国际社会成员的共识。任何一个大国的成长是主动与被动的统一,不仅要主动传播自身的规范与理念,还要符合国际主流制度与规范的要求。国际行为体在国际社会行为的最终目的同日常社会中的个体一样,都是要求他者承认其所拥有的身份与策略。

"一带一路"倡议作为新兴的全球治理理念,合法性仍是其存在的前提之一。如何获得和提升"一带一路"的合法性是中国推进国际秩序演变过程中必然面对的课题。"一带一路"倡议合法化策略存在两个方面:一方面,"一带一路"倡议符合既有的国际规范、规则与程序的要求,即中国积极融入现行国际社会,以现行国际规制来合法化其行为,得到国际社会的认可和承认;另一方面,中国通过"一带一路"倡议强化其规范与规则,获得更坚实的合法性基础。"一带一路"倡议的规范扩散依赖于他者的存在,如果认为制度的变动,甚至制度内部和围绕制度的规范扩散过程,都只是强国实施的过程,这是一个严重的误导。事实上,还有更广泛的社会力量在起作用。在国际秩序演变过程中,存在着多种观众,而要获得这些观众的承认,往往需要不同的行为。在面对不同的观众的时候,人们通常采用不同的方式传递信息并且寻求通过不同的方式来说服不同的人,而这样做的最终目的是获得他者的承认,接受相关的政策与理念。

一是坚持长期性与适应性、渐进性和灵活性。"一带一路"倡议的推进是一个长时段工程,不是立竿见影、立马有回报的项目,要着眼长远、抓住重

---

[1] Ian Hurd, "Legitimacy and Authority in International Politics," *International Organization*, Vol.53, No.2(1999), pp.379-408.

点。"一带一路"建设需要关注长期的态度变化,需要耐心和周密的计划。随着行为体互动使合法化策略成功,某一合法性问题会得以解决,但这不是一劳永逸的,从长时段看,新一轮的合法化策略会随着互动的持续而出现。国际合法性在秩序变迁与秩序重塑过程中有重要作用,而保证国际合法性需要合法化策略的开展。在当前国际社会,主要大国承载着人类与文明创新的共同愿景,这就导致规范与话语权的竞争。制度变迁的过程包括五个阶段,即产生出关于特定制度安排的观念,政治动员,行为体围绕规则制定权展开争夺,创建规则,使规则合法、稳定并进一步被复制。如何获得和提升"一带一路"的合法性是中国必然面对的课题。中国既要力争"一带一路"获得更多的承认(无论是内部,还是外部),也要关注"一带一路"被承认之后的规范扩散对合法性的巩固。

二是观照对象国的特点。中国建设"一带一路"受到目标对象国/地区的影响,主要是对象国及其社会结构与制度。中国尊重彼此主权、尊严、领土完整,尊重彼此发展道路和社会制度,尊重彼此核心利益和重大关切。"一带一路"倡议的受众超过一百多个国家,"一带一路"倡议的开展受到一些因素的影响。"一带一路"建设遇到具有不同合作强度和政治意愿的对象国,这一方面受到相对自主发展进程的影响,另一方面受到较为强大力量的规范偏好影响。这些对象国的特点可能受到几个因素影响:其一,国内诱因,比如国内统治精英利用"一带一路"倡议维护其利益诉求或开展其政治议程或强化权威;其二,国家地位水平,比如经济发展程度较好的西方国家对"一带一路"倡议的排斥,处于发展上升期的国家对"一带一路"的积极靠拢;其三,权力对等性,比如欧盟内部实力较弱的小国对"一带一路"倡议更为接受,欧盟内部的大国(如法、德)对"一带一路"倡议持观望甚至批判的态度,同时有些小国因为兼容性问题而不愿意参与合作;其四,经济和基础设施利益的兼容性,比如塞尔维亚基础设施的诉求与中国投资的契合、波兰罗兹与成都中欧班列的成功、三海港区建设与打通中东欧地区南北交通枢纽的兼容等。"一带一路"对象国的差异性可能带来"一带一路"建设的"多速",但是"多速"必须控制在"一带一路"建设的宏观大局之中,不然可能带来最终的解体。因此,在西方出现反全球化、逆全球化的背景下,中国积极推进"一带一路"建设,维护发展与和平的大势,为国际社会创建可持续发展的环境。"一带一路"是推进可持续发展的平台,既能实现中国经济的发展,也能将中国发展与沿线国家的发展结合起来,成为相关国家经济社会发展的引擎。

三是合作机制的综合运用。考虑到参与"一带一路"倡议的国家与地区的复杂性与多样性,中国在开展"一带一路"倡议时,应该重视不同的合作机制。具体而言,合作机制包括强制性机制、理性计算机制、社会化机制、学习与模仿机制等。其一,强制性机制是中国不采取也不提倡的合作机制。这一方面是因为中国提出的和平共处五项原则,强调国家间的平等,而不是等级制关系;另一方面是因为"一带一路"倡议不带有条件性的框架,对象国也并不是遵循与服从"一带一路"倡议。其二,理性计算机制是通过正面或负面诱因使得对象国能够参与"一带一路"倡议。这一方面是通过资金投入和经济合作来吸引,另一方面是通过构建新型大国关系。比如对象国积极加入"一带一路"倡议,以解决其国内的某些特定问题。其三,社会化机制涉及观念内化、认同改变并获得社会认可。"一带一路"建设取决于社会支持的适当程度,也取决于具体行动取得的合法性支持。其四,学习与模仿机制是对象国更为主动地参与和接受"一带一路"倡议规制与规范等,这是通过非直接性的手段施展合法化策略。中国并不主动扩散"一带一路"倡议,而是依据对象国的需求,认为"一带一路"倡议具有适当性,遵守"一带一路"的政策、制度设计等。

四是平台支撑。"一带一路"倡议的开展需要平台支撑,但是平台的选择是多重的。中国倡导并推进"一带一路",目的也是谋求各国发展战略对接,形成共同发展势头,增强对美好未来的信心。"一带一路"建设依赖的平台是大国协调、全球治理还是地区合作,这涉及双边、多边和地区平台。一方面,平台支撑的一个可行性方向是将"一带一路"国际合作高峰论坛机制化,但又要避免被误解为一个国际组织;另一方面,"一带一路"建设与全球治理合作需要中国加强与一体化组织的互动与合作。考虑到国际组织,甚至是区域一体化组织是大国提高国际合法性的平台,中国与区域一体化组织的关系将成为中国参与全球治理的重要实现形式。地区治理重要性的凸显,为中国构想与政策理念提供了"历史窗口"。地区是分析的合适切入点,地区层面的行动既不像全球层面的集体行动,也不像非地区性的国际伙伴关系,更不像单边行动,其更有合法性和有效性,是处于国家之上和全球之下的治理平台。特别是当全球层面的行动被认为是由某些大国所主导时,地区能够抵抗全球层面的绝对命令,这不仅体现在组织制度构架,还体现在规范规则层面。"一带一路"构想与全球治理合作需要中国加强与一体化组织的互动与合作。中国全面和深入开展与一体化组织的外交关系,利用一体化组织的杠杆作用提高自身的经济、政治等能力,提升全球治理的效用,塑造世界秩序的轨迹。

"一带一路"倡议通过发展以及对接一系列多边合作机制和地区合作机制,在"一带一路"沿线国家进行对外投资、基础设施建设及融资,不仅逐步建立起中国企业主导的全球生产方式,还帮助中国在全球金融秩序变迁中发挥重要作用。以欧洲为例,"一带一路"倡议与欧洲对接面临诸多机遇。第一,"一带一路"倡议带来的是贸易方式的转变,其中,贸易与投资便利化是核心,能降低贸易成本,促进贸易发展,从而推动欧洲国家经济的发展和民众生活水平的改善。2018年1月,中国海关总署出台了《推进"一带一路"沿线大通关合作行动计划(2018—2020年)》,其中包括深化中欧班列通关便利化合作,建立信息共享平台。这一数字化发展将增强物流的灵活性,提高运输的效率。第二,互联互通正取代传统的地缘政治原则,基础设施的发展成为各国关注的优先事项。泛欧交通网络和"一带一路"倡议均涉及欧亚地区的基础设施项目。其中,泛欧交通网络政策的主要目标是消除核心走廊的瓶颈和技术障碍,加强欧洲社会、经济和地域凝聚力,从而创造一个统一的运输区域。"一带一路"的基础设施与泛欧交通网络的对接,将增强亚欧之间以及欧洲内部的互联互通,推动贸易的发展。同时,基础设施建设的完善将促使丝路沿线国家成为欧洲的经济发展腹地,一定程度上保障了欧洲国家在产业链和价值链的位置,同时有利于货物流转和资源合理配置。第三,"一带一路"倡议作为一种机制创新,其组织规范、运作方式和治理理念既与欧洲治理相互契合,也给欧洲治理带来新的思路。中国强调的多边主义与战后欧洲一体化的性质之间存在较大程度的互补性:欧洲一体化强调商品、服务、资本和人员的自由流动,而"一带一路"倡议强调政策沟通、设施联通、贸易畅通、资金融通和民心相通。此外,"一带一路"倡议是共同参与、开放包容、互利共赢的合作,超越了欧盟的治理理念与架构,为欧洲一体化创造了一个更稳定、更可预测的外部环境。

（二）"一带一路"重塑国际秩序的实践逻辑

国际、地区和地方层面的危机反映出现有国际秩序的弱点，比如全球制度的治理能力较弱，主导国家将权力转化为成果的困难，维护国家一致的努力受到影响等。西方对世界秩序合法性的主导权越来越依靠来自新兴国家的制度与价值供给。①世界主要力量中心对世界秩序的合法性存在不同理解，因为当前的国际体系并不存在一种统一的规范，而是多种合法性竞争的场所。国际社会是同质化与异质化的共存，规范等社会性因素在国际社会中的作用日益凸显，这需要国际合法性在全球治理中受到重视。"一带一路"倡议反映了中国在新的国内和国际环境下提出的一种新的叙事。②公平正义的全球治理是实现各国共同发展的必要条件。中国逐渐成为全球治理变革进程的参与者、推动者、引领者，推动国际秩序朝着更加公正合理的方向发展，继续提升新兴市场国家和发展中国家的代表性和发言权。在此过程中，中国与世界各国分享发展经验，不干涉他国内政，不输出社会制度和发展模式。"一带一路"建设是开创合作共赢新模式，不重复地缘博弈的老路。"一带一路"倡议是从权力与权威两个维度共同获得国际合法性基础，反过来去塑造国际和地区秩序。③

一是弥补国际秩序合法性的缺失。秩序与合法性是紧密联系在一起的。秩序的合法性是指谁拥有作为国际社会成员的合法身份，涉及权利维度。④秩序的合法性涉及主体维度和客体维度，前者包括统治者、被统治者和旁观者（或观众），后者是指严格的程序限制。根据赫得利·布尔的观点，政治秩序是"一种用以维系基本的、主要的或普遍的社会生活目标的人类活动模式"⑤。国际秩序是政治权威的系统排列和历史上分配合法的政治权力的

---

① 章前明：《从国际合法性视角看新兴大国群体崛起对国际秩序转型的影响》，《浙江大学学报（人文社会科学版）》2013年第1期。

② 曾向红：《"一带一路"的地缘政治想象与地区合作》，《世界经济与政治》2016年第1期。

③ 贺之杲：《全球治理困境下"一带一路"倡议的合法化路径》，《新视野》2018年第5期。

④ Ian Clark, "Legitimacy in a Global Order," *Review of International Studies*, Vol. 29, No.1(2003), pp.75-95; Ian Clark, *Legitimacy in International Society*, Oxford: Oxford University Press, 2005.

⑤ Christian Reus-Smit, "Power, Legitimacy, and Order in International Society," *Review of International Studies*, Vol.32, No.3(2006), pp.439-454.

规范认可方式。秩序的转型不仅体现在权力分配的变化,还体现在原则、规范的变迁。如果中国拥有足够权力去塑造(国际或地区)秩序,合法性因素将在该秩序的构建、维持和解体中发挥显著作用。"一带一路"建设向其他发展中国家或发达国家提供一套有价值的政治秩序,反过来相关国家可能会承认"一带一路"的正当性,并遵循"一带一路"带来的秩序。

一直以来,欧美中心主义确实为一些国际行为体提供一种秩序架构与路径,而随着新兴国家的快速崛起,它们为国际社会提供一种秩序路径,或为地区社会提供秩序架构,这给西方的秩序合法性基础带来外部的挑战。当西方国家在面临危机时,其所提供的经济一体化构想与安全治理理念受到域外观众的质疑,西方无法为既有的"等级关系"提供秩序,或者西方提供的秩序受到挑战,外部合法性基础被弱化。欧盟和美国不能作为秩序的提供者与辐射源,其规则和制度安排就无法激发其他国家对其的学习与模仿,反过来加剧了西方国家面临的多重危机。由此,国际秩序面临合法性缺失危机,随着"一带一路"建设的推进,中国理念与方案获得越来越多的支持者,甚至作用于丝路沿线国家的政策方针。"一带一路"建设成为西方主导国际秩序的有益补足,也为国际秩序提供新的动力源。丝路沿线国家经济发展与政治稳定,保证了国际秩序的相对稳定。通过"一带一路",中国成为新型国际关系的倡导者和践行者,一个平等、包容和可持续的国际关系成为现有国际秩序的补充。

二是"一带一路"建设超越国际秩序悖论。国际秩序的观念竞争与权力的多维理解意味着国际社会不存在单一普遍的模式。在全球治理遇到困境的当下,国际社会行为体均针对全球治理提出不同的路径。欧盟在全球战略报告中指出,全球治理的前提是欧盟坚持问责、代表性、责任、有效和透明的原则,对现有体系进行改革而非简单维护。欧盟在全球治理中扮演塑造者、协调者和推动者的角色,既与国家和国际组织建立伙伴关系,也与私人部门和市民社会建立伙伴关系。美国全球治理战略服务于主导全球事务的战略目标,并扶植国际非政府组织发展,借参与全球治理插手地区事务。

"一带一路"倡议的持续推进可能会使美国主导的国际秩序转向多极化和多元化的国际秩序。一个新的国际秩序更有可能吸引愿意参与的国家,并且更容易维持,因为它可以为主导国家使用权力提供可预测性和约束力。

为了避免国际社会的零和博弈,中国必须保证国际社会的包容性,面向所有国家,包括当前国际社会的主导者。但这会面临一个困境,中国在美国参与的情况下可以保证制度上的优势,但是如果过度强调美国的参与,就会失去改变现有国际秩序的目的。也就是说,中国在积极作为的情况下,还要保证战略克制,实施可靠的约束,进行有效的国际承诺,这样才会在一定程度上消除旁观者的担忧,吸引更多的追随者和参与者。

"一带一路"倡议成为组织国际政治共有空间的新理念。"一带一路"将会挑战西方主导的国际体系,并改变目前国际秩序的现有结构。中国是当前国际秩序的一部分,随着"一带一路"的推进,中国希望如何组织国际政治的共同空间,以及中国是否利用"一带一路"杠杆推动中国对国际秩序的思考与建设,都是需要考虑的问题。经济合作有助于增加参与者之间的相互理解和信任,但不足以建立一个更安全、更稳定的世界,我们需要创造一种新的国际互动方式。"一带一路"国际合作高峰论坛强调在共商共建共享基础上,本着法治、机会均等原则加强合作,强调"平等协商、互利共赢、和谐包容、市场运作、平衡和可持续"的合作原则。

随着"一带一路"的推进,它可能会带来一种新的国际秩序,但是这种国际新秩序不是代替原有国际秩序和国际机制。潜在的国际新秩序有五个支柱。第一,以中国为中心的国际经济一体化架构,包括双边和多边贸易协定。第二,中国主导的国际发展融资机制,如亚洲基础设施投资银行、丝路基金和中国—中东欧基金等。第三,以人民币为主要储备和交易货币的国际货币体系,包括双边货币互换协议、人民币清算网络、人民币与跨境贸易和投资等。第四,中国主导的发展与安全体系。第五,中国提出的构建人类命运共同体,这落脚在政策沟通、设施联通、贸易畅通、资金融通、民心相通之中。

五、结　　语

秩序是人类社会发展的历史产物。国际秩序是一个不同领域的、多层次的、多样的秩序集合体,包括全球秩序、地区秩序、经济秩序、安全秩序等。中国是国际秩序的维护者,与其他国家共同推进国际秩序的稳步改进。"一带一路"倡议是展示中国国际策略的构想与路径,有助于引导和推进国际秩序变迁,建设新型国际经济秩序、国际安全秩序、国际金融秩序、国际政治秩序。"一带一路"建设不仅是一个工具,将国际政治和经济中的硬实力和软实力结合;还是一个平台,为中国提供全球治理和建设国际秩序的路径。在这个过程中,"一带一路"建设推动中国在国际社会中的良好认知,循序渐进地引导国际关系发展,推进经济秩序、政治秩序、安全秩序、文化秩序、生态秩序的创新与完善,最后落脚在人类命运共同体的构建。

"一带一路"是时代要求的产物。"一带一路"倡议将在应对"去全球化、反全球化"的浪潮中起到制衡、牵制和延缓的作用。因此,国际社会需要新的秩序,需要一个更加公正合理的新秩序。中国通过"一带一路"倡议改革和完善国际体系,推动国际秩序朝着更加公正合理的方向发展。规则制定是"一带一路"行稳致远的关键,其中包括政治规则、经济规则、安全规则、技术规则等。规则制定和落实需要公共产品的供给。"一带一路"倡议拥有前所未有的范围和发展潜力,正为所有相关国家创造新的可能性,带来利益并有利于经济增长。中国通过"一带一路"倡议,破除国际社会对中国的疑虑,满足国际社会对中国的期待,消除国际社会对中国的反对,增加国际社会对中国的支持,中国致力于和平发展与互利共赢,构建人类命运共同体,继而推进国际秩序的演变。

(贺之杲,中国社会科学院欧洲研究所副研究员)

后　记

"一带一路"倡议自2013年提出,迄今已有十年。十年间,世界格局已经发生深刻变革。就中国学领域而言,随着"一带一路"的不断推进,各国关于中国的研究也出现了一系列新的变化。国内外学术界关于"一带一路"和中国学的研究,在各自领域都已蔚为大观,但融合"一带一路"与中国学的系统研究尚未出现。

本书致力于在"一带一路"视野下,重新阐释中国学的历史、现在与未来,探索构建新时代的"世界中国学"理论框架。基本思路是以古丝绸之路到"一带一路"的发展变迁为线索,将中国学的发展历程划分为古丝绸之路与传统汉学、近代丝绸之路与现代中国学、"一带一路"与世界中国学三个阶段,以此来重新叙述中国学的历史进程,把握中国学的当代发展,研判中国学的未来趋势,最终探索形成一种不同于传统汉学和现代中国学的、面向未来的世界中国学,以期实现中国学立足中国道路、胸怀世界发展和关照人类未来之愿景。这也是我们开展"一带一路"和中国学的融合研究所追求的目标。

本研究缘起于与上海市社联主席、上海社会科学院原院长王战教授的一次谈话。王战院长是深耕"一带一路"的资深学者,从经济到文明,均有建树。同时,他是上海社会科学院世界中国学研究所的博士生导师,不仅长期关心中国学的发展,还躬身入局,著书《世界中国学概论》。那次谈话中,他专程提出世界中国学研究所应该把"一带一路"和中国学结合起来做一些研究。之后,世界中国学研究所开始组织团队,聚焦"一带一路"与中国学,进行了一系列的探索性尝试。本书就是这些尝试的成果之一。

这一探索,历经数年。在研究的不同阶段,先后得到中国国际经济交流中心上海分中心课题、上海社会科学院创新工程、上海市重点智库课题的资助,阶段性成果包括各类论文和研究报告等。随着研究的不断推进和深入,我们发现原有时间安排和计划之不足,几经讨论、修改和完善,本书终得付梓。在此还要特别感谢中国国际经济交流中心上海分中心为本书出版提供的支持。

本书由沈桂龙策划和统稿,张焮负责协调并参与了大部分统稿工作。全书具体分工如下:前言、后记由沈桂龙负责,导论由张焮负责,第一章由耿勇负责,第二章由屈卡乐负责,第三章由刘晶负责,第四章由朱婳玥负责,第五章由孙雁负责,第六章由吴原元负责,第七章由潘玮琳负责,第八章由邹祎、张焮负责,第九章由贺之杲负责。

本书属于学术上的一次新探索,希望在推动新时代中国学的发展上尽一份力。因在研究上并无太多先例可循,难免出现一些疏漏,敬请读者批评指正。

沈桂龙
上海社会科学院世界中国学研究所

图书在版编目(CIP)数据

"一带一路"视野下的中国学研究 / 沈桂龙等著
.— 上海：上海社会科学院出版社，2023
 ISBN 978-7-5520-4235-1

Ⅰ.①一… Ⅱ.①沈… Ⅲ.①中国学—研究 Ⅳ.
①K207.8

中国国家版本馆 CIP 数据核字(2023)第 175863 号

"一带一路"视野下的中国学研究

著　　者：沈桂龙　张　焮　等
责任编辑：包纯睿
封面设计：黄婧昉
出版发行：上海社会科学院出版社
　　　　　　上海顺昌路 622 号　邮编 200025
　　　　　　电话总机 021-63315947　销售热线 021-53063735
　　　　　　http://www.sassp.cn　E-mail:sassp@sassp.cn
照　　排：南京理工出版信息技术有限公司
印　　刷：上海颛辉印刷厂有限公司
开　　本：710 毫米×1010 毫米　1/16
印　　张：16.25
插　　页：1
字　　数：250 千
版　　次：2023 年 12 月第 1 版　2023 年 12 月第 1 次印刷

ISBN 978-7-5520-4235-1/K·704　　　　　　　　　　定价：88.00 元

版权所有　翻印必究